普通高等职业教育"十三五"规划教材

# 经济学基础

## 第二版

曲宏飞　　寇　玲　　于灏洋　主　编
裴慧杰　　程　荣　　詹桂芬
　　　　　任小玲　　王素珍　副主编
　　　　　　　　　　石晶晶　参　编

清华大学出版社
北　京

## 内 容 简 介

本书采用先微观后宏观的阐述方法,深入浅出地介绍了经济学的基本理论、内容和方法,其中主要介绍了价格理论、消费者行为理论、生产理论、成本理论、市场理论、分配理论、市场失灵与微观经济政策、国民收入决定理论、利率与国民收入、通货膨胀与失业、宏观经济政策等。

本书既可作为高等职业院校经济管理类专业的教学用书,也可供想了解基本经济学知识的爱好者作参考读本。

**图书在版编目(CIP)数据**

经济学基础/曲宏飞,寇玲,于灏洋主编.—2版.—北京:清华大学出版社,2019(2025.1重印)
(普通高等职业教育"十三五"规划教材)
ISBN 978-7-302-53040-4

Ⅰ.①经…　Ⅱ.①曲…　②寇…　③于…　Ⅲ.①经济学-高等职业教育-教材　Ⅳ.①F0

中国版本图书馆 CIP 数据核字(2019)第 094451 号

责任编辑:刘志彬
封面设计:李伯骥
责任校对:宋玉莲
责任印制:刘海龙

出版发行:清华大学出版社
　　　网　　　址:https://www.tup.com.cn, https://www.wqxuetang.com
　　　地　　　址:北京清华大学学研大厦 A 座　　　邮　编:100084
　　　社 总 机:010-83470000　　　邮　购:010-62786544
　　　投稿与读者服务:010-62776969,c-service@tup.tsinghua.edu.cn
　　　质量反馈:010-62772015,zhiliang@tup.tsinghua.edu.cn
印 装 者:三河市君旺印务有限公司
经　　　销:全国新华书店
开　　　本:185mm×260mm　　　印　张:16　　　字　数:381 千字
版　　　次:2015 年 1 月第 1 版　 2019 年 6 月第 2 版　　　印　次:2025 年 1 月第10次印刷
定　　　价:45.00 元

产品编号:083078-01

# 前言

本书是由清华大学出版社组织编写的普通高等职业教育"十三五"规划教材,可以作为高等职业院校经济管理类专业的教学用书,也可以供想了解基本经济学知识的爱好者作参考读本。本书根据高等职业教育的特点,融合了作者多年的教学经验和成果,采用了先微观后宏观的阐述方法,深入浅出地介绍了经济学的基本理论、内容和方法。其中主要介绍了价格理论、消费者行为理论、生产理论、成本理论、市场理论、分配理论、市场失灵与微观经济政策、国民收入决定理论、利息与国民收入、通货膨胀与失业、宏观经济政策等。

本书编写的基本宗旨是:

一、体现科学性。本书在内容和体例安排上努力实现科学性和合理性。考虑到高等职业教育学生的实际,在内容上做了精心编排,力求理论的系统性、严密性;在体例上严格遵循由浅入深的规律,便于学生学习和掌握。

二、凸显时代性。本书列举的经济现象和案例既不失经典性,也彰显了时效性和现实性。本书结合我国经济生活的现实,注重选用国内外近期发生的经济案例,帮助学生分析、认识现实问题,赋予教材时代性的特征。

三、增强可读性。本书在编写过程中注意可读性问题,使用过程中能够提高教学的针对性、适应性。如在每章开篇安排一个导入案例,内容鲜活,深入浅出,我们称为"趣味入口",引出本章的理论问题;在文中,力求案例与理论观点的"无缝对接",让案例与理论知识点交汇相融,成为有机整体,使学生在读书时易于理解并兴趣盎然。

四、注重学生的能力培养。本书突出理论知识的传授,着重对学生运用经济理论分析、解决现实经济现象、经济问题能力的培养。如在每章的理论内容中适度安排一些现实问题并结合理论知识的讲解对问题作出分析、解答;在每一章均安排现实案例,针对案例提出问题,要求学生分析、解决,以帮助学生养成理论联系实际的习惯,提高学生分析、解决实际问题的能力。

参与本书编写的是具有丰富教学经验的高职专职教师,有着较扎实的理论功底和丰富的教学实践经验,最了解学生,也深谙职业教育教学的规律和特点,因而能较好地贯彻本书编写的宗旨。同时,在历时数月的编写工作中,各位老师都付出了非常艰辛的劳动。本书由曲宏飞、寇玲、于灏洋任主编;裴慧杰、程荣、詹桂芬(南京铁道职业技术学院)、任小玲、王素珍、石晶晶参与编写;最后由曲宏飞负责全书定稿。本书在编写过程中得到了清华大学出版社、山西青年职业学院等有关院校领导和专家的关心与支持,也参考了大量的文献资料,对许多相识和尚未相见的参考文献的作者,在此一并表示诚挚的谢意。

编　者

# 目录

# C 项目1
## hapter 1  认识经济学

**知识目标**

1. 了解经济学的研究对象、目的；
2. 掌握稀缺性、选择的含义及机会成本等概念；
3. 掌握微观经济学、宏观经济学的基本内容；
4. 掌握经济学的不同分析方法。

**能力目标**

1. 初步建立起分析经济问题的微观思维能力；
2. 能够运用经济学原理分析和解决现实生活中的经济问题。

## 案例导入

　　1967年，一场暴雪使得芝加哥市区的交通瘫痪，外界的生活必需品难以进入，当时还是大学生的詹姆斯的住所附近有两家杂货店。一家杂货店以慈悲为怀，坚持在大雪天对店内商品不涨价，其店中的商品很快被抢购一空，因为如此低的价格难以使其以高价向外界继续采购新的商品，这家店很快就关门大吉。另外一家杂货店则将所有的商品的价格暂时提高到原来的两倍，同时这家杂货店的老板出高价请当地的孩子乘雪橇从外地运进当地市民需要的各种商品。涨价的杂货店因为能够支付较高的雇佣雪橇拉货的成本，在暴雪过程中保障了对居民的基本供应，同时高的价格也自然促使居民根据新的价格状况调整自己的需求，将自己采购的物品控制在自己能够承担的、确实也是必需的范围内。

（资料来源：https://wenku.baidu.com/view/02be50377e21af45b207a85c.html? from=search）

**思考与讨论：**

1. 企业降低商品价格真的有利于其生存和发展吗？
2. 商品价格与市场需求的关系是怎样的？

# 任务一 经济学是什么

油价会不会继续上涨?房价能不能下跌?是什么力量在推动 CPI 不断上扬?在市场经济日益成熟的今天,面对越来越复杂的内外部经济环境,我们每个普通人的生活的确已经离不开经济学常识的指导了。

## 一、经济学的基本含义

"经济"一词,在我国古汉语中是"经邦济世""经国济民"的意思。西方最早使用"经济"一词,是古希腊思想家色诺芬(约公元前 430—前 354 年),在《经济论》中,意指家庭管理,本义就是"家计""菜篮子"。随着商品经济的发展,经济事务极大地扩张到治理国家的范畴,为了区别于之前的"家计"范畴而一度被称为"政治经济学"(political economy),后来被马歇尔改回经济学(economics)。

从总体上讲,西方国家的"经济"是由家庭理财转向社会层面的经济研究,而我国的"经济"则由"经邦治国"缩窄到社会经济研究范畴。

到了现代,经济学是在政治经济学或者更广的层面来考虑的经济研究,因此从一般意义上说,经济学与政治经济学是同义的。对于经济学的基本含义,不同学者有不同的理解与界定。经济学家认为,经济学是为了解决人类活动中经常面临的欲望的无限性与资源的稀缺性之间的矛盾而产生的。

## 二、稀缺性与机会成本

稀缺性的概念在经济理论中起着至关重要的作用。有的经济学家认为这个概念是经济学术语恰当定义时所必不可少的。最好的例子就是瓦尔拉给社会财富即经济货物下的定义。他说:"所谓社会财富,我指的是所有稀缺的东西,物质的或非物质的(这里无论指何者都无关紧要)。也就是说,它一方面对我们有用;另一方面它可以供给我们使用的数量却是有限的。"瓦尔拉解释说,"有用"是指"能满足我们的某种需要",而"数量有限",则意味着一些东西"存在的数量不能满足个人的需要",如空气、水等任何人都能随心所欲地获取,称不上是社会财富。只有当它们稀有时,才能被认为是社会财富的一部分。

但是,人类的欲望是无限的,这种无限性表现在:一是人的欲望是无穷无尽的,当某种欲望得到满足后,又会产生新的欲望,永无止境;二是人的欲望是多种多样的,按其消费对象的重要程度来分,可分为必需品、舒适品和奢侈品。

### 拓展阅读

关于作出决策的第一课可以归纳为一句谚语:"天下没有免费的午餐。"为了得到我们喜爱的一件东西,通常就不得不放弃另一件我们喜爱的东西。作出决策要求我们在一个目标与另一个目标之间有所取舍。

我们考虑一个学生必须决定如何配置他的最宝贵的资源——时间。他可以把所有的时间用于学习经济学;他可以把所有的时间用于学习心理学;他也可以把时间分配在这两个学科上。他把某一个小时用于学习一门课时,就必须放弃本来可以学习另一门课的一小时。而且,对于他用于学习一门课的每一个小时,都要放弃本来可用于睡眠、骑车、看电视或打工赚点零花钱的时间。

当人们组成社会时,他们面临各种不同的交替关系。典型的交替关系是"大炮与黄油"之间的交替。我们把更多的钱用于国防以保卫我们的海岸免受外国入侵(大炮)时,我们能用于提高国内生活水平的个人物品的消费(黄油)就少了。在现代社会里,同样重要的是清洁的环境和高收入水平之间的交替关系。要求企业减少污染的法律增加了生产物品与劳务的成本。由于成本高,结果这些企业赚的利润少了,支付的工资低了,收取的价格高了,或者是这三种结果的某种结合。因此,尽管污染管制给予我们的好处是更清洁的环境,以及由此引起的健康水平提高,但其代价是企业所有者、工人和消费者的收入减少。

社会面临的另一种交替关系是效率与平等之间的交替。效率是指社会能从其稀缺资源中得到最多的东西。平等是指这些资源的成果公平地分配给社会成员。换句话说,效率是指经济蛋糕的大小,而平等是指如何分割这块蛋糕。在设计政府政策的时候,这两个目标往往是不一致的。

认识到人们面临交替关系本身并没有告诉我们,人们将会或应该作出什么决策。一个学生不应该仅仅由于要增加用于学习经济学的时间而放弃心理学的学习。社会不应该仅仅由于环境控制降低了我们的物质生活水平而不再保护环境。也不应该仅仅由于帮助穷人扭曲了工作激励而忽视了他们。然而,认识到生活中的交替关系是重要的,因为人们只有了解他们可以得到的选择,才能作出良好的决策。

(资料来源:梁小民. 微观经济学纵横谈. 北京:生活·读书·新知三联书店,2002)

大部分经济资源一般是可以有多种用途的,但是一定的资源用来生产某种产品后,就不可能用来生产其他产品,这就意味着,一定数量的资源用来生产某种产品时,就必须放弃别种产品的生产。当把一定的资源用来生产某种产品时所放弃的别种产品的最大产量(产值),就是这种产品的机会成本。另外,机会成本还可以表述为:一种资源用来获得某种收入时所放弃的另一种收入。例如,某学生大学毕业后面临多种选择,可以选择去银行工作,年薪 50 000 元;去公司工作,年薪 38 000 元;继续深造,收入为 0 元。那么,如果去公司工作,机会成本就是去银行工作可能获得的收入 50 000 元;如果继续读研,三年研究生学习的机会成本就是去银行工作可能获得的收入 150 000 元。

正是资源的稀缺性构成了经济学需要关注并进行研究的经济问题,即怎样使用有限的、相对稀缺的资源来满足多样化的需要的问题。显而易见,经济学研究的核心就是选择,稀缺资源的配置与利用就是经济学的研究对象,经济学是一门研究在一定的市场体制下如何配置和利用资源的学问。

## 三、经济学研究的两个基本问题

由于资源具有稀缺性,而人类的欲望又具有无限性,这就决定了经济学研究的两个基本问题是资源的配置和资源的利用,如图 1-1 所示。

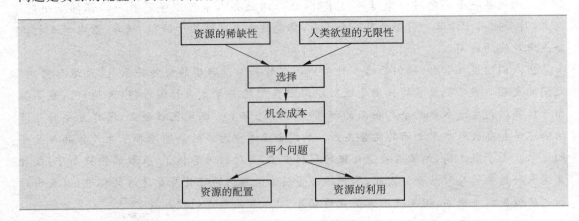

图 1-1　经济学研究对象的来源

### (一) 资源的优化配置

从社会组成部门来看,企业面对选择有限的且用途多样的资源,需要考虑生产什么、生产多少,以获得最大利润;家庭和个人需要选择将有限的收入用于购买何种商品、购买多少,以获得最大效用;政府和涉外部门需要选择资源合理配置的最优方案,以促进经济增长,实现社会福利最大化。

人们进行选择的过程也是资源配置的过程,作出选择需要解决三个基本问题。

▶ 1. 生产什么,生产多少

由于没有足够的资源去生产社会所需的全部商品和服务,即欲望总是超出可用资源范畴,因而我们必须决定什么才是我们最需要的,并且舍弃那些相对次要的。

一个国家的经济资源可以用于生产多种产品,生产这些产品的机会的总和被称为机会集合。我们将这些众多的机会简化为两种,分别为产品 X(消费品)和 Y(资本品),如图 1-2 所示。

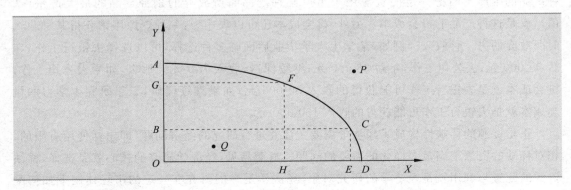

图 1-2　生产可能性曲线

将 X 与 Y 的各种不同的产量组合描绘在坐标图上,便可得出 AD 线,即生产可能性曲线,或称生产可能性边界。

生产可能性曲线是用来说明和描述在一定的资源与技术条件下,利用现有资源生产可能达到的最大产量的组合曲线。它可以用来进行各种生产组合的选择,是从直观的角度来反映生产的可能性。

如图 1-2 中 F 点和 C 点比较,多生产 GB 数量的 Y 产品(资本品),就可以少生产 HE 数量的 X 产品(消费品)。因此,生产 HE 单位 X 产品的机会成本就是 GB 单位的 Y 产品。

假定一个社会用它的全部资源可以生产出满足人们一定需要的两种物品,如小麦和玉米。如果只生产小麦可以生产 6 万吨,只生产玉米可以生产 12 万吨,在这两种极端的可能性之间,还存在着小麦和玉米的不同数量的组合。假设这个社会在决定小麦与玉米的生产时,提出了 A、B、C、D、E、F、G 七种组合方式,见表 1-1。

表 1-1　小麦和玉米的生产可能性组合

| 可能性组合 | 小麦/万吨 | 玉米/万吨 |
| --- | --- | --- |
| A | 0 | 12 |
| B | 1 | 11.5 |
| C | 2 | 11 |
| D | 3 | 10 |
| E | 4 | 8 |
| F | 5 | 6 |
| G | 6 | 0 |

此外,生产可能性曲线还可以用来说明潜力与过度的问题。生产可能性曲线以内的任何一点(如图 1-2 中的 Q 点),说明生产还有潜力,即还有资源未得到充分利用,存在资源闲置;而生产可能性之外的任何一点(如图 1-2 中的 P 点),则是现有资源和技术条件所达不到的。只有在生产可能性曲线 AD 之上的点,才是资源配置最有效率的点。

另外,在资源数量和技术条件不变的条件下,一个社会现有资源可能生产的产品产量组合是既定的,但当资源数量变化和技术条件改变时,生产可能性曲线会相应移动。随着资源数量的增加和技术的进步,生产可能性曲线会向外平行移动,如图 1-3 所示。

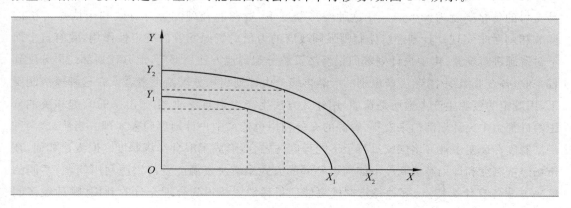

图 1-3　生产可能性曲线向外移动

图 1-3 中，在原来的技术水平和资源条件下，生产可能性曲线为 $X_1Y_1$。现假定资源数量增加了，或者技术进步，劳动生产力提高了，使生产可能性曲线向外平移至 $X_2Y_2$。在 $X_2Y_2$ 上，每一点所代表的两种产品的产量组合都比 $X_1Y_1$ 上相应的一点所代表的产量组合要大。因此，生产可能性曲线向外移动，代表着一个社会生产能力的提高。

▶ **2．如何生产**

如何生产的问题涉及怎样在既定的投入下得到最大产出，它的目标是找到一种生产商品和服务的最佳方式。如何生产的问题还包括对环境的利用和对其他社会利益的考虑。

▶ **3．为谁生产**

为谁生产就是要解决经济产出如何在社会成员中进行分配的问题，包括生产的产品怎样在企业内部和整个社会成员之间分配，根据什么原则、采用什么机制进行分配，分配的数量界限怎样把握，等等。

### (二) 资源的充分利用

现实生活中，人类社会往往面临这样一种矛盾：一方面资源是稀缺的；另一方面稀缺的资源往往得不到充分利用，也就是说，产量没有达到生产可能性曲线，如图 1-2 中的 $Q$ 点，稀缺的资源被浪费了。

资源利用包括以下三个相关的问题：

(1) 资源为什么没有得到充分利用；

(2) 在资源既定的情况下，为什么产出不稳定；

(3) 货币的购买力是否影响资源的利用。

尽管各个社会都存在稀缺性，但解决稀缺性的方法并不相同。人类社会的各种经济活动都是在一定的经济体制下运行的。在不同经济体制下，资源配置与资源利用问题的解决方法有所不同。经济体制就是一个社会作出选择的方式，或者说解决资源配置与资源利用的方式。

当前世界上经济体制基本有两种：一种是市场经济体制；另一种是计划经济体制。其中，市场经济体制强调市场的力量(价格变化、供求变化、竞争变化等)对资源配置起基础性作用，即通过市场上价格的调节来决定生产什么、如何生产和为谁生产。大炮和黄油哪一种产品的利润高就生产哪一种产品，用什么方法生产成本低就用什么方法生产，谁为生产的产品支付的价格高就为谁生产。在这种经济制度下，资源的合理配置与有效利用依靠价格的调节和刺激来实现。计划经济体制则强调政府的力量对资源配置的决定性作用，政府自上而下对资源进行配置，由中央计划部门把经济资源分配到地方计划部门，地方计划部门再分配到各企业，各企业组织生产，生产出来的产品再统一由计划当局分配给消费者。在这种经济制度下，用既定的资源生产大炮还是黄油、用什么方法生产大炮与黄油，生产出来的大炮和黄油分配给谁都由中央计划部门来安排，资源的充分利用也依靠中央计划部门来实现。当然，这两种经济制度在现实中被许多国家进行了不同程度的融合，形成了混合经济制度。但无论如何，在市场经济制度和计划经济制度下如何以不同的方式来解决资源配置与资源利用问题，不同的解决方法各有什么特点，哪种经济制度更能使得稀缺资源得到合理充分的利用，哪种经济制度的经济效率更高，应该如何实现两种制度的融合……这些都构成了经济学研究的主题。

我国于 1978 年实行改革开放,1992 年党的十四大提出发展社会主义市场经济,进入 21 世纪特别是党的十八大以来,持续深化经济体制改革,不断完善社会主义经济体制。我国的市场经济是同社会主义制度结合在一起的,具有以下基本特征:

(1)在所有制结构上,以公有制为主体,多种所有制经济共同发展;

(2)在分配制度上,实行以按劳分配为主体、多种分配方式并存的制度,把按劳分配和按生产要素分配结合起来,坚持效率优先,兼顾公平,有利于优化资源配置,促进经济发展,保持社会稳定;

(3)在宏观调控上,把人民的眼前利益与长远利益、局部利益和全局利益结合起来,充分发挥市场在配置资源中的决定性作用,更好地发挥计划和市场两种手段的长处。

## 知识链接

### 坚定不移发展壮大民营经济

"我国民营经济只能壮大、不能弱化,不仅不能'离场',而且要走向更加广阔的舞台"。习近平总书记1日主持召开民营企业座谈会并发表重要讲话。总书记突出问题导向,积极回应社会关切,就坚持基本经济制度的一系列重大理论和实践问题作出深刻阐释,提出支持民营经济发展壮大的 6 个方面政策举措,表明党中央毫不动摇鼓励、支持、引导非公有制经济发展的坚定决心和鲜明态度,为民营经济健康发展注入强大信心和动力。

改革开放 40 年来,我国民营经济从小到大、从弱到强,贡献了 50% 以上的税收,60% 以上的国内生产总值,70% 以上的技术创新成果,80% 以上的城镇劳动就业,90% 以上的企业数量。实践证明:"民营经济是我国经济制度的内在要素,民营企业和民营企业家是我们自己人。"

坚持基本经济制度,坚持"两个毫不动摇",是我们党一以贯之的大政方针。近一段时间以来,习近平总书记在多个场合就支持民营经济发展阐明立场和政策。在这次座谈会上,总书记再次强调,非公有制经济在我国经济社会发展中的地位和作用没有变,毫不动摇鼓励、支持、引导非公有制经济发展的方针政策没有变,为非公有制经济发展营造良好环境和提供更多机会的方针政策没有变。三个"没有变"的郑重宣示,释放了正本清源、提振信心的强烈信号。

当前,一些民营企业在经营发展中遇到不少困难和问题,有的民营企业家形容为遇到了"三座大山":市场的冰山、融资的高山、转型的火山。这是外部因素和内部因素、客观原因和主观原因等多重矛盾问题碰头的结果,是发展中的困难、前进中的问题、成长中的烦恼。我们既要高度重视、直面困难,也要保持定力、精准施策,为民营企业排忧解难,为民营经济营造更好的发展环境,变压力为动力,实现民营经济的更大发展。

发展壮大民营经济,就要去病除弊、减压降负,加大减税力度,降低企业成本,让民营企业轻装上阵;就要舒筋活血、开源浚流,改革和完善金融机构监管考核和内部激励机制,扩大金融市场准入,拓宽民营企业融资途径,切实解决民营企业融资难融资贵问题;就要优化环境、厚植土壤,打破各种各样的"卷帘门""玻璃门""旋转门",执行政策一视同仁,为企业公平竞争创造有利条件;就要守住底线、把好分寸,完善政策执行方式,构建亲清新型政商关系,积极帮助民营企业解决实际困难,把关心民营企业发展、民营企业家成长落到实处;就要保障安全、稳定预期,保障民营企业家合法的人身和财产权益,保障企业合法经营,让民营企业家吃下定心丸、安心谋发展。

回望改革历程,我国经济发展能够创造中国奇迹,民营经济功不可没。在全面建成小康社会、进而全面建设社会主义现代化国家的新征程中,我们要毫不动摇坚持基本经济制度,落实好党和国家方针政策,鼓励、支持、引导民营经济再开发展新局、再立时代新功。

(资料来源:http://www.xinhuanet.com/politics/2018-11/02/c_1123649977.htm)

通过上述分析可以看出,如果资源取之不尽、用之不竭,那么每一种物品是否生产过多、资源是否得到有效利用、每个人应该得到多少等问题就变得无关紧要了。经济学正是基于资源客观存在的稀缺性以及由此引起的选择的必要性而产生的,它研究的是不同经济制度下解决资源配置和资源利用问题的方式。

### 拓展阅读

机会成本(opportunity cost):是指为了得到某种东西而所要放弃的另一样东西,机会成本小的具有比较优势。简单地讲,可以将机会成本理解为把一定资源投入某一用途后所放弃的在其他用途中所能获得的利益。

机会成本主要应用在投资过程中。在投资决策中,放弃次优方案而损失的"潜在利益",是选取最优方案的机会成本。

商务印书馆《英汉证券投资词典》解释:机会成本,英语为 opportunity cost,指进行一项投资时放弃另一项投资所承担的成本。选择投资和放弃投资之间的收益差是可能获取收益的成本。如投资者仅有一份资金,投资股票时必须放弃国债。假如国债收益为5%,而投资股票收益为8%,放弃国债投资的机会成本为5%,同时放弃股票投资国债的机会成本是8%。

更加简单地讲,就是指你为了从事某件事情而放弃其他事情的价值。我们常拿融资租赁和贷款比较谁的融资成本高?如果不把机会成本加进去的话,可能会得出一个不正确的结论。比如人们通常感觉融资租赁的融资成本比银行贷款高。出现这种认识错误的原因主要在于没有把机会成本考虑进去。

萨缪尔森在其《经济学》中曾用热狗公司的事例来说明机会成本的概念。热狗公司所有者每周投入60小时,但不领取工资。到年末结算时公司获得了22 000美元的可观利润。但是如果这些所有者能够找到另外其他收入更高的工作,使他们所获年收达45 000美元。那么这些人所从事的热狗工作就会产生一种机会成本,它表明因他们从事了热狗工作而不得不失去的其他获利更大的机会。对于此事,经济学家这样理解:如果用他们的实际盈利22 000美元减去他们失去的45 000美元的机会收益,那他们实际上是亏损的,亏损额是45 000-22 000=23 000美元。虽然实际上他们是盈利了。

(资料来源:http://baike.so.com/doc/2537317.html)

# 任务二 经济学的研究内容

经济学研究的是资源配置和资源利用问题,这两个方面需要关注的内容不同,经济学的基本内容也就分为资源配置问题研究和资源利用问题研究两大部分,其中前者属于微观经济学的范畴,后者属于宏观经济学的范畴。经济学基础课程也相应地分为微观经济学和宏观经济学两大部分,作为对整个课程的引导,本任务将概括性地对微观经济学和宏观经济学作一些介绍。

## 一、微观经济学是什么

### (一)基本含义

"微观"是希腊文"0"的意译,原意是"小"。微观经济学是研究社会中单个经济单位的经济行为,以及与之对应的经济变量的单项数值如何决定的经济学说。理解微观经济学,应该抓住以下几个方面。

(1)微观经济学的研究对象是单个经济单位。它研究构成整个经济制度的各个经济决策单位的经济行为。这些最基本的经济单位包括作为消费决策基本单位的家庭和作为生产决策基本单位的厂商。它从资源稀缺这个基本概念出发,认为所有个体的行为准则是设法利用有限资源取得最大收获,即作为消费决策单位的家庭要实现满足程度(效用)的最大化,作为生产决策单位的厂商要实现利润最大化。在这一基本行为准则的指引下,作为消费者的家庭要根据各种商品的不同价格进行选择,设法用有限的收入从所购买的各种商品量中获得最大的满足;作为生产决策单位的厂商要考虑如何用最小的生产成本,生产出最大的产品量,获取最大限度的利润。微观经济学以家庭和厂商为研究对象,就是要研究家庭如何把有限的收入分配于各种物品的消费,以实现满足程度最大化,以及厂商如何把有限的资源用于各种物品的生产,以实现利润最大化。

(2)微观经济学要解决的是资源配置问题。资源配置问题即生产什么、如何生产和为谁生产的问题,通过对这几个方面的求解,以期达到资源配置的最优化,给社会带来最大的经济福利。微观经济学从研究单个经济单位的收获最大化追求入手,通过对单个经济单位取得收获最大化条件的考察,来解决社会资源的最优配置问题。这样的研究逻辑背后有一个基本认识:如果每个经济单位都实现了收获最大化,那么整个社会的资源配置也就实现了最优化。

(3)微观经济学的中心理论是价格理论。在家庭和厂商自由追求各自收获最大化目标的过程中,一方面家庭选择商品的行动必然会影响商品的价格,市场价格的变动又是厂商决定生产何种商品的信号;另一方面厂商的选择又将影响到生产要素市场上的各项价格,从而影响到家庭的收入。这样,家庭和厂商的选择均通过市场上的供求关系表现出来,通过价格变动进行协调。因此,微观经济学的任务就是研究市场机制及其作用,研究均衡价格的决定,考察市场机制通过调节个体行为取得资源最优配置的条件与途径。微观经济学也就是关于市场机制的经济学,它以价格为分析的中心,因此也称为价格理论。

(4)微观经济学的研究方法是个量分析,即研究经济变量的单项数值如何决定。如对于价格这个经济变量来说,某种商品的价格就是单项数值,微观经济学中所涉及的变量,都是指某一经济变量在某种商品上表现出来的单项数值,它分析这类个量的决定、变动及其相互之间的关系。

## (二)主要内容

微观经济学的内容相当广泛,其中主要有供求理论、消费者行为理论、生产与成本理论、要素价格与收入分配理论、市场失灵与微观经济政策等。其中,供求理论从需求和供给两个方面入手,初步对需求曲线和供给曲线进行了论述,研究商品的价格如何决定以及价格如何调节整个经济的运行。消费者行为理论将深入消费者行为的背后,提出"效用"这一衡量消费者行为的标准,进而研究消费者如何把有限的收入分配于各种物品的消费上以实现效用最大化,并从对消费者行为的分析中推导出消费者的需求曲线。生产与成本理论将研究生产者如何把有限的资源用于各种物品的生产上以实现利润最大化,其中包括研究生产要素与产量之间关系的生产理论,研究成本与收益的成本—收益理论,以及研究不同市场条件下厂商行为的厂商行为理论。要素价格与收入分配理论将研究视角从产品市场转到生产要素市场,分析不同市场条件下厂商的需求理论,以及生产要素的供给理论,进而从消费者对生产要素的供给和厂商对生产要素的引致需求的关联中分析了每一种生产要素的均衡价格和均衡数量的决定,即研究产品按照什么原则分配给社会各集团和个人,也就是工资、利息、地租和利润如何决定。市场失灵与微观经济政策研究政府如何通过政策制定进行价格管理、消费调节与生产调节以及实现收入分配平等化等,这些政策通过对经济的干预起克服市场失灵的作用,从而使现实的经济能以最优状态来运行。

## (三)基本假设

微观经济学有三个基本前提假设:第一个基本前提假设是理性人假设,又称经济人假设,或最大化原则,是西方经济学中最基本的前提假设。第二个基本前提假设是信息完全假设。价格机制是传递供求信息的经济机制,信息完全假设具体体现在自由波动的价格上。最大化原则加上完全竞争假设才能推导出信息完全假设。第三个基本前提假设是市场出清假设,它与前两个基本前提假设具有明确的因果关系,是前两者的逻辑推论。现代经济学的发展围绕着对这三个基本前提假设的反思而展开。西方经济学从以上三个基本前提假设出发,通过数学演绎推理,得出结论。

例如,关于"理性人"假设。这一假设条件认为:经济生活中的每一个人,其行为均是利己的,他在做出一项经济决策时,总是深思熟虑地通过成本-收益分析或趋利避害原则来对其所面临的各种可能的机会、目标以及实现目标的手段进行比较,都力图以自己最小的经济代价去追求自身利益的最大化。按理性人的假设,市场中的每一个人行为都是力图以自己最小的经济代价去追求自身利益最大化的过程。无论是买者还是卖者都是如此。而追求自身利益最大化的过程就是买者和卖者(我们称为微观主体)对自身资源进行有效配置的过程,更进一步地说,就是市场机制通过对微观主体的诱导进而引起对资源配置的过程。供求双方追求自身利益最大化的结果就会形成市场的动态均衡,我们称为市场均衡。于是,以均衡过程为核心就形成了微观经济学教材的基本分析思路。

## 二、宏观经济学是什么

### (一) 基本含义

"宏观"是希腊文"1"的意译,原意是"大"。宏观经济学(macro economics)以国民经济总过程的活动为研究对象,主要考察国民总收入、就业总水平等经济总量的决定及其变化,以此来说明资源如何才能得到充分利用。理解宏观经济学,应该抓住以下几个方面。

(1) 宏观经济学的研究对象是整个国民经济。微观经济学以作为消费决策基本单位的家庭和作为生产决策基本单位的厂商为研究对象,研究的是单个经济单位的经济行为,而宏观经济学所研究的不再是经济中的各个单位,而是研究由这些单位所组成的整体,也就是宏观经济学将从总体上分析经济问题,研究整个经济的运行方式与规律。

(2) 宏观经济学要解决的是资源利用问题。微观经济学要解决的是资源配置问题,宏观经济学则把资源配置作为既定的前提,研究社会范围内的资源利用问题,通过研究现有资源未能得到充分利用的原因,找到其充分利用的途径以及实现经济增长的办法,以实现社会福利的最大化。

(3) 宏观经济学的中心理论是国民收入决定理论。宏观经济学把国民收入作为最基本的总量,以国民收入的决定为中心来研究资源利用的问题,分析整个国民经济的运行,在此基础上展开其他理论的研究。

(4) 宏观经济学的研究方法是总量分析,即它对能够反映整个经济运行情况的经济变量的决定、变动及其相互关系进行分析。这些总量包括两类:一类是个量的总和,如国民收入是组成整个经济的各个单位收入的总和,总投资是各个厂商的投资之和,总消费是各个居民消费之和等;另一类是平均值,如价格水平是各种商品和劳务的平均价格等。

### (二) 主要内容

宏观经济学主要包括如下几个方面的内容。

(1) 国民收入决定理论。国民收入指一个国家在一定时期(通常为一年)内物质资料生产部门的劳动者新创造的国民收入的价值总和,即社会总产品的价值扣除用于补偿消耗掉的生产资料价值的余额,它是衡量一个国家经济资源利用情况和整个国民经济状况的基本指标。国民收入决定理论就是要从总需求和总供给的角度出发,分析国民收入决定及其变动规律,这一部分构成了宏观经济学的中心。

(2) 失业与通货膨胀理论。失业和通货膨胀是各国经济面临的最主要的问题,失业与通货膨胀理论是运用国民收入决定理论,分析失业与通货膨胀的原因及其相互联系,从而为解决这些问题的政策的制定提供一个理论基础。

(3) 经济周期与经济增长理论。经济周期是由于总需求变动引起的国民收入的短期波动,经济增长是由于总供给变动引起的国民收入的长期增长。现代宏观经济学把这两个方面都作为以国民收入为中心的经济活动的波动,二者是国民收入决定理论的延伸和发展,也是国民收入决定理论的长期化与动态化。经济周期与经济增长理论主要分析国民收入短期波动的原因、长期增长的源泉等问题,以实现经济长期稳定的发展。

（4）宏观经济政策。宏观经济学是要说明国家为什么必须干预经济,以及如何干预经济。宏观经济理论为国家干预经济提供理论依据,而宏观经济政策则要为国家干预经济提供具体的措施,包括政策目标、政策工具、政策效应等方面的考量。

### (三) 基本假设

不同学派基本假设是不同的。现在主要的两大流派是新古典综合学派和新凯恩斯学派。

新古典理论的基本假设:

（1）个体利益最大化,即宏观经济学要具有微观基础。

（2）理性预期,简单地说就是人们能够预期到将来的经济变化,不会产生系统性差错。

（3）市场出清,即价格和工资可以迅速变化。这一假设是造成新古典理论和新凯恩斯理论结论不同的最大原因。

（4）自然率假说,主要指自然失业率。

新凯恩斯主义的主要假设只有在市场出清上不同,这一学派认为市场不出清,因为工资和价格不能立刻变化。工资和价格黏性的解释有长期合同论和菜单成本论。长期合同论即人们签的是长期合同,工资在合同期内不会随市场需求随时变化,这不现实。菜单成本指变动产品价格是要花成本的,例如通知顾客价格变化了,要重新打印价格表等,因此价格不会随着商品需求随时变化。

## 三、微观经济学与宏观经济学的关系

微观经济学与宏观经济学在研究对象、要解决的基本问题、中心理论与主要内容,以及研究方法等方面都是不同的(见表1-2),但是,为了建立起对微观经济学和宏观经济学更为清晰的整体认识,我们在看到它们之间区别的同时,也不能忽视它们之间的联系。它们之间存在着如下联系。

表 1-2　微观经济学与宏观经济学的不同之处

| 不同之处 | 微观经济学 | 宏观经济学 |
| --- | --- | --- |
| 研究的对象 | 单个经济单位 | 整个国民经济 |
| 解决的问题 | 资源配置 | 资源利用 |
| 中心理论 | 价格理论 | 国民收入决定理论 |
| 分析方法 | 个量分析 | 总量分析 |

（1）微观经济学是宏观经济学的基础。微观经济学以单个经济单位为研究对象,运用个量分析;宏观经济学以整个国民经济为研究对象,进行总量分析,而整体经济是单个经济单位的总和,且总量分析也是建立在个量分析的基础之上的。例如,总消费是各个居民消费之和,总投资是各个厂商的投资之和,对整个经济消费的分析是以单个消费者消费行为的分析为基础的,对整个社会投资的分析也是以单个生产者的投资行为分析为基础的。因此,宏观经济学的许多理论是建立在微观经济学的理论基础上的,微观经济学是宏观经济学的

基础。

(2) 微观经济学与宏观经济学是相互补充的。微观经济学与宏观经济学的目标都是实现稀缺资源的最优配置和充分利用,实现社会福利的最大化。在这一目标的指引下,微观经济学与宏观经济学分别从不同的角度展开了研究,微观经济学代表由下而上的视角,宏观经济学代表由上而下的视角。微观经济学在假定资源充分利用的前提下分析如何达到资源最优配置的问题,宏观经济学在假定资源已经实现最优配置的前提下如何达到资源充分利用的问题。因此,西方经济学家认为,宏观经济学好比是研究一片森林的构成、性质及其变化,而不去考虑一棵棵树木,而微观经济学好比是考察在整个森林的状态不变的前提下,森林中的个别树木的性质和特点。这两个方面相互补充,对于充分认识整片森林是缺一不可的。

## 任务三　经济学的研究方法

每门科学都有自己的研究方法,经济学也不例外。从不同的角度去看,经济学研究的方法也不同,通常有如下几种:

### 一、实证分析与规范分析

所谓实证分析法是指企图超脱和排斥一切价值判断,只对经济现象、经济行为或经济活动及其发展趋势进行客观分析,研究经济本身的内在规律,并根据这些规律,分析和预测人们经济行为效果的分析方法。所谓规范分析法是指以一定的价值判断为基础,以某些标准作为分析处理经济问题的标准,树立经济理论的前提,作为制定经济政策的依据,并研究如何才能符合这些标准的分析方法。例如,"20 世纪 70 年代世界油价暴涨主要是由垄断力量造成的"这句话就是比较客观的,是一个人通过经济模型得出来的结果,你无可辩驳,这就是实证分析,它只是说明一个客观状态,而并未说明这个客观状态的好与坏或应该怎么改善等方面的内容。"效率比平等更重要",世界上没有一个经济定理这样说,有的人会认为效率重要,而平均主义者会认为平等更重要,这就带有主观评价,是规范分析法,说明的是"实际上什么应该怎么样"这个道理。将两者相比去把握它们的基本内涵,可以发现如下几点。

(1) 价值判断是实证分析法与规范分析法的重要区别。这里的价值判断是指对社会经济制度、具体经济事物的社会价值是好还是坏的判断。在这一点上,实证分析法为了使分析更客观科学,企图不参与价值判断问题,而规范分析法则是从一定的价值判断出发来研究问题,这是两者之间的重要区别之一。

(2) 实证分析法和规范分析法要解决的问题不同。实证分析法排斥一切价值判断,只研究经济本身的内在规律,分析经济变量之间的关系,并用于分析和预测,因此它要回答"是什么"的问题。规范分析法则以一定的价值判断为基础,以某些标准作为分析处理经济问题的标准,来说明事物本身是好还是坏,是否符合某种价值判断或者对社会有什么意义等,因此它要回答的是"应该是什么"的问题。

（3）实证分析法的内容具有客观性，即不以人们的意志为转移，所得出的结论可以根据事实来进行检验。而规范分析法则没有客观性，它所得出的结论要受到不同价值观的影响，处于不同阶级地位、具有不同价值判断标准的人，对同一事物的好坏会作出截然相反的评价，谁是谁非没有什么绝对标准，从而也就无法进行检验。

（4）实证分析法与规范分析法并不是相互排斥的。现代西方经济学认为实证分析法和规范分析法是相对的而非绝对的，具体的经济分析都不可能离开人的行为。在实证分析法中，关于人的行为的社会认识是其分析的基础，完全的客观主义是不存在的。从经济理论发展的历史来看，除少数经济学家主张经济学应该像自然科学一样利用纯实证分析法以外，其他的经济学家基本一致认为经济学既是实证的科学，又是规范的科学，因为提出什么问题来进行研究，采用什么方法来研究，突出强调哪些因素，实际上已经涉及个人的价值判断问题。因此，经济学的问题既可以用实证的方法分析，也可以用规范的方法分析，规范分析要以实证分析为基础，实证分析也离不开规范分析的指导，一般越具体的问题实证的成分越多，越宏观的问题规范的成分就越多。

## 二、均衡分析与非均衡分析

均衡（equilibrium）是从物理学中引进的概念。在物理学中，均衡是表示同一物体同时受到几个方向不同的外力作用而合力为零时，该物体所处的静止或匀速运动的状态。英国经济学家马歇尔（Alfred Marshall）把这一概念引入经济学中，主要指经济中各种对立的、变动着的力量处于一种力量相当、相对静止、不再变动的境界。这种均衡与一条直线所系的一块石子或一个盆中彼此相依的许多小球所保持的机械均衡大体上一致。均衡一旦形成后，如果有另外的力量使它离开原来的均衡位置，则会有其他力量使它恢复到均衡，正如一条线所悬着的一块石子如果离开了它的均衡位置，地心引力立即有使它恢复均衡位置的趋势一样。均衡又分为局部均衡（partial equilibrium）与一般均衡（general equilibrium）。局部均衡分析是假定在其他条件不变的情况下来分析某一时间、某一市场的某种商品（或生产要素）供给与需求达到均衡时的价格决定。一般均衡分析在分析某种商品的价格决定时，则在各种商品和生产要素的供给、需求、价格相互影响的条件下来分析所有商品和生产要素的供给和需求同时达到均衡时所有商品的价格如何被决定。一般均衡分析是关于整个经济体系的价格和产量结构的一种研究方法，是一种比较周到和全面的分析方法，但由于一般均衡分析涉及市场或经济活动的方方面面，而这些又是错综复杂和瞬息万变的，实际上使得这种分析非常复杂和耗费时间。所以在西方经济学中，大多采用局部均衡分析。

## 三、经济模型

经济模型（economic model）是指用来描述所研究的经济现象之有关的经济变量之间的依存关系的理论结构。简单地说，把经济理论用变量的函数关系来表示就叫作经济模型。一个经济模型是指论述某一经济问题的一个理论，如前所述，它可用文字说明（叙述法），也可用数学方程式表达（代数法），还可用几何图形式表达（几何法、画图法）。

由于任何经济现象,不仅错综复杂,而且变化多端,如果在研究中把所有的变量都考虑进去,就会使得实际研究成为主可能。所以任何理论结构或模型,必须运用科学的抽象法,舍弃一些影响较小的因素或变量,把可以计量的复杂现象简化和抽象为为数不多的主要变量,然后按照一定函数关系把这些变量编成单一方程或联立方程组,构成模型。由于建立模型时选取变量的不同以及其对变量的特点假定不同,因此,即使对于同一个问题也会建立起多个不同的模型。

## 四、边际分析

经济学中的边际指的是因变量随着自变量的变化而变化的程度,即自变量变化一个单位,因变量会因此而改变的量。边际的概念植根于高等数学的一阶导数和偏导数的概念。在经济学中根据不同的经济函数,我们可求不同的边际。如边际成本、边际收入、边际效用、边际消费、边际储蓄等。

▶ 1. 边际分析的特点

边际分析是马歇尔二百多年前创立的,认为人们在作决策的时候,除了应用绝对量作决策参数外,更应该运用增量参数进行决策。这种方法有以下几个特点:

(1)边际分析是一种数量分析,尤其是变量分析,运用这一方法可研究数量的变动及其相互关系。这一方法的引入使经济学从常量分析发展到变量分析。

(2)边际分析是最优分析。边际分析实质上是研究函数在边际点上的极值,要研究因变量在某一点递增、递减变动的规律,这种边际点的函数值就是极大值或极小值,边际点的自变量是作出判断并加以取舍的最佳点,据此可以作出最优决策,因此是研究最优化规律的方法。

(3)边际分析是现状分析。边际值是直接根据两个微增量的比求解的,是计算新增自变量所导致的因变量的变动量,这表明,边际分析是对新出现的情况进行分析,即属于现状分析。这显然不同于总量分析和平均分析,总量分析和平均分析实际上是过去分析,是过去所有的量或过去所有的量的比。在现实社会中,由于各种因素经常变化,用过去的量或过去的平均值概括现状和推断今后的情况是不可靠的,而用边际分析则更有利于考察现状中新出现的某一情况所产生的作用、所带来的后果。

▶ 2. 边际分析的意义

边际分析法在 19 世纪 70 年代提出后,首先用于对效用的分析,由此建立了理论基础——边际效用价值论。这一分析方法的运用可以说引起了西方经济学的革命,具体说它的意义表现为:

(1)边际分析的运用使西方经济学研究重心发生了转变。由原来带有一定"社会性、历史性"意义的政治经济学转为纯粹研究如何抉择把有限的稀缺资源分配给无限而又有竞争性的用途上,以有效利用。

(2)边际分析开创了经济学"数量化"的时代。边际分析本身是一种数量分析,在这个基础上,使各种数量工具线性代数、集合论、概率论、拓扑学、差分方程等,逐步渗入经济学,数量化分析已经成为西方经济学的主要特征。

（3）边际分析导致了微观经济学的形成。边际分析以个体经济活动为出发点,以需求、供给为重心,强调主观心理评价,导致了以"个量分析"为特征,以市场和价格机制为研究中心的微观经济学的诞生。微观经济学正是研究市场和价格机制如何解决三大基本经济问题,探索消费者如何得到最大满足、生产者如何得到最大利润、生产资源如何得到最优分配的规律。

（4）边际分析奠定了最优化理论的基础。在边际分析的基础上,西方经济学从理论上推出了所谓最优资源配置、最优收入分配、最大经济效率及整个社会达到最优的一系列条件和标准。

（5）边际分析使实证经济学得到重大发展。研究变量变动时,整个经济发生了什么变动,这为研究事物本来面目、回答经济现象"是什么"问题的实证经济学提供了方法论基础。

从平均分析进入到边际分析,是经济学分析方法的一个重大发展和转折,意义十分重大,它表明数学对经济学的渗透迈出了重大一步。1946年希克斯的《价值与资本》与1947年萨缪尔森的《经济分析基础》全面总结和发展了边际分析阶段的研究工作,使边际分析达到顶点,从而成为经济学史上的两部名著边际分析阶段,形成和发展了一大完整的微观经济活动行为理论,提出了一般经济均衡问题,建造了一般经济均衡的理论框架,创立了当今的消费者理论、生产者理论、垄断竞争理论及一般经济均衡理论的数学基础,因此边际革命的影响是深远的。

## 五、静态分析与动态分析

宏观经济学和微观经济学所采用的分析方法,从另一角度看,又可分为静态、比较静态和动态分析。

静态分析(static analysis)就是分析经济现象的均衡状态以及有关的经济变量达到均衡状态所需要具备的条件,它完全抽掉了时间因素和具体变动的过程,是一种静止地、孤立地考察某些经济现象的方法。比较静态分析(comparative static analysis)就是分析在已知条件发生变化以后经济现象均衡状态的相应变化,以及有关的经济总量在达到新的均衡状态时的相应的变化,即对经济现象有关经济变量一次变动(而不是连续变动)的前后进行比较。也就是比较一个经济变动过程的起点和终点,而不涉及转变期间和具体变动过程本身的情况,实际上只是对两种既定的自变量和它们各自相应的因变量的均衡值加以比较。动态分析(dynamic analysis)则对经济变动的实际过程进行分析,其中包括分析有关总量在一定时间过程中的变动,这些经济总量在变动过程中的相互影响和彼此制约的关系,以及它们在每一时点上变动的速率等。这种分析考察时间因素的影响,并把经济现象的变化当作一个连续的过程来看待。

在微观经济学中,无论是个别市场的供求均衡分析,还是个别厂商的价格、产量均衡分析,都采用静态和比较静态分析方法。动态分析在微观经济学中进展不大,只在蛛网定理(cobweb theorem)这类研究中,在局部均衡的基础上采用了动态分析方法。在宏观经济学中,则主要采用的是比较静态和动态分析方法。凯恩斯在《就业、利息和货币通论》一书中采用的主要是比较静态分析方法。而其后继者们在发展凯恩斯经济理论方面的贡献,主要是长期化和动态化方面的研究,如经济增长理论和经济周期理论。

## 导入案例分析

基于本案例,第一家杂货店降价扩大了市场销量,满足了一定的市场需求,但由于资金不足,无法及时供货,最终倒闭关门。因此,降价并非企业生存和发展的唯一利器,企业降价将带来利润减少,导致内部资金不足的风险加大,而企业又不能承受的话,降价反而成了加速企业倒闭的助推器。

对一般商品而言,市场需求决定商品价格,商品价格与市场需求成正比关系,当市场需求量增加的时候,商品的价格会提高。当商品价格超过正常价格时,消费者会减少他们认为不重要的需求。两者的这种关系意味着,商品价格的制定要基于对市场需求的确定,反过来,商品价格也会调整市场需求。

## 项目小结

每个国家都面临生产什么、如何生产和为谁生产这三个基本问题。由于生产能力有限,我们必须选择某一个产出方案(生产出什么)。当我们的需求超过了资源的允许范围,就产生了稀缺。所有的生产都包括机会成本:我们要生产更多的 A 产出就必须减少 B 产出。B 产出的减少就是产出 A 的机会成本。如何生产的问题着眼于生产中投入了什么生产要素。它往往还伴随着一些对于环境保护的考虑。为谁生产的问题关注的是产出在社会成员间的分配问题。社会的目标就是要选择生产什么、如何生产和为谁生产这几个问题的最佳可能答案。最优答案会因为社会价值和生产能力的不同而有所不同。这三个问题的回答,可以借助市场机制、计划体系,或者市场信号和政府干预相结合的混合机制。经济学集中于对资源配置的研究,宏观经济学关心如何分配所有资源以实现宏观经济基础目标(比如充分就业),微观经济学则关注单个市场参与者的行为和目标。经济学通常采用实证分析和规范分析、均衡分析和非均衡分析、经济模型、边际分析、静态分析和动态分析等方法进行研究。

## 知识测试与能力训练

### 一、名词解释

稀缺性　经济学　微观经济学　宏观经济学　机会成本　实证分析　比较分析　边际分析

二、单项选择题

1. 经济学的研究对象是（　　）。

    A. 政府对市场制度的干预　　　B. 企业取得利润的活动

    C. 如何合理地配置稀缺资源用于不同的用途

    D. 人们如何依靠收入生活的问题

2. "资源是稀缺的"是指（　　）。

    A. 世界上大多数人生活在贫困中

    B. 相对于资源的需求而言,资源总是不足的

    C. 资源必须保留给下一代

    D. 世界上的资源将耗尽

3. 微观经济学研究的基本问题是（　　）。

    A. 生产什么、生产多少　　　　B. 如何生产

    C. 为谁生产　　　　　　　　　D. 以上都包括

4. 以下各项不属于微观经济学范畴的是（　　）。

    A. 供求理论　　　　　　　　　B. 消费者行为理论、生产与成本理论

    C. 要素价格与收入分配理论　　D. 国民收入决定理论

5. 下列关于实证分析法与规范分析法的相关表述错误的是（　　）。

    A. "价值判断"是实证分析法与规范分析法的重要区别点

    B. 实证分析法和规范分析法要解决的问题不同

    C. 实证分析法与规范分析法是相互排斥的

    D. 经济学研究中应该将实证分析法与规范分析法结合起来

6. 下列不属于实证经济学命题的是（　　）。

    A. 现行银行一年期定期存款利率为 $2.75\%$

    B. 2010 年失业率超过 $5\%$

    C. 收入差距大是很不公平的

    D. 应届毕业生的就业率不足 $90\%$

7. 一国生产可能性曲线以内的一点表示（　　）。

    A. 通货膨胀

    B. 失业或资源没有被充分利用

    C. 该国可利用资源减少及技术水平降低

    D. 生产产品的最适度水平

8. 如果一国增加了投入量,或者发明并利用了新的生产技术,那么其生产可能性曲线会（　　）。

    A. 保持不变　　　　　　　　　B. 向里向左移动

    C. 向外向右移动　　　　　　　D. 都有可能

9. 关于经济如何运作的基本问题（　　）。

    A. 只有在市场经济国家才存在

B. 只有在计划经济国家才存在

C. 计划经济国家与市场经济国家都不存在

D. 计划经济国家与市场经济国家都存在

10. 经济学的研究方法不包括（　　）。

    A. 逻辑推理　　　　　　　　　　B. 局部均衡分析与一般均衡分析

    C. 实证分析　　　　　　　　　　D. 边际分析

**三、多项选择题**

1. 在经济水平大大提高以后，（　　）难以适应日益复杂的经济环境，难以实现资源的科学合理配置。

    A. 计划经济　　　B. 商品经济　　　C. 市场经济

    D. 自然经济　　　E. 农业经济

2. 经济学所包括的主要问题有（　　）。

    A. 生产什么和生产多少　　　　　B. 如何生产

    C. 为谁生产　　　　　　　　　　D. 生产者选择利润最大化

    E. 消费者选择效用最大化

3. 经济学的含义包括（　　）。

    A. 资源是稀缺的　　　　　　　　B. 经济学是选择科学

    C. 厂商生产的目的是利润最大化　D. 家庭消费的目的是效用最大化

    E. 合理配置资源，实现社会福利最大化

4. 微观经济学的特点有（　　）。

    A. 考察微观经济行为

    B. 用西方经济理论和观点分析个体经济行为

    C. 考察大生产条件下的微观经济

    D. 突出微观经济分析方法

    E. 运用数学分析工具

5. 宏观经济学的特点有（　　）。

    A. 考察宏观经济　　　　　　　　B. 用资产阶级理论和观点分析考察对象

    C. 从整体国民经济角度考察问题　D. 考察大生产条件下的宏观经济

    E. 侧重实证分析

6. 在应用和借鉴西方经济学理论时，应注意（　　）。

    A. 经济条件不同　　　　　　　　B. 国情不同

    C. 假设条件不同　　　　　　　　D. 应用范围不同

    E. 分析方法不同

7. 微观经济学的基本问题是（　　）。

    A. 供求理论　　　B. 效用理论　　　C. 市场理论

    D. 分配理论　　　E. 福利理论

8. 宏观经济学的基本问题是(　　)。

　　A. 国民收入决定模型　　　　　　　B. 失业与通货膨胀

　　C. 货币理论与政策　　　　　　　　D. 财政理论与政策

　　E. 对外经济理论与政策

9. 西方经济学的分析方法有(　　)。

　　A. 边际分析　　　B. 规范分析　　　C. 均衡分析

　　D. 流量分析　　　E. 总量分析

## 四、判断题

1. 如果社会不存在资源的稀缺性,也就不会产生经济学。(　　)

2. "生产什么""如何生产""为谁生产"这三个问题被称为资源利用问题。(　　)

3. 在不同的经济制度下,资源配置与资源利用问题的解决方法是不同的。(　　)

4. 经济学根据研究范围不同,分为微观经济学和宏观经济学。(　　)

5. 微观经济学要解决的问题是资源利用,宏观经济学要解决的问题是资源配置。(　　)

6. 是否以一定的价值判断为依据是实证方法与规范方法的根本区别之一。(　　)

7. 对"人们的收入差距大一点好还是小一点好"的研究属于实证方法。(　　)

8. 混合经济就是计划经济和市场经济的混合,而不是对市场经济的改进。(　　)

9. 经济模型是对经济发展作出的预测。(　　)

10. 作为经济学的两个组成部分,微观经济学与宏观经济学是完全不同的。(　　)

## 五、分析讨论题

1. 如何理解西方经济学是研究市场体系中稀缺资源配置的科学?

2. 简述微观经济学与宏观经济学的联系。

3. 谈谈你对实证分析方法的认识。

## 六、案例分析题

假如,由于从事工作 P 比从事工作 Q 所获得的收入较小而产生了机会成本,其机会成本量是工作 Q 的收入减去工作 P 的收入,即 45 000－22 000＝23 000 美元。他们因此亏损了 23 000 美元。如果他们的工作 P 的收入渐渐提高,从 22 000 美元达到 40 000 美元,则他们所失去的机会成本只是 45 000－40 000＝5000 美元。如果他们的工作 P 的收入再提高到与工作 Q 相等的 45 000 美元,则他们的工作 P 与工作 Q 对比就只有等于零的机会成本了,即 45 000－45 000＝0。如果工作 P 的收入再提高到比如 50 000 美元,则他们从事工作 P 的机会成本相对于工作 Q 来说就是 45 000－50 000＝－5000 美元,机会成本为负数。

问题:机会成本为负数表明什么? 对此应该做出怎样的决策?

# C 项目2
## hapter 2 探讨价格理论与弹性理论

## 知识目标

1. 了解需求理论、供给理论和均衡价格理论的含义和内容；
2. 认识并掌握需求价格弹性、供给价格弹性的概念和种类；
3. 理解蛛网理论的类型与成因。

## 能力目标

1. 能够运用供求与价格弹性理论分析日常生活中遇到的一些经济现象；
2. 能够运用所学的价格决定理论和弹性理论解释经济现象、制定有效措施。

## 案例导入

2001年夏,苏州乐园举办"2001年仲夏狂欢夜"活动。正常情况下,苏州乐园的门票每人每张60元,购票入园后园内的多数活动项目就不再收费,每天的游客总数在3000～4000人,营业时间从上午9时到下午5时。狂欢夜活动举办时间从每天17时到晚上10时,在不影响白天正常营业的情况下,每天延长了5个小时的营业时间,而且门票从60元降到了10元,趋之者众,首日接待游客竟达7万之多,是平时该园日均游客数的15至20倍,创下开园4年以来的历史之最,大大出乎主办者"顶多3万人"的预测。狂欢夜活动与该园举办的"第四届啤酒节"同时进行,42个厂家驻场宣传和推销自己的产品。苏州乐园如此"火"的关键,不仅因为将原先60元一张的门票陡降到了10元钱,而且每位到乐园参加狂欢夜活动的游客,凭门票还可以领取与10元门票等价的啤酒、饮料和广告衫等。一个三口之家,总共花30元就能享受凉爽的空气、新鲜的啤酒、精彩的演出、美丽的焰火、免赠的礼品,太实惠、太划算了! 非但如此,活动期间购10元门票入园后,高科技项目和水上娱乐等项目仍可适当收取一点费用。赞助厂家则做了广告、推销了产品,还培育了潜在的消费群体。到 7 月 29 日,为期十天的"狂欢夜"活动落下了帷幕。苏州乐园累计接待游客 25 万余人,实现营业收入 400万元以上,净利润 250 万余元。10 元门票引来 25 万人的苏州乐园,在盛夏十分过瘾地"火"了一把。而且,大家都赚了。

(资料来源:新东方在线,http://kaoyan.koolearn.com)

思考与讨论:

1. 从这个案例中,为什么苏州乐园通过降价就获取了巨大的经济效益?
2. 为什么后来苏州乐园不降价了?假若继续降价苏州乐园还能盈利吗?

## 任务一 透析价格理论

### 课堂案例

2017 年夏天,留给国人一个心慌的集体记忆。电荒、水荒刚刚有所缓解,油荒就来了。从 7 月底以来席卷中国南部的大面积油荒,使很多加油站前挤满了怒气冲天的人,他们唯一的渴望就是:甭管花多少钱、排多长时间的队,能加上油就成。在广州,为了加油,一些司机半夜不睡觉排队到天亮,各加油站前都排起了蜿蜒数百米的车辆队伍,被治安搞得筋疲力尽的警察们被紧急派往加油站维持秩序。而深圳的一位副市长在当地电视台发表直播讲话,宣布采取紧急措施保证油品供应。上海市政府也紧急从外地调油,以缓解排队现象。与此同时,浙江、江苏、福建和江西等省也都发生了供应短缺现象。甚至在大庆油田所在的黑龙江省,也破天荒地发生了油品短缺的情况。油荒就是这样在中国人毫无准备的情况下,走进了人们的生活。一切都源于前不久的成品油调价,而火上浇油的则是国际市场石油价格的持续上涨。7 月 23 日,国家发改委宣布,从当天起,调整汽油、柴油的出厂价。这是发改委在一个月内第二次上调油价,也是全年油价的第五次调整。与此同时,世界石油市场价格持续上涨,每天的油价都连创新高。在纽约原油期货价格继 8 月 29 日创下每桶 70.80 美元纪录之后,第二天又提高至每桶 70.85 美元。于是,眼看着"年底可能达到 70 美元"的预测已经提前"达标",人们越来越相信油价"突破 100 美元"的说法也不再是天方夜谭了。原来那些并不关心纽约石油期货价格、北海布伦特原油的人们,也开始关心起每天的国际油价了。频繁的油价调整,使人们产生了很强的心理预期:油价还会上涨。

(资料来源:新东方在线,http://kaoyan.koolearn.com)

价格是市场经济中影响资源配置的一个关键因素,社会上的生产者和消费者根据价格信号来作出自己的生产和消费决策。因此,价格也就成为微观经济学的核心问题。考虑到市场经济条件下价格的形成机制是对其他经济问题进行研究的前提,需求和供给是决定市场均衡价格的两大基本力量,所以,经济学是从需求和供给来开始分析的。

# 一、需求

## （一）需求的概念

需求是指在某一特定时期内，对应于某一商品的各种价格，消费者愿意而且能够购买的数量。

需求的定义说明两层含义：首先，经济学中所述的需求不同于消费者自然的、主观的需要。需求以消费者的货币购买力为前提，仅有购买意愿而无支付能力，不能形成现实需求。其次，需求涉及商品的价格及与该价格相对应的购买数量两个变量，从根本上反映消费者购买的商品数量与商品价格之间的变量关系。

需求可以分为个人需求和市场需求。个人需求是指单个消费者或家庭对某种商品的需求。市场需求是指在某一特定市场和某一特定时期内，所有消费者在各种可能价格下将购买的某种商品的总数量。个人需求是构成市场需求的基础，市场需求是所有个人需求的总和。

## （二）需求的影响因素

以一种商品的需求为例，影响因素主要有以下几种：

▶ **1. 商品本身的价格**

由于满足同一种需求的商品有很多种可供选择，商品价格的变化必然引起了存在效用相互替代功能的不同商品需求量的涨跌变化，经济学中称为"替代效应"。此外，若消费者的收入水平在一定时期内保持不变，价格的变化也造成了消费者实际购买力的强弱变化，进而引起商品需求量的变化，经济学中称为"收入效应"。实际经济活动中，两种效应同时并存，共同作用于商品需求量的变化。

▶ **2. 消费者的偏好**

消费者自身的需求偏好对商品需求的影响是巨大的，在其实际购买力不受决定性影响的前提条件下，商品的购买需求并不会因为价格的小幅涨跌变化而产生影响。因而，厂商通过广告宣传、营销手段在影响和改变消费者购买偏好的同时，也更加注重培养和形成已购买或稳定需求消费者对商品品牌的忠诚度。

▶ **3. 消费者的货币收入**

货币收入对需求的影响要区分商品的不同特性。一般而言，消费者对正常商品的需求随着收入水平的提高而增加，对低档商品的需求随着收入水平的提高而下降，这也形成了同一种商品在不同购买力地区市场间的需求差异，进而实现同一种商品在不同地区市场的销售行为给厂商带来了持续时间较长的收益可能。

▶ **4. 消费者的未来预期**

如果消费者预期未来某些影响需求的因素将发生变化，如收入的增减、价格的涨跌等，必将在尽可能多地满足购买需求的前提下，调整有限购买力在不同商品购买需求间的分配，从而影响当期的消费构成的变化。

其他如气候、消费者人数、广告宣传、政策法规、时间地域等因素也会影响商品的需求。

如果把影响需求量的所有因素作为自变量,把需求量作为因变量,则可以通过需求函数关系来表示需求量和影响因素间的依存关系,记作

$$Q_d = f(T, I, P, P_n, E...)\qquad(2-1)$$

其中:$Q_d$ 为某种商品的需求量;$T$ 为偏好;$I$ 为收入;$P$ 为该商品的价格;$P_n$ 为其他商品的价格;$E$ 为消费者对未来情况的说明;等等。

### (三)需求规律

研究表明,在影响需求的其他因素既定的条件下,商品的需求量与其价格之间存在反向依存的关系,即商品价格上涨,需求量减少;商品价格下跌,需求量增加。这就是所谓的需求规律。

大多数商品都满足需求规律,但也有例外。某些商品的价格涨跌不一定导致对它购买量的上升或下降。①某些低档商品。在特定条件下,当价格下跌时,对某些低档商品的需求会减少;而价格上涨时,对其需求反而会增加。如著名的"吉芬商品",在 1845 年爱尔兰发生灾荒时,马铃薯的价格虽然急剧上涨,但它的需求量反而增加。原因是灾荒造成爱尔兰人民收入急剧下降,不得不增加这类生活必需的低档食品的消费。②某些炫耀性消费的商品。这类商品的价格成为消费者地位和身份的象征,价格越高越能显示拥有者的地位,需求量也越大;反之,价格下跌而需求量也随之下降,如名车、名画、珠宝、文物等。③某些商品的价格小幅度升降时,需求按正常情况变动;大幅度升降时,消费者会因不同的预期而采取不同的行为,引起需求的不规则变化,如证券交易、黄金投资等。

💗 **课堂案例**

春运火车票牵动着亿万中国人的心,购票难是中国人心头的一块伤,每年春节前都会有很多人买不到回家的票。回家过年是中国人的传统,春节是回家过年的高峰期。铁路客运作为国家垄断的公共事业之一,市场的发展受到限制,大量外出人员集中购票凸显国家铁路资源有限的现状,短时期内票源供应不足。在其他条件不变的情况下,商品的需求量和价格之间成反向变动。在 2002 年,铁道部曾为了发挥价格调控的杠杆作用,"削峰平谷"、分流客源,发布《关于 2002 年春运票价实行政府指导价的通知》,对春运期间部分车次施行在原票价基础上硬座上浮 15%,其他席分别上浮 20%。此后 2003 年起至 2006 年均参照 2002 年的听证结果,每年春运期间的火车票价均有 15%～20% 的价格上涨。但涨价却并未发挥分流旅客的作用,反而让铁路这一大众化的交通工具不能真正服务社会、服务大众。市场上消费者排队抢购,票贩子盛行,花钱却买到假票,得不偿失。在 2007 年春运期间,国家政策调整导向,不再实施票价上浮制度,稳定价格、惠民利民,让更多老百姓享受到实惠。

(资料来源:简书网,www.jianshu.com)

## 二、供给

### (一)供给的概念

供给是指生产者(厂商)在一定时期和一定价格水平下愿意而且能够提供的某种商品的

数量。

供给的定义说明了两层含义:第一,经济学中所述的供给,必须同时具备出售的愿望和有可供出售的商品两个方面。厂商供给市场的产品,可以是当期新生产的产品,也可以是存货。第二,供给这个概念涉及两个变量:商品的价格及与该价格相对应的购买量。因此,供给实际上反映了厂商的供给量与商品价格这两个变量之间的关系。

供给分为个别供给和市场供给。个别供给是指单个厂商对某种商品的供给。市场供给是指在某一特定时期内,在各种可能价格下,生产某种商品的所有厂商愿意并且能够提供的该种商品的数量。市场供给是单个厂商供给的加总。

## (二)供给的影响因素

一种商品的供给数量取决于多种因素的影响,其主要因素有以下几种:

### ▶ 1. 商品的自身价格

由于厂商的目标是追求利润最大化,在其他条件既定前提下,如果某种商品的价格上涨利润随之加大,厂商则投入更多的生产资源用于该商品的生产,进而加大商品在市场的供给量;反之,则厂商将生产资源转用于其他价格相对较高的商品生产中,从而减少商品在市场的供给量。

### ▶ 2. 生产的成本

在商品销售价格不变的条件下,生产成本的增加会减少销售利润,从而使厂商将有限的生产资源转移到其他产品的生产,导致市场上商品供给量的减少。反之,生产成本减少则增加销售利润,市场上的商品供给量也相应增加。

### ▶ 3. 生产的技术和管理水平

在一般情况下,生产技术与管理水平的提高,可以降低原有的生产成本,增加生产者的利润,使在同一价格水平下生产者愿意提供更多的产量。

### ▶ 4. 替代商品或互补商品的价格

在一种商品价格不变,而其他相关商品价格发生变化而影响消费者实际购买力的时候,该商品的供给量也将发生变化。例如,对某个生产小麦和玉米的农户来说,在小麦价格不变而玉米价格上涨时,该农户就可能增加玉米的播种面积而相应减少小麦的耕种面积。而如果在农产品市场价格不变,生产所需的化肥、种子、耕种等生产要素价格上涨的话,则该农户则有可能转产进行其他行业的生产,继而改变农产品的市场供给数量。因此,商品供给量的增减也受到相关产品价格变化所造成的生产机会成本变化的影响。

### ▶ 5. 生产者对未来的预期

如果生产者对未来的市场收益预期看好,如价格上涨、利润增加,则在制订生产计划时就会增加产量,加大商品的市场供给量。反之,则减少产量计划,缩减商品的市场供给量。

另外,其他如气候、同行数量、时间地域、政策法规政策的变化等因素也将影响到商品供给。一种商品的供给量是所有影响这种商品供给量的各种因素的函数,供给函数可以记作

$$Q_s = f(P, P_i, P_j, a, E \ldots) \tag{2-2}$$

其中:$Q_s$ 为某种商品的供给量;$P$ 为该商品的价格;$P_i$ 为相关商品的价格;$P_j$ 为生产的

成本;$a$ 为生产技术、管理水平;$E$ 为生产者对未来的预期;等等。

### (三) 供给规律

在影响商品供给其他因素既定的条件下,商品的供给量与价格之间存在正向的依存关系,即商品价格上涨,供给量增加;商品价格下跌,供给量减少。这就是供给规律。

但现实经济活动中,供给规律也有例外。①某种无法多生产的商品或孤品,即使出价再高,也无法增加供给数量。例如,名画、古玩的拍卖。②成本下降大于价格下降的商品。例如,某些原来只能以手工、单件生产的商品,由于生产技术的发展、规模经营和管理水平的提高,使成本锐减且大批量供给成为现实,这时虽然商品价格下降,但厂商仍愿意供给更多的产品。③某些商品价格开始提高,供给量按正常规律表现为增加变化,但价格上涨到一定限度后,或因人们意识到这是值钱的商品,或因人们对货币并不感到迫切需要而停止供给,甚至反而减少供给。例如数量很少的古董、古画、名贵邮票之类的珍品供给。另外西方经济学家认为,劳动是一种商品,其价格就是工资率,即单位劳动的工资。当劳动者处于相对贫困时,工资水平的提高会刺激劳动供给的增加。但当工资水平上升到一定程度,劳动者的基本社会需要得到满足后,文化、娱乐、教育、休息等活动就更为重要了。这时,随着工资水平的提高,劳动的供给可能保持不变甚至会减少。

❤ **课堂案例**

2018 年 5 月起,铁路部门推出"一日一价"购票政策。据了解,铁路部门将对广州至珠海、丹东至大连、郑州至开封等 28 条城际铁路部分动车组列车票价实行折扣优惠,最大幅度提高至 20%。在打了折扣的情况下,一些旅客会增加出行,也有一些旅客会错开高峰车次去乘坐相对而言不那么紧俏的车次,而腾出一部分运力给了那些刚需的旅客,在这样的情况下,铁路的总体收益会上涨。铁路部门做了大量的调查,对旅客的支付意愿以及对票价折扣的敏感程度都做了研究。民众对"一日一价"购票政策的推出,会有所担忧:一是担心各种周末、小长假、寒暑假不仅要排队抢票,而且票价还会更贵;二是担心票价打折后,服务是否也会打折;三是多数人会认为动车组票价未来将整体趋于上涨。但是对于票价调整,铁路部门解释称:调价之后,乘客可通过避开高峰,降低出行成本。以后同日同段旅程的高铁车次可能出现多档价格,旅客可像选购机票一样,对比后选出自己最心仪的车次。

(资料来源:搜狐网,www.sohu.com)

## 三、均衡价格分析

均衡价格是指一种商品的需求价格和供给价格相一致时的价格,也就是这种商品的市场需求曲线与市场供给曲线相交时的价格。所谓需求价格,是指消费者对一定量商品所愿意支付的价格。在其他条件不变的情况下,市场上对某种商品的需求一般与其价格呈反方向运动。即价格上涨,需求量减少;价格下跌,需求量增加。所谓供给价格,是指生产者为提供一定量商品所愿意接受的价格。在其他条件不变的情况下,商品的供给与其价格呈同方向运动。即价格上涨,供给增加;价格下跌,供给减少。当然,影响需求与供给变动的因素不仅仅是价格。影响需求变化的其他因素还有消费者收入、替代品价格、互补品价格、对未来价格的预期等；影响供给变化的其他因素还有生产技术水平、生产要素价格、相关商品价格等。这些因素变化了，会导致需求曲线和供给曲线发生位移，从而也会使均衡价格发生变化。但是，在均衡价格下，供求相等并不意味着所有商品都找到了买主或者所有需要这种商品的人都得到了满足。一部分消费者可能认为这种均衡价格太高而放弃或减少购买；一部分生产者可能觉得这种均衡价格太低而减少生产或增加库存。

## （一）均衡价格理论

均衡价格理论最早是由英国经济学家斯图亚特提出的，即市场上商品供给价格与需求价格趋于一致时的价格，是一种供求均势的结果，也是竞争过程中存在的普遍趋势。均衡价格理论也称为均衡价值理论，是现代经济学价值理论之一，最早由英国资产阶级经济学的杰出代表马歇尔所倡导，并在20世纪初期为经济学家们所广泛采用。均衡价格理论认为：商品的价值决定于供给价格（生产者所要去的出售价格），与需求价格（购买者所愿出的购买价格）相等时的时点，即需求与供给的均衡点；供给价格决定于商品的生产成本，需求价格则决定于这一商品对购买者的"边际效用"。

## （二）均衡价格理论的发展

早期经济学对均衡价格有不同理解。一种认为均衡价格是供求均势的结果；另一种认为均衡价格是竞争过程中存在的普遍趋势。亚当·斯密把后者称为自然价格或中心价格。后来的经济学家们发现这种定义抽象而不现实。J.S. 密尔认为，理论上的均衡价格只存在于抽象的条件下，现实中很难找到。英国经济学家马歇尔在《经济学原理》（1890）一书中提出了局部均衡价格论，对以往的概念给出了更为具体的解释。他用商品的均衡价格衡量商品的价值，认为商品的价值由该商品的需求状况和供给状况决定，并说明了时间因素对均衡价格形成的影响。

在马歇尔创立局部均衡价格论的同时，法国经济学家瓦尔拉斯创立了一般均衡价格论。这种理论着眼于各个经济部门之间的相互依存关系，并指出只有在所有最终产品和生产要素的需求和供给都相等时，市场才能达到均衡状态，而此时的价格才是均衡价格。当然，这种均衡在现实中更难实现。

之后，哈耶克、林达尔和希克斯等经济学家们提出了瞬间相关均衡价格论，并在20世纪50年代得到 K.J. 阿罗和 G. 德布鲁等人的进一步完善。该理论着眼于如何确定不同商品在不同时点上的市场出售价格，在进一步揭示同一商品在不同时期会有不同的均衡价格以外，还指出任何一项投资在不同时期也不会得到完全相同的均衡收益。均衡价格理论否定了马克思的劳动价值论，其实质是主观价值论。

## （三）均衡价格策略的应用

均衡价格策略提出，企业能够以产品在市场供需平衡时的价格作为定价依据，即该商品的需求价格和供给价格相一致时的价格。需求价格是消费者对一定量商品所愿意支付的价格，供给价格是生产者为提供一定量商品所愿意接受的价格，两者相一致也就是这种商品的市场需求曲线与市场供给曲线相交的价格。

但均衡价格不同于生产价格，是在生产价格的基础上由供求关系决定的市场价格，即供求平衡时的价格。在我国,目前普遍采用的价格策略是成本加成法,即产品的成本加上一定水平的利润作为其价格,这种价格往往是企业的供给价格。在市场竞争的条件下,其价格量有可能低于或高于市场均衡价格。当低于市场均衡价格时,企业将减少利润;当高于市场均衡价格时,除紧俏产品外,企业有可能发生产品滞销、市场占有率下降等情况。为了避免定价偏高或偏低,采用均衡价格策略很有必要。运用这一策略时,企业需要较准确地预测和掌握该产品在市场上的供给状况和需求状况,在此基础上分析研究当前供求是否平衡,进而明确供求平衡点的所在,最后再确定出该产品的近似均衡价格,并在价格弹性范围内,使产品定价与当前供求状况及其发展趋势相适应。由于均衡价格是在交换领域中形成的,必然反映出一定的市场供求状况。另外,企业还可以参考均衡价格策略分析所反映的情况,用来作为决定企业生产规模和生产经营方向调整的重要依据。

### ♥ 课堂案例

　　在 20 世纪 80 年代,一些城市为了保证居民的菜篮子,由政府出资办了大型养鸡场,但成功者少,许多养鸡场最后以破产告终。这其中的原因是多方面的,重要的一点则在于鸡蛋市场是一个完全竞争市场。政府建立的大型养鸡场在这种完全竞争的市场上并没有什么优势,它的规模不足以大到能控制市场,产品也没有特色。它要以平等的身份与那些分散的养鸡专业户或把养鸡作为副业的农民竞争。但这种大型养鸡场的成本都要大于行业平均成本,因为这些养鸡场固定成本远远高于农民的成本。它们要建大鸡舍,采用机械化方式,且有相当一批管理人员,工作人员也是有工资的工人。这些成本的增加远远大于机械化养鸡所带来的好处,因为农民养鸡几乎没有什么固定成本,也不向自己支付工资,差别仅仅是种鸡支出和饲料支出。大型养鸡场由政府出资办,自然是国有企业,也同样有产权不明晰、缺乏激励机制、效率低的共性。从这种意义上说,政府出资办大型养鸡场是出力不讨好,动机也许不错,但结果不好。其实这些完全竞争行业,完全可以让市场调节,农民去办,政府不要与农民争利,何况也争不到利。

（资料来源:梁小民《微观经济学纵横谈》,三联书店,2000 年）

## 任务二　探讨弹性理论及其应用

### ♥ 课堂案例

　　最初大众将甲壳虫汽车定位 800 美元一辆,这大大低于当时竞争对手的价格。在这个价格水平上,尽管销售量很大,但是总销售收入是很低的。这是因为在很低的价格水平上,需求的价格弹性是很小的,是缺乏弹性的,大众公司并没实现薄利多销原则。那么大众公司犯了错误? 没有! 大众公司着眼于长远的利益,因为价格很低,庞大的销量能够使甲壳虫汽车的高品质在汽车用户中广为传诵。然后,大众公司逐步提高了价格,到 1960 年价格提高到 1250 美元,到 1964 年又提高到 1350 美元。在整个提价过程中,虽然销量可能会减少,但销售收入一直在增加。换言之,这种策略不是薄利多销,而是"多"利多销,是"提价多销"。显然,随着价格的不断提高,需求价格弹性会不断上升。那么当价格提高到1350美元时,再提高价格是否仍然能做到"提价多销"?因为50年代的低价策略,甲壳虫汽车培养了大量的客户,这些客户口耳相传,将甲壳虫汽车的优良品质传诵到整个汽车市场,由此导致甲壳虫汽车需求量大幅增加,继续采取提价策略后,也并不会影响到销售收入的增加。事实上,在随后的几年里,甲壳虫汽车又先后提价至1 500美元和1 800美元。

（资料来源:《大众汽车进北美市场案例分析》,豆丁网,www.docin.com）

供给量和价格之间的关系是:价格上涨,供给量增加;价格下跌,供给量减少。但是此理论分析仅仅指出了变化的一般方向,并没有准确描述既定的价格变动会引起需求量与供给量具体的变动情况。而这些问题对人们进行选择和作出决策关系重大,如出口企业为了增加外汇收入对出口商品应该如何定价、政府为了增加税收应该对哪些产品实行高税率,以及企业的商品定价策略的制定等。

为了解决这些问题,需要一种衡量需求量和供给量对价格反应程度的尺度,这种尺度必须不取决于价格和数量的单位。弹性就是这样一种衡量尺度。

弹性原是物理学上的概念,意指某一物体对外界力量的反应力。经济学中的弹性是指经济变量之间存在函数关系时,因变量对自变量变动的反应程度,其大小可以用两个变量变动的百分比之比,即弹性系数来表示。弹性的一般公式为:弹性系数＝因变量变动百分比/自变量变动百分比。

若两个经济变量之间的函数关系为 $Y = f(X)$,以 $\Delta X$、$\Delta Y$ 分别表示变量 $X$、$Y$ 的变动量,以 $e$ 表示弹性系数,则弹性公式为

$$e = \frac{\frac{\Delta Y}{Y}}{\frac{\Delta X}{X}} = \frac{\Delta Y}{\Delta X} \cdot \frac{X}{Y} \qquad (2\text{-}3)$$

# 一、需求价格弹性

需求定理表明,一种物品的价格下降将使其需求量增加。需求价格弹性衡量需求量对价格变动的反应程度。如果一种物品的需求量对价格变动的反应很大,就说明这种物品的需求量是富有弹性的;如果一种物品的需求量对价格变动的反应很小,就说明这种物品的需求是缺乏弹性的。

需求价格弹性是指一种商品需求量对其价格变动的反应程度。其弹性系数等于需求量变动百分比除以价格变动百分比。即需求价格弹性系数＝需求量变动百分比/价格变动百分比。

需求价格弹性分为需求弧弹性和需求点弹性,下面分别加以说明。

## （一）需求弧弹性

▶ 1. 需求弧弹性的含义与计算

需求弧弹性表示某商品需求曲线上两点之间的需求量的变动对于价格的反应程度。简单地说,它表示需求曲线上两点之间的弹性。假定需求函数为 $Q_d = f(P)$,$\Delta Q$ 和 $\Delta P$ 分别表示需求量的变动量和价格的变动量,以 $e_d$ 来表示需求的价格弹性系数,则需求弧弹性的公式为

$$e_{\mathrm{d}} = -\frac{\Delta Q/Q}{\Delta P/P} = -\frac{\Delta Q}{\Delta P} \cdot \frac{P}{Q} \qquad\qquad (2\text{-}4)$$

这里需要指出的是,在通常的情况下,由于商品的需求量和价格是呈反方向变动的,$\frac{\Delta Q}{\Delta P}$ 为负值,所以,为了方便比较,就在公式中加了一个负号,以使需求的价格弹性系数 $e_{\mathrm{d}}$ 取正值。

▶ **2. 需求弧弹性的五种类型**

需求弧弹性可以分为五种类型,如图 2-1 所示。通常我们用需求弧弹性来衡量某种商品的需求价格弹性大小,所以需求弧弹性的五种类型,也就是需求弹性的五种类型。而需求点弹性是用来反映某种商品在不同价格水平上的弹性大小。

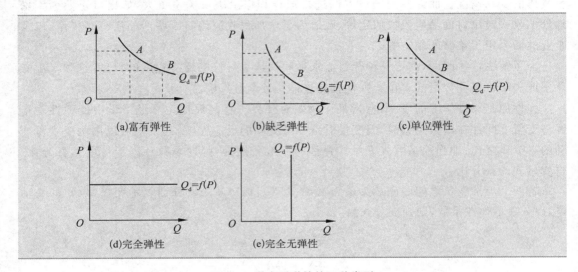

图 2-1　需求弧弹性的五种类型

不同商品的需求价格弹性是不同的。根据它们的弹性系数大小可分为以下五种类型:

(1) $e_{\mathrm{d}} > 1$,即需求富有弹性。表示需求量变动的比率大于价格变动的比率,即价格每升降 $1\%$,需求量变动的百分率大于 $1\%$。反映在图形上是一条坡度比较平缓的曲线,如图 2-1(a)所示。奢侈品和价格昂贵的享受型劳务都属于这类商品。

(2) $e_{\mathrm{d}} < 1$,即需求缺乏弹性。表示需求量变动的比率小于价格变动的比率,即价格每升降 $1\%$,需求量变动的百分率小于 $1\%$。反映在图形上是一条坡度比较陡峭的曲线,如图 2-1(b)所示。生活必需品,如粮、油等大多属于此类型。

(3) $e_{\mathrm{d}} = 1$,即需求是单位弹性。表示需求量变动的比率等于价格变动的比率,即价格每降 $1\%$,需求量相应减增 $1\%$。其需求曲线为直角双曲线,如图 2-1(c)所示。这种情况在实际经济活动中比较少见。

(4) $e_{\mathrm{d}} = \infty$,即需求弹性无穷大。表示在既定的价格水平上,需求量是无限的;而一旦高于既定价格,需求量则为 0,说明商品的需求变动对其价格变动异常敏感,其需求曲线是与横轴平行的一条水平线,如图 2-1(d)所示。实际中,政府收购农产品,收购黄金与白银就属于此类情况。

（5）$e_d = 0$，即需求完全无弹性。表示无论价格怎样变动，需求量都不会变动。其需求曲线是与纵轴平行的一条垂线，如图 2-1(e)所示。例如，特效药就接近于这一类商品。

### （二）需求点弹性

▶ 1. 需求点弹性的含义与计算

需求弧弹性求出的值只是一段弧点上两点之间的平均值。实际上，两点越靠近，误差越小；两点无限接近，则需求弹性要用点弹性来表示。需求点弹性是指在某一个价格水平点上，当价格波动很微小时所引起的需求量变化的敏感程度。假定需求函数为 $Q_d = f(P)$，以 $dQ$ 和 $dP$ 分别表示需求量和价格的无穷小变动量，其需求点弹性公式可用微积分的方法导出，即

$$e_d = -\lim_{\Delta P \to 0} \frac{\Delta Q}{\Delta P} \cdot \frac{P}{Q} = -\frac{dQ}{dP} \cdot \frac{P}{Q} \tag{2-5}$$

比较式（2-4）和式（2-5）两个公式可以得出，需求弧弹性和需求点弹性的本质是相同的。两者的区别在于，前者表示的是价格变动量较大时的需求曲线上两点之间的弹性，而后者表示的是价格变动量无穷小时的需求曲线上某一点的弹性。用需求点弹性公式来计算点弹性时，其优点在于只要确定了需求曲线的形状，就可求出各点相应的弹性系数，即可求出任何价格水平下的弹性系数。

▶ 2. 线性需求曲线的点弹性

线性需求曲线的点弹性也有五种类型，如图 2-2 所示。线性需求曲线上任何一点的点弹性，可以表示为需求曲线上被该点所分成的两段线段的长度之比值。据此可以推知：线性需求曲线的中点 $C$ 的点弹性等于 1，为单位弹性；中点以下部分任何一点 $E$ 的点弹性都小于 1，为缺乏弹性；中点以上部分任何一点 $D$ 的点弹性都大于 1，为富有弹性。随着线性需求曲线上点的位置由中点向上不断提高，需求点弹性的值不断增大，当需求曲线与纵轴相交时，其点弹性的值变为无穷大；随着线性需求曲线上点的位置由中点向下不断移位，需求点弹性的值不断减少，当需求曲线与横轴相交时，其点弹性的值下降为 0。

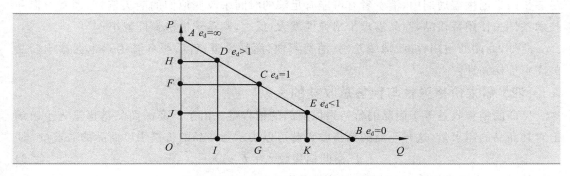

图 2-2　线性需求曲线点弹性的五种类型

在图 2-2 中，在线性需求曲线的中点 $C$，有 $e_d = 1$，因为 $CA = CB$。在曲线中点以上部分的任何一点如 $D$ 点，有 $e_d > 1$，$DB > DA$。在曲线中点以下部分的任何一点，如 $E$ 点，有 $e_d < 1$，因为 $EB < EA$。在线性需求曲线与横轴交点 $B$ 和与纵轴交点 $A$ 点，分别有 $e_d = 0$ 和 $e_d = \infty$。当 $B$ 点经过 $E$、$C$、$D$ 点到达 $A$ 点的过程中，需求点弹性的值由 0 逐步上升为无穷大。

显然,线性需求曲线上每一点的点弹性都是不相等的。

### (三)影响需求价格弹性的因素

需求价格弹性的大小主要取决于下列因素:

▶ **1. 消费者对商品的需求强度**

一般而言,消费者对生活必需品的需求强度大且比较稳定,受价格变化影响较小,因而需求价格弹性小;对非生活必需品的需求强度小且不稳定,受价格变化影响较大,因而需求价格弹性大。例如,粮食的需求价格弹性较小,电影票的需求价格弹性较大。

▶ **2. 商品的替代数目与替代程度**

一般来说,一种商品的替代品越多,可替代程度越高,其需求价格弹性就越大;反之,则需求价格弹性越小。例如,不同品牌的同类商品间,存在较大的购买替代效应。而对于食盐等产品来说,则没有很好的替代品,其需求价格弹性是极小的。

▶ **3. 商品用途的广泛性**

一般而言,一种商品的用途越是广泛,其需求价格弹性就可能越大;相反,用途越是狭窄,其需求价格弹性可能越小。例如,原油具有广泛的用途,当其价格上涨时,以其为原材料的各种商品的价格也将随之提高。因此,消费者对相关产品的需求量下降,也从多个方面影响着对原油产品的需求,从而使其以较大的幅度减少。

▶ **4. 购买商品的支出在消费者收入中所占的比重**

如火柴、食盐、铅笔等商品原来价格较低,即使涨价,这笔支出在既定收入不变前提下所占比重小,不会影响到总的经济状况,因此其价格弹性较小。而家电、汽车、住房等商品价格的上涨,导致此类商品购买支出的比重加大,消费者的实际购买力必将受到严重的削弱,总体需求量将大大减少,因此此类商品的需求价格弹性较大。

▶ **5. 时间因素**

同样的商品,从长期看,其需求价格弹性较大;从短期看,其需求价格弹性较小。因为在足够长的市场供需周期内,消费者有可能有足够的时间来改变他们的购买偏好、消费习惯和技术条件去使用替代品,商品需求价格弹性就大;反之,其需求价格弹性就小。

此外,商品的耐用程度、地域差别、消费习惯、商品质量、售后服务等因素也会影响商品的需求价格弹性。

### (四)需求价格弹性与销售总收益的关系

厂商的销售收益等于商品的价格乘以商品的销售量。由于厂商的商品销售量等于市场上对其商品的需求量,这样厂商的销售收入就可以表示为商品的价格乘以商品的需求量,即

$$厂商的销售收入 = P \cdot Q \tag{2-6}$$

其中:$P$ 为商品的价格;$Q$ 为商品的需求量。

由于不同商品的需求价格弹性不同,从而价格变动引起的销售量变动也不同,所以总收益的变动也不同。商品的需求价格弹性与销售收益之间的关系可以归纳为以下三种情况,如图 2-3 所示。

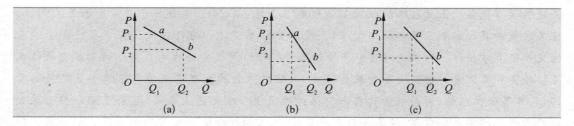

图 2-3　需求价格弹性与销售收益

（1）当 $e_d > 1$ 时，价格下降，则总收益增加；价格上升，则总收益减少。即商品的价格与商品的销售收益成反方向变动。这是因为，当 $e_d > 1$ 时，需求量变动的百分比大于价格变动的百分比。这意味着：价格下降所引起的销售收益的减少量必定小于需求量增加所引起的销售收益的增加量；价格提高所引起的销售收益的增加量必定小于需求量减少所引起的销售收益的减少量。如图 2-3（a）所示。

（2）当 $e_d < 1$ 时，价格提高，则总收益增加；价格下降，则总收益减少。即商品的价格与商品的销售收益成同方向变动。这是因为，当 $e_d < 1$ 时，需求量变动的百分比小于价格变动的百分比。这意味着：价格下降所引起的销售收益的减少量必定大于需求量增加所引起的销售收益的增加量；价格提高所引起的销售收益的增加量必定大于需求量减少所引起的销售收益的减少量。如图 2-3（b）所示。

（3）当 $e_d = 1$ 时，无论价格是提高还是下降，总收益不变。这是因为，当 $e_d = 1$ 时，需求变动的百分比等于价格变动的百分比。这意味着：价格下降所引起的销售收益的增加量必定等于需求量减少所引起的销售收益的减少量。如图 2-3（c）所示。

以上三种情况是比较常见的，如果将 $e_d = 0$ 和 $e_d = \infty$ 这两种特殊情况考虑在内，商品的需求价格弹性与销售收益之间的综合关系如表 2-1 所示。

表 2-1　需求价格弹性与销售收益

| 收入／弹性／价格 | $e_d > 1$ | $e_d < 1$ | $e_d = 1$ | $e_d = 0$ | $e_d = \infty$ |
|---|---|---|---|---|---|
| 降价 | 增加 | 减少 | 不变 | 同比例于价格的下降而减少 | 既定价格下，收益可以无限增加 |
| 涨价 | 减少 | 增加 | 不变 | 同比例于价格的上升而增加 | 收益会减少为零 |

### ❤ 课堂案例

2004 年，广东省荔枝产量创历史最高纪录，达到近 100 万吨。然而，伴随着大量荔枝的上市，价格越来越低，最低时价格甚至一公斤不到一元钱，果农因此大受伤害，甚至不再采摘荔枝进行销售，任其烂在田间地头；2009 年江南几省橘子大丰收，可每公斤价格仅 0.4 元；2011 年北京、河北、山东等地蔬菜迎来了大丰收，但随之而来的却是蔬菜价格的一路狂跌，山东省的大白菜价格狂跌至每斤 6 分钱，而 2010 年大白菜收购价为每公斤 0.7～0.8 元；山西省吕梁市岚县的土豆往年的收购价能达到2.3元,而2011年每公斤0.8元都乏人问津,很多农民种菜的成本几乎都收不回来,大量农户陷入困境。为什么农民在丰年反而会遭受损失?经济学用弹性的概念对这个问题作出了解释。弹性衡量的是在其他因素不变的情况下供给量和需求量对价格变动的敏感程度,人们对粮食的生理需求决定了粮食是一种必需品,其可替代性很低,因而粮食的需求价格弹性很小。从历史上来看,无论是哪个国家粮食生产都经历过丰年与灾年,粮价也都有涨有落,但人均粮食的消费量均未出现大起大落。这说明了一个问题,作为生活必需品的粮食,人们对其的需求通常不受价格的影响,也就是说粮食的需求量对价格的变化不是很敏感,需求曲线非常陡峭,缺乏弹性。农民的收入取决于农产品的产量和价格。由于粮食的需求曲线缺乏弹性,粮价变动时,对粮食的需求会相应变动,但变动得不多。当遇上丰年,农产品的丰收使得供给曲线向右平移,与需求曲线形成新的均衡价格和均衡产量,由于需求曲线缺乏弹性,粮食均衡价格的下降幅度往往大于粮食的均衡产量增加的幅度,使农民会面临增产不增收的窘境。

(资料来源:豆丁网,www.docin.com)

## 二、供给价格弹性

在供给弹性中,供给的价格弹性是最基本最主要的一种类型。因此通常讲的供给弹性即指供给的价格弹性。

### (一)供给价格弹性的含义与计算

供给价格弹性是指一种商品的供给量对其价格变动的反应程度。其弹性系数等于供给量变动的百分比与价格变动百分比之比。以 $e_s$ 表示供给弹性系数,以 $Q$ 和 $\Delta Q$ 分别表示供给量和供给量的变动量,$P$ 和 $\Delta P$ 分别表示价格和价格变动量,则供给弹性系数为

$$e_s = \frac{供给量变动百分比}{价格变动百分比} = \frac{\Delta Q}{\Delta P} \cdot \frac{P}{Q} \tag{2-7}$$

与需求弹性一样,供给弹性也分为供给弧弹性与供给点弹性。供给弧弹性表示某商品供给曲线上两点之间的弹性。供给点弹性表示某商品供给曲线上某一点的弹性。供给弧弹性公式为

$$e_s = \frac{\Delta Q}{\Delta P} \cdot \frac{P_1 + P_2}{Q_1 + Q_2} \tag{2-8}$$

供给点弹性公式为

$$e_s = \frac{dQ}{dP} \cdot \frac{P}{Q} \tag{2-9}$$

在通常情况下,商品的供给量与商品的价格是成同方向变动的,因此供给弹性系数为正值。

### (二)供给价格弹性的分类

同需求价格弹性一样,供给价格弹性也可以分为五类,如图2-4所示。

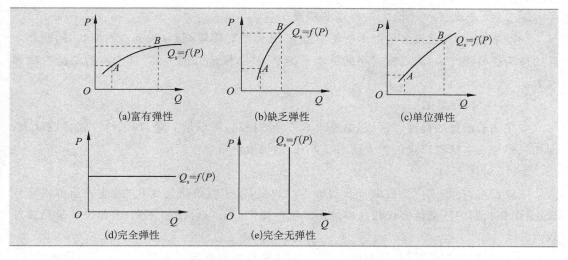

**图 2-4 供给价格弹性的五种类型**

（1）$e_S > 1$，即供给富有弹性。表明供给量变动的幅度大于价格变动的幅度，其供给曲线的延长线在坐标原点的左边与横轴相交，如图 2-4（a）所示。大多数商品的供给不是属于曲线富有弹性的一类，就是属于缺乏价格弹性的一类。就短期而言，劳动密集型国家、劳动密集型行业较容易在价格提高时大幅度增加供给，因此，这些地区的劳动密集型产品的供给富有价格弹性。

（2）$e_S < 1$，即供给缺乏弹性。表明供给量变动的幅度小于价格变动的幅度，其供给曲线在坐标原点的右边与横轴相交，如图 2-4（b）所示。一般认为，资本密集型产品在短期内因技术问题难以随商品价格的提高而增加供给，因此，其供给价格弹性较小。

（3）$e_S = 1$，即供给为单位弹性。其供给曲线为过坐标原点的一条曲线，如图 2-4（c）所示。供给曲线的某一点或某一段的价格弹性等于 1 是有可能的，但整条供给曲线的弹性都等于 1 的情况是非常罕见的。只有供给量的相对变动始终等于价格的相对变动，才能保证供给曲线上各点的弹性都等于 1，几乎没有一种商品能满足这样的条件。

（4）$e_S = \infty$，即供给价格弹性为无穷大。其供给曲线是与横轴平行的一条水平线，如图 2-4（d）所示。整条供给曲线价格弹性为无穷大的情况比较少见。通常认为在劳动力严重过剩地区的劳动力供给曲线具有无穷大的供给价格弹性。

（5）$e_S = 0$，即供给完全无弹性。其供给曲线是与纵轴平行的一条垂线，如图 2-4（e）所示。一些不可再生资源，例如土地的总供给，以及那些无法复制的珍品的供给价格弹性等于零，因为无论这类资源或商品的价格如何变化，其供给量不会有任何变动。

### （三）供给价格弹性的影响因素

影响供给价格弹性的因素主要有以下几点：

▶ **1. 生产的难易程度**

一般而言，在一定时期内，容易生产的产品，当价格变动时其产量变动速度快，因而供给价格弹性大；较难生产的产品，则供给价格弹性小。

▶ 2. 生产规模和规模变化的难易程度

一般来说,生产规模大的资本密集型企业,其生产规模较难变动,调整周期长,因而其产品的供给价格弹性小;而规模较小的劳动密集型企业,则应变能力强,其产品的供给价格弹性大。

▶ 3. 成本的变化

如果随着产量的提高,只引起单位成本的轻微提高,甚至是下降,则供给价格弹性就大;而如果单位成本随着产量的扩大而明显上升,则供给价格弹性就小。

▶ 4. 时间长短

一般而言,在短期内厂商来不及调整生产规模,以适应价格的变化,因此供给价格弹性较小;而在长期内厂商能够比较从容地调整生产规模以适应价格的变化,因此供给价格弹性较大。

此外,生产周期的长短、厂商生产能力、对未来价格预期等因素都会影响供给价格弹性。

## 三、弹性理论的应用

20 世纪 30 年代,西方世界经历了一场严重的经济危机。其中,农产品的周期性波动引起了经济学家的注意。例如,生猪价格下降引起本期生猪供给减少,生猪减少使下期价格上升,又刺激了生猪增加,进而又引起下一期价格的下跌,开始了新一轮的循环。在完全由市场调节时,许多农产品都表现出了这种周期性波动的现象。经济学家研究分析供求曲线图形,得出价格和产量波动曲线图形如蛛网状,所以在 1934 年英国经济学家尼古拉斯·卡尔多将此理论命名为蛛网理论。

### (一)蛛网理论的研究假设

蛛网理论是在一些假设的条件下来分析具有较长生产周期的农产品价格与产量的周期性波动。其基本假设有:

(1)从开始生产到生产出产品需要一定时间,而且在这段时间内生产规模无法改变。例如,农作物从种植到长成需要半年左右的时间,并且在此周期内已种植的农作物无法增加或减少。

(2)本期的产量决定本期的价格。以 $P_t$ 和 $Q_t$ 分别表示本期的价格和产量,则这两者的关系用公式表示为

$$P_t = f(Q_t) \tag{2-10}$$

(3)本期价格决定下期的产量,以 $Q_{t+1}$ 代表下期产量,则这两者之间的关系用公式表示为

$$Q_{t+1} = f(P_t) \tag{2-11}$$

### (二)蛛网理论的三种波动情况

在以上假设之下,蛛网理论根据农产品需求弹性与供给弹性的不同关系分为三种波动情况。

▶ 1. 供给弹性小于需求弹性:收敛型蛛网

当供给变动对价格变动的反应程度小于需求变动对价格变动的反应程度,即供给弹性

小于需求弹性,供给曲线斜率的绝对值大于需求曲线斜率的绝对值时,价格波动对产量的影响越来越小,价格与产量的波动越来越弱,最后自发地回复到原来的均衡点。这种蛛网波动为收敛型蛛网。

▶ 2. 供给弹性大于需求弹性:发散型蛛网

当供给变动对价格变动的反应程度大于需求变动对价格变动的反应程度,即供给弹性大于需求弹性,供给曲线斜率的绝对值小于需求曲线斜率的绝对值时,价格波动对产量的影响越来越大,价格与产量的波动越来越强,最后离均衡点越来越远。这种蛛网称为发散型蛛网。

▶ 3. 供给弹性等于需求弹性:封闭型蛛网

当供给变动对价格变动的反应程度等于需求变动对价格变动的反应程度,即供给弹性等于需求弹性,供给曲线斜率的绝对值等于需求曲线斜率的绝对值时,价格波动与产量波动始终保持相同的程度,既不趋向均衡点,也不远离均衡点。这种蛛网称为封闭型蛛网。

## 知识链接

"薄利多销"是指低价低利扩大销售的策略。薄利多销中的"薄利"就是降价,降价就能"多销","多销"就能增加总收益。在销售市场有可能扩大的情况下,通过降低单位商品的利润来降低商品的价格,虽然会使企业从单位商品中获得的利润量减少,但由于销售数量的增加,企业所获利润总额可以增加。只有需求富有弹性的商品才能"薄利多销"。实行薄利多销的商品,必须满足商品需求价格弹性大于1,此时需求富有弹性。因为对于需求富有弹性的商品来说,当该商品的价格下降时,需求量增加的幅度大于价格下降的幅度,所以总收益增加。

"谷贱伤农"是经济学的一个经典问题。农民粮食收割后到底能卖多少钱取决于两个因素:产量和粮价。但这两个变量并不是独立的,而是相互关联的,其关联性由一条向下倾斜的对粮食的需求线来决定。也就是说,价格越低,需求量越大;价格越高,需求量越小。另外还要注意的是,粮食需求线缺少弹性,也就是说,需求量对价格的变化不是很敏感。当粮价下跌时,对粮食的需求量会增加,但增加得不是很多。其基本的道理在于,粮食是一种必需品,对粮食的需求最主要的是由对粮食的生理需求所决定的。此外,当今对大部分人来说,粮食方面的花费在全部花费中所占比例已很小了,并且还会越来越小,这也导致人们对粮价的变化反应不敏感。认识到粮食市场的这一特性后,就不难理解下面的现象:当粮食大幅增产后,农民为了卖掉手中的粮食,只能竞相降价。但是由于粮食需求缺少弹性,只有在农民大幅降低粮价后才能将手中的粮食卖出,这就意味着,在粮食丰收时往往粮价要大幅下跌。如果出现粮价下跌的百分比超过粮食增产的百分比,则就出现增产不增收甚至减收的状况,这就是"谷贱伤农"。

(资料来源:刘雪梅. 从经济学角度看"薄利多销"与"谷贱伤农". 辽宁工学院学报(社会科学版),2001 年 1 期)

蛛网理论是一种动态均衡分析。古典经济学理论认为,如果供给量和价格的均衡被打破,经过竞争,均衡状态会自动恢复。蛛网理论却证明,按照古典经济学静态下完全竞争的假设,均衡一旦被打破,经济系统并不一定自动恢复均衡。这种根据的假设是:①完全竞争,每个生产者都认为当前的市场价格会继续下去,自己改变生产计划不会影响市场;②价格由供给量决定,供给量由上期的市场价格决定;③生产的商品不是耐用商品。这些假设表明,蛛网理论主要用于分析农产品。

研究弹性理论,对于经济决策有着重大的意义。由于各种商品的不同需求价格弹性会影响销售收入,因而调整商品价格时要考虑弹性。例如,为了提高生产者收入,往往对农产品采取提价办法,而对一些高档消费品采取降价办法。同样,给出口商品定价时,如出口的目的主要是增加外汇收入,则要对价格弹性大的商品规定较低的价格,对弹性小的商品制定较高价格。

各种商品的收入弹性也是经济决策时要认真考虑的。在规划各经济部门发展速度时,收入弹性大的行业,由于需求量增长要快于国民收入增长,因此发展速度应快些,而收入弹性小的行业,速度应当慢些。

另外,企业在制定产品价格时,应考虑到替代品和互补品之间的相互影响,否则变动价格可能会对销路和利润产生不良后果。还有,政府为了增加税收,就必须要考虑被征税产品的需求弹性。只能对需求弹性小的产品,如烟酒、化妆品等实行高税率,而不能对需求弹性大的商品实行高税率,否则会适得其反。

## 导入案例分析

从案例所示各方面分析可以看出,苏州乐园十天的狂欢夜活动大大降低门票价格后,乐园营业额和利润翻了一番以上。园方以往搞啤酒节,乐园要收取厂家一定的驻场费用,但是,这次却基本不收或少收些许,而厂家须向游客免费提供一些"小恩小惠"——企业的广告宣传品等。厂家减免了货币的支付,园方降低了乐园搞"狂欢夜"活动的风险。社会效益和经济效益不降反升,特别是前者,上升的幅度极大。但有人气就一定会有市场?长期实行低票价入园,可能会带来一时繁华,但因为潜在的消费被提前实现,企业的可持续发展会受到影响。乐园的参与性娱乐项目,游客太多势必影响娱乐体验的质量,进而影响到乐园的声誉。从这个角度讲,如何不断地吸引更多的消费者是个值得研究的课题。降下入园门槛的高度,受益的是消费者,也是娱乐企业自身。无独有偶,北京现有世界文化遗产6处,分别是故宫、长城、天坛、周口店北京人遗址、颐和园和十三陵,都是闻名世界的旅游景点,但与外地的一些文化遗产地和北京其他热门旅游景点相比,票价总体偏低。如八达岭长城目前的淡季票价为40元、旺季票价也仅是45元,故宫黄金周期间日接待客流量曾达到12.5万人次,远远超过了接待的极限。因此有观点认为:门票价格不高,既不利于提高景点旅游接待水平,也不能有效利用价格杠杆控制超负荷的客流量,对文物保护十分不利。

# 项目小结

　　商品的需求是购买欲望与支付能力的统一,需求曲线一般向右下方倾斜。商品的价格变动会引起需求量的变动,表现为需求曲线上点的移动;当价格以外的其他因素变动时,则引起需求变动,表现为需求曲线的平行移动。商品的供给是供给欲望与生产能力的统一,供给曲线一般向右上方倾斜。商品价格变动引起供给量的变动,表现为同一条供给曲线上点的移动;当价格以外的其他因素变动时,则引起供给变动,表现为供给曲线的平行移动。均衡价格是某一种商品需求量与供给量相等时的价格,是市场供求关系自发调节形成的,相对应的是均衡数量,也称为供求定理。经济发展中,完全的市场自发进行价格调节对经济发展不一定是最有利的。国家制定政策来支持与限制价格,达到适当控制市场的必要。经济学中,弹性是指经济变量之间存在函数关系时一变量对另一变量的反应程度,其大小用弹性系数来表示。弹性系数包括需求弹性和供给弹性。需求弹性和供给弹性一般分为五类:富有弹性、缺乏弹性、单位弹性、完全有弹性和完全无弹性。

## 知识测试与能力训练

### 一、名词解释

需求规律　供给规律　需求的变动　供给的变动　均衡价格　需求价格弹性　需求富有弹性　需求缺乏弹性

### 二、单项选择题

1. 需求曲线是一条倾斜的曲线,其倾斜的方向为(　　)。

A. 右下方　　　　B. 右上方　　　　C. 左下方　　　　D. 左上方

2. 下列体现需求规律的是(　　)。

A. 药品的价格上涨,是药品的质量得到了提高

B. 汽油的价格提高,汽车的销售量减少

C. 丝绸价格提高,游览公园的人数增加

D. 照相机价格下降,导致销售量增加

3. 均衡价格随着(　　)。

A. 供给和需求的增加而上升　　　　B. 供给和需求的减少而上升

C. 需求的减少和供给的增加而上升　　D. 需求的增加和供给的减少而上升

4. 政府为了扶植农产品,规定了高于均衡价格的支持价格。为此政府应采取的措施是(　　)。

A. 增加农产品的税收　　　　B. 实行农产品配给制

C. 收购过剩的农产品　　　　D. 对农产品生产者给予补贴

5. 在下列需求价格弹性的表达中,正确的是(　　)。

    A. 需求量变动对价格变动的反应程度

    B. 价格变动的绝对值对需求量变动的绝对值的影响

    C. 价格的变动量除以需求的变动量

    D. 需求的变动量除以价格的变动量

6. 下列商品中需求弹性最大的是(　　)。

    A. 面粉　　　　　　B. 大白菜　　　　　C. 治病的药　　　D. 化妆品

7. 如果商品的价格上升2%,其需求量下降10%,则该商品的需求价格弹性是(　　)。

    A. 缺乏弹性　　　　B. 富有弹性　　　　C. 单位弹性　　　D. 无限弹性

8. 假定玉米市场的需求是缺乏弹性的,玉米的产量等于销售量且等于需求量,恶劣的气候条件使玉米产量下降20%,在这种情况下(　　)。

    A. 玉米生产者的收入减少,因为玉米产量下降20%

    B. 玉米生产者的收入增加,因为玉米价格上升低于20%

    C. 玉米生产者的收入增加,因为玉米价格上升超过20%

    D. 玉米生产者的收入不变

9. (　　)应采用"薄利多销"的促销政策。

    A. 需求价格弹性小于1时　　　　　　B. 需求价格弹性大于1时

    C. 需求价格弹性等于1时　　　　　　D. 任何时候都可以

10. 下列产品中,(　　)的需求交叉弹性为负值。

    A. 汽车和轮胎　　B. 花生油和豆油　　C. 棉布和化纤布　　D. 大米和面粉

### 三、多项选择题

1. 影响需求的因素包括(　　)。

    A. 价格　　　　　　B. 质量　　　　　　C. 收入

    D. 个人偏好　　　　E. 未来的预期

2. 影响供给的因素包括(　　)。

    A. 价格　　　　　　B. 质量　　　　　　C. 成本

    D. 自然条件　　　　E. 政府的政策

3. 需求的变动引起(　　)。

    A. 均衡价格同方向变动　　　　　　B. 均衡价格反方向变动

    C. 均衡数量同方向变动　　　　　　D. 均衡数量反方向变动

    E. 供给同方向变动

4. 供给的变动引起(　　)。

    A. 均衡价格同方向变动　　　　　　B. 均衡价格反方向变动

    C. 均衡数量同方向变动　　　　　　D. 均衡数量反方向变动

    E. 需求同方向变动

5. 政府对商品的调节通过价格进行,其对价格实施(　　)。

    A. 政府直接定价　　　　　　　　　B. 指导价

C. 支持价格 　　　　　　　　 D. 建议价

E. 限制价格

6. 以下关于需求价格弹性大小与销售收入的论述中正确的是(　　　)。

A. 需求弹性越大,销售收入越大

B. 如果商品富有弹性,则降价可以扩大销售收入

C. 如果商品缺乏弹性,则降价可以扩大销售收入

D. 如果商品富有弹性,则降价可以提高利润

E. 如果商品为单位弹性,则价格对销售收入没有影响

## 四、判断题

1. 当消费者的收入发生变化时,会引起需求曲线的移动。(　　　)

2. 当汽油的价格上升时,消费者对汽车的需求量就会减少。(　　　)

3. 在现实经济中,由供求关系决定的价格一定是有利的。(　　　)

4. 限制价格是政府规定的某种商品的最低价格。(　　　)

5. 如果价格和总收益成同方向变化,则需求是缺乏弹性的。(　　　)

## 五、计算题

1. 一城市乘客对公共汽车票价需求的价格弹性为 0.6,票价为 1 元,每日乘客数量为 55 万人。市政当局计划将提价后净减少的乘客数量控制为 10 万人,则新的票价应为多少?

2. 假定表 2-2 是供给函数 $Q_s = -3 + 2P$ 在一定价格范围内的供给表。

表 2-2　一定价格范围内的供给统计

| 价格/元 | 2 | 3 | 4 | 5 | 6 |
|---|---|---|---|---|---|
| 供给量 | 1 | 3 | 5 | 7 | 9 |

(1) 求出价格在 3 元和 5 元的供给价格弧弹性。

(2) 根据供给函数,求 $P = 4$ 元时的供给价格点弹性。

## 六、分析问答题

1. 什么是需求?决定需求的基本因素有哪些?

2. 什么是供给?决定供给的基本因素有哪些?

3. 供求定理的基本内容有哪些?

4. 用图示法解析均衡价格的形成过程。

5. 什么是需求价格弹性?其基本类型有哪些?

6. 什么是供给价格弹性?影响供给价格弹性的因素有哪些?

7. 下列事件对产品 $X$ 的需求会产生什么影响?

(1)产品 $X$ 变得更为流行。

(2)产品 $X$ 的替代品 $Y$ 的价格上升。

(3)预计居民收入将上升。

(4)预计人口将有一个较大的增长。

8. 举例说明什么样的商品适合采用"薄利多销"的销售策略。

# C 项目3
## Chapter 3 分析消费者行为

## 案例导入

2005 年,世界第二大零售商家乐福公司宣布,将在日本的家乐福 8 个超市以约 100 亿日元的价格全部出售给日本离子公司,并从日本全线撤退。家乐福 4 年前登陆日本时,决意要做日本零售市场的龙头老大,但其勃勃雄心已被严峻的现实击碎,最后以亏损约 3 亿欧元的代价败走日本。家乐福公司 2000 年在日本开设的第一家大型超市设在千叶县的幕张。该超市营业面积达到 3 万平方米,销售的商品超过 6 万种,其规模是东京及其周边地区最大的。但是,幕张是日本在 20 世纪 90 年代兴建的国际展览中心和大型公司办公楼聚集地,几乎没有居民。开业之初,确实有大批消费者开着汽车前往那里采购,但时间一长,消费者的新鲜感减退,开车前往那里购物的消费者就逐渐减少。远离市区的家乐福超市价格虽然有一定的优势,但价格不是获取顾客的唯一因素。欧美国家的许多家庭在休息日会驱车到郊区的大型超市大量采购价格便宜的食品和用品存放在家中,但日本人的饮食十分讲究新鲜度,特别是蔬菜、鱼、肉及其制成品,一般都随买随吃。另外,在日本去超市购物基本上都由家庭主妇承担,所以日本的超市一般都设在交通流量大的车站附近或者居民比较集中的住宅区和闹市区,消费者也喜欢在交通方便的地方或就近购物。而家乐福在日本开设的超市全部位于城市的远郊区,离东京市区最近的也有20多公里。家乐福在日本照搬在欧美国家的经验,单纯依靠薄利多销的运营方式,而没有考虑到日本消费者的消费习惯和欧美不同,没有根据日本不同的商业文化和消费习惯来调整自己的经营策略,"水土不服"是导致家乐福在日本的经营受挫的主要原因。

(资料来源:乐绍延:《不讨主妇欢心,家乐福败走日本》,新华每日电讯,2005年3月)

**思考与讨论:**

家乐福败走日本的原因有哪些?

# 任务一 效用一般理论

## 课堂案例

2010年9月25日,iPhone4手机开始在内地市场发售,在上海的两家苹果零售店,销售场面之火爆出乎很多人的想象,有的"果粉"为了第一时间买到心仪的手机,不辞辛劳地彻夜排队,更有甚者带着iPhone4去排队,为的是再买一部。媒体更是高度关注这一新闻事件,有网站更是朝着里外三层的队伍架起摄像机"现场直播"。海外媒体也高度关注iPhone4在内地的发售情况,有报道说,截至25日早些时候,中国联通已收到逾20万部iPhone4的预购,有超过4万名消费者首发当天买到了iPhone4。比别人早拥有几小时也值得激动,这就是"苹果现象"。

(资料来源:百度文库,www.wenku.baidu.com)

## 一、需求层次理论

马斯洛需求层次理论亦称"基本需求层次理论",是行为科学的理论之一,由美国心理学家亚伯拉罕·马斯洛于1943年在《人类激励理论》论文中提出。

### (一)需求层次理论的含义

按马斯洛的理论,个体成长发展的内在力量是动机。而动机是由多种不同性质的需要所组成,各种需要之间,有先后顺序与高低层次之分;每一层次的需要与满足,将决定个体人格发展的境界或程度。马斯洛认为,人类的需要是分层次的,由低到高分成生理需求、安全需求、归属与爱的需求、尊重需求和自我实现需求五类,依次由较低层次到较高层次排列,而且在个体不同的成长发展阶段,其对各层次需要的相对强度也不同,如图3-1所示。

### (二)需求层次理论的特点

(1)五种需要像阶梯一样从低到高,按层次逐级递升,但次序不是完全固定的,可以变化,也有例外情况。

(2)需求层次理论有两个基本出发点,一是人人都有需要,某层需要获得满足后,另一层需要才出现;二是在多种需要未获满足前,首先满足迫切需要;该需要满足后,后面的需要才显示出其激励作用。

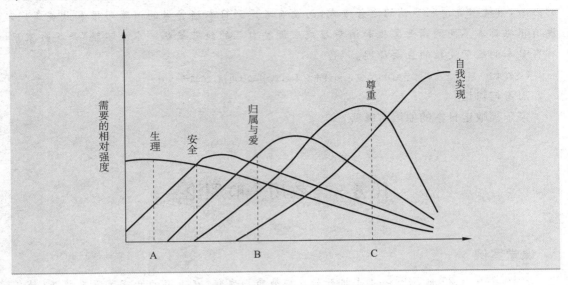

**图 3-1 马斯洛需求层次理论在个体不同时期的相对强度分析**

（3）一般来说,某一层次的需要相对满足了,就会向高一层次发展,追求更高一层次的需要就成为驱使行为的动力。相应地,获得基本满足的需要就不再是一股激励力量。

（4）五种需要可以分为两级,其中生理上的需要、安全上的需要和感情上的需要都属于低一级的需要,这些需要通过外部条件就可以满足;而尊重的需要和自我实现的需要是高级需要,它们是通过内部因素才能满足的,而且一个人对尊重和自我实现的需要是无止境的。同一时期,一个人可能有几种需要,但每一时期总有一种需要占支配地位,对行为起决定作用。任何一种需要都不会因为更高层次需要的发展而消失。各层次的需要相互依赖和重叠,高层次的需要发展后,低层次的需要仍然存在,只是对行为影响的程度大大减小。

（5）马斯洛和其他的行为心理学家都认为,一个国家多数人的需要层次结构,是同这个国家的经济发展水平、科技发展水平、文化和人民受教育的程度直接相关的。在不发达国家,生理需要和安全需要占主导的人数比例较大,而高级需要占主导的人数比例较小;在发达国家,则刚好相反。

### ♡ 课堂案例

尽管中国整体GDP增速有所放缓,但中国消费市场规模仍以年均10%的增速增长。这得益于全民消费升级以及中产阶层比重增长,国人的娱乐消费增长迅速。数据显示,2017年1～6月,我国社会消费品零售总额 172 369 亿元,同比增长10.4%。其中消费升级类商品销售增幅高于平均增幅,体育娱乐用品增长17.1%;文化办公用品增长11.8%。以电影为例,近五年来,我国电影票房以平均每年净增100亿元的速度上升,成为全球电影市场发展的主引擎。2016年全国电影总票房492.83亿元,比2012年增长188.66%。自2012

开始,我国超过日本,成为世界第二大电影市场。截至 2017 年 3 月,我国银幕数达到 44489 块,超过整个北美地区,成为银幕拥有数最多的国家。

(资料来源:《MBA 智库文档》,www.doc.mbalib.com)

## 二、消费者行为效用理论

西方经济学家认为,产品的价值多少是由产品的效用大小决定的。消费效用是指消费者在消费商品或劳务的过程中所获得的满足程度。商品或劳务的使用价值在既定的前提下,其效用大小取决于能够在多大程度上满足消费者的欲望和需要。

消费者的行为取决于其购买动机,这种动机既源于物质的满足需求,也来自精神需求。从经济学角度看,消费行为的发生是消费者满足欲望的一种合乎逻辑的活动。从商品和劳务所能提供的满足程度看,商品可以分为必需品、舒适品和奢侈品等。

消费者行为效用是消费者对商品和劳务的主观评价,是一种主观的心理感觉,效用本身并不包括是非的价值判断。也就是说,一种商品和劳务效用的大小,仅仅取决于满足消费者的欲望或需要,而不考虑这一欲望或需要的好坏。因此,消费者的消费行为效用是需要引导的。影响消费者行为的各种因素如图 3-2 所示。

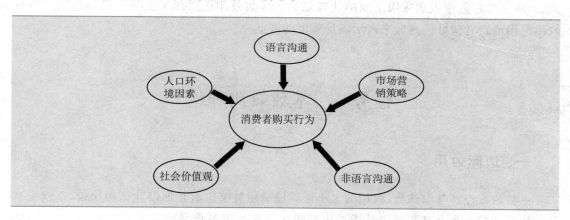

**图 3-2  影响消费者购买行为的多种因素**

另外,同一种商品或劳务的效用的大小评价,在不同的消费者间、不同的使用环境中,存在鲜明的区别差异。效用评价的主观性特点突出,难以标准量化评比;效用本身不具有伦理学意义,是约束前提下的市场行为;效用评价结果可大可小,也可正可负。

## 课堂案例

经过一轮又一轮的"水战",饮用水市场形成了三足鼎立的格局:娃哈哈、乐百氏、农夫山泉,就连实力强大的康师傅也曾一度被挤出饮用水市场。综观各水成败,乐百氏纯净水的成功相当程度上得益于其"27 层净化"的营销传播概念。乐百氏纯净水上市之初,就认识到以理性诉求打头阵来建立深厚的品牌认同的重要性,于是就有了"27 层净化"这一理性诉求经典广告的诞生。当年纯净水刚开始盛行时,所有纯净水品牌的广告都说自己的纯净水纯净,消费者不知道哪个品牌的水是真的纯净,或者更纯净的时候,乐百氏纯净水在各种媒介推出卖点统一的广告,突出乐百氏纯净水经过 27 层净化,对其纯净水的纯净提出了一个有力的支持点。这个系列广告在众多同类产品的广告中迅速脱颖而出,乐百氏纯净水的纯净给受众留下了深刻印象,"乐百氏纯净水经过 27 层净化"很快家喻户晓。"27 层净化",也给了消费者一种很纯净、可信赖的印象。

(资料来源:《MBA 智库文档》,doc. mbalib. com)

## 三、效用评价方法

基数效用论是研究消费者行为的一种理论。基数效用论是 19 世纪和 20 世纪初期西方经济学普遍使用的概念。其基本观点是:效用是可以计量并可以加总求和的。表示效用大小的计量单位被称为效用单位。基数效用论采用的是边际效用分析法。

序数效用论由英国经济学家约翰·希克斯提出,是消费者行为理论中两个重要的理论之一。该理论认为效用作为一种心理现象无法计量,也不能加总求和,为了弥补基数效用论的缺点而提出。序数效用论依据效用满足程度的高低与顺序,通过顺序或等级,即用第一、第二、第三等序数来表示效用之间的比较结果。序数效用论采用无差异曲线分析法。序数效用论用消费者偏好的高低来表示满足程度的高低。

## 任务二　基数效用理论

## 一、边际效用

一些西方经济学家认为,效用的大小可以设想用数字表示并加以计算和比较,这就是基数效用理论的由来。基数效用是指可用基数 1、2、3、4 等具体数字来衡量的效用。例如,消费者食用 5 个面包的效用可以分别表示为 $U_{x1}$、$U_{x2}$、$U_{x3}$、$U_{x4}$、$U_{x5}$ 单位的效用,而将这些单位的效用加总起来即可得到消费面包的总效用 TU,即 $TU = U_{x1} + U_{x2} + U_{x3} + U_{x4} + U_{x5}$。用数学语言可以表述为 $TU = f(x)$。这里的总效用概念可以表述为,消费者消费一定数量商品或劳务所获得的满足的总量。

如果消费者消费 A 产品,外加若干 B 产品,此时,既可以相加总求出消费者消费 A、B 产品所获得的总效用,也可以将消费 A 产品的效用与消费 B 产品的效用进行比较,也可以表示消费者从 A 产品消费中获得的效用是消费 B 产品所获效用的若干倍或几分之几,可以表示为 $TU = f(x, y)$。

相应地,平均效用 AU 指消费若干数量的商品或劳务时,平均每单位商品或劳务所提供的效用。用 $X$ 来表示消费商品的数量,则 $AU = \dfrac{TU}{X}$。

产品和劳务所具有的效用是商品价值构成的原因,但产品的真正价值则是由于产品的稀缺性,即由产品或劳务的边际效用来决定的。边际效用是指消费者从每增加一单位某种商品或劳务的消费中所增加的满足程度。假定消费者对一种商品的消费数量为 $Q$,则总效用函数为

$$TU = f(Q) \tag{3-1}$$

相应的边际效用函数为

$$MU = \frac{\Delta TU(Q)}{\Delta Q} \tag{3-2}$$

当商品的增加量趋于无穷小时,即 $\Delta Q \to 0$,有

$$MU = \lim_{\Delta Q \to 0} \frac{\Delta TU(Q)}{\Delta Q} = \frac{dTU(Q)}{dQ} \tag{3-3}$$

对于边际效用与总效用的理解如表 3-1 所示。

表 3-1 总效用和边际效用

| 消费商品数量 /个 | 总效用 | 边际效用 |
| --- | --- | --- |
| 1 | 10 | 8 |
| 2 | 18 | 8 |
| 3 | 24 | 6 |
| 4 | 28 | 4 |
| 5 | 30 | 2 |
| 6 | 30 | 0 |
| 7 | 28 | −2 |

## 二、边际效用递减规律

西方经济学家认为,随着消费商品数量的不断增加,消费者在消费中所得到的总效用由开始时的不断增加,逐渐达到最大值后又逐渐减少。边际效用递减规律表述如下:假定消费者对其他商品的消费保持不变,则消费者从连续消费某一特定商品中所得到的满足程度将随着这种商品消费数量的增加而递减,如图 3-3 所示。

图中的横轴表示商品的数量,纵轴表示效用量,TU 曲线和 MU 曲线分别为总效用曲线和边际效用曲线。由于边际效用被定义为消费品的一单位变化量所带来的总效用的变化量,又由于图中的商品消费量是离散的,所以,MU 曲线上的每一个值都记在相应的两个消费数量的中点上。

在图中,MU 曲线因边际效用递减规律而成为向右下方倾斜的[图 3-3(b)],相应地,TU 曲线则随着 MU 的变动而呈先上升后下降的变动特点[图 3-3(a)]。MU 与 TU 的关系如下:

当 MU>0 时,TU 上升;

当 MU<0 时,TU 下降;

当 MU=0 时,TU 达极大值。

边际效用的递减从数学意义上讲,如果效用曲线是连续的,则每一消费量上的边际效用

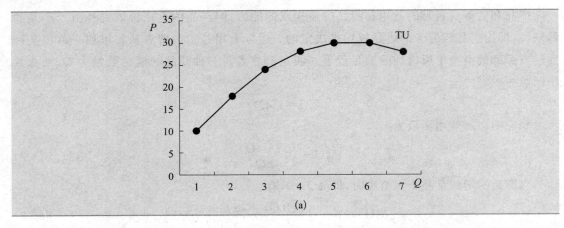

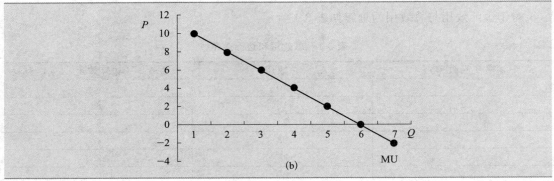

图 3-3　边际效用递减规律

值就是总效用曲线上相应的点的斜率。西方经济学家解释的原因有两个方面：一是因为生理或心理的原因，随着消费商品数量的不断增加，期初购买行为中所产生的消费欲望也随之增加，但商品消费的持续增多，则在消费欲望消失后引起了讨厌和损害。二是设想物品有多种用途，并且各种用途的重要程度存在一定的差异，消费者在关注和使用主要用途而形成消费满足后，对商品所包含的其他用途的关注度进而削减，即后一单位的物品给消费者带来的满足或提供的效用总是小于前一单位。

　　基数效用论学者还认为，不仅商品的边际效用呈现递减的规律，而且货币收入的边际效用也是递减的。这意味着，随着某消费者货币收入的逐步增加，每增加一元钱给消费者所带来的边际效用是越来越小；同样数量的货币收入，对穷人和富人来说，其边际效用也存在着很大的差别。如马歇尔指出的，货币必须服从边际效用递减规律。由于富人持有的货币量大于穷人，所以一定数量货币的增加或减少给富人带来的边际效用小于穷人对增减数量所产生的边际效用。因而如果把一元钱从富人那里转移到穷人那里，整个社会的效用就会增加。所以，边际效用递减规律成为了收入平均化的理论依据。

## 三、消费者均衡

　　由于边际效用递减规律，物品边际效用的大小以及总效用的增减，同物品数量有着密切的关系。物品拥有量或消费量越多,边际效用越小;当边际效用等于零时,总效用达到最大值。在消费需求达到满足程度后,如果该物品的消费量继续增加,则会产生负效用,总效用也会绝对地减少。这就说明,在既定的收入和价格水平下,消费者对某种物品的消费并不是越多越好,而是有一个限度的问题。消费者如何将自己有限的货币收入花费在各种不同商品的购买上,以求得最大的满足,这就涉及消费者均衡的问题。

消费者均衡是指在商品现行价格和既定消费者收入的条件下,消费者不想再减少任何商品购买数量的一种相对静止的状态。消费者均衡建立在一定的假定前提下:

（1）消费者的偏好是既定的,对各种商品的效用和边际效用是已知的,不会发生变动;

（2）消费者的收入是既定的且全部用于购买商品和劳务;

（3）消费者购买的商品价格是已知的;

（4）每单位货币的边际效用对消费者都相同。

在上述假定条件下,西方经济学家指出,消费者均衡的条件是:消费者用单位货币所购买的各种商品的边际效用都相等,即消费者所购买的各种商品的边际效用之比等于它们的价格之比。消费者均衡可以用边际效用决定需求价格和边际效用递减规律来进行说明。为了分析的方便,我们假定消费者在市场上只购买两种商品 X 和 Y,由于收入和价格都是既定的,增加 X 的购买量就必须减少 Y 的购买量,购买量的变化必然引起它们的边际效用的变化。这就是说,如果消费者发现多花一元钱在一种商品上取得的增加的效用（边际效用）不如多花一元钱在另一种商品取得的增加的效用大,他就会改变主意,把取得边际效用较小的那种商品上的花费转移到较大的边际效用的商品上。由于花费转移,原来取得边际效用较小的商品,现在可能变得具有较大的边际效用了,而原来取得边际效用较大的商品,现在可能变得具有较小的边际效用了。如果后者的边际效用小于前者,那么,就会再次发生花费转移的情形,这样,消费者根据边际效用的大小,自由地改变花费的方向,最后必须达到一种最优的花费状态,他所花费的每一元钱都取得相等的边际效用,或者每种商品的边际效用之比等于他们的价格之比,总效用达到最大。

应当注意的是,上述均衡条件要求的是每一元钱所得到的边际效用相等,而不是每种商品的边际效用相等。每一种商品的边际效用相等并不能保证消费者获得最大的效用,因为各种商品的价格是不同的,也不是指消费者在各种商品上花费相同数额的钱,而是指消费者购买商品时使商品的边际效用和价格成比例。另外,消费者获得的最大效用并不是指消费者的欲望获得了完全的满足,而是指在货币收入和商品价格既定的条件下得到了能够得到的最大效用。

基数效用学者以边际效用递减规律和建立在该规律上的消费者效用最大化的均衡条件为基础来解释:需求量同价格成反比,从而决定需求曲线是自左上向右下倾斜。具体地说,如果一定数量的某种商品的边际效用越大,则消费者为购买这些数量的该种商品所愿意支付的价格就越高;反之,如果一定数量的某种商品的边际效用越小,则消费者为购买这些数量的该种商品所愿意支付的价格就越低。而根据边际效用递减规律,当消费者购买某商品的数量增加时,该商品的边际效用对此消费者必然递减,因而该商品价格也要相应递减。就是说,消费者买得越多,价格必须越低。这样就得到了每个消费者的向右下方倾斜的需求曲线,并进一步得到向右下方倾斜的市场需求曲线。

## 四、边际效用理论的运用

### 课堂案例

美国是世界上经济最为强大的国家,人均消费商品数量居世界第一,人均垃圾量也没有一个国家能与之相比。美国的垃圾不但包括各种废弃物,也包括各种用旧了的家具、地毯、鞋子、饮具乃至电视机和冰箱。在美国旧东西有几条出路:举办"后院拍卖",捐赠给教堂,捐赠给旧货商店,当垃圾扔掉。旧东西在美国很不值钱,人们可以在"后院拍卖"中花1美元买到一个电熨斗,在教堂拍卖中花10美元买到20本一套的百科全书,或5美元一套的西服。美国是一个提倡消费的国家,它的生产力巨大,产品积压常常成为主要经济问题。如果每个人将自己生产出来的产品全部消费掉,经济将正常运转。如果生产旺盛,消费不足,或者说,居民由于富裕而增加储蓄,产品就会积压。所以对于美国来说,医治经济萧条的主要措施是鼓励消费。

相反,由于中美两国富裕程度的差别而形成的效用评价的差别,旧东西在中国就值钱多了。在大城市,经常看到有人在收购各种旧的生活用品,然后运到贫穷、偏僻的农村地区以几倍的价格卖出。

从表面上看来,就产生了一个矛盾的现象:相对不富裕的中国人,却愿意花几倍于相对富有的美国人愿意出的价钱去买这些旧东西。

(资料来源:《效用理论》,豆丁网,www.docin.com)

### (一)消费者剩余

效用理论认为,人们对某种商品愿意支付的价格取决于他对该商品效用的评价,这种评价是构成商品价值的必要条件,而他在购买中实际支付的是该商品的市场价格。消费者剩余是指消费者愿意对某商品支付的价格与实际支付的价格之间的差额,或者说,是消费者消费某种一定量商品所获得的总效用与为此花费的货币的总效用的差额。

在消费者购买商品时,一方面,消费者对每一单位商品所愿意支付的价格取决于这一单位商品的边际效用。由于商品的边际效用是递减的,所以,消费者对某种商品所愿意支付价格是逐步下降的。但是,另一方面,需要区分的是,消费者对每一单位商品所愿意支付的价格并不等于该商品在市场上的实际价格。事实上,消费者在购买商品时是按照实际的市场价格支付的。于是,在消费者愿意支付的价格和实际的市场价格之间就产生了一个差额,这个差额便构成了消费者剩余的基础。

消费者剩余可以用几何图形来表示,如图3-4所示。简单地说,消费者剩余可以用消费者需求曲线以下、市场价格线之上的面积来表示,如图3-4中的阴影部分面积所示。具体地看,图中需求曲线以反需求函数的形式给出,它表示消费者对每一单位商品所愿意支付的价格。假定该商品的市场价格为$P_0$,消费者的购买量为$Q_0$。那么,根据消费者剩余的定义可以推断,在产量$O$到$Q_0$区间需求曲线以下的面积表示消费者为购买$Q_0$数量的商品所愿意支付的总数量,即相当于图中空白部分的面积$OABQ_0$;而实际支付的总数量等于市场价格

$P_0$ 乘以购买量 $Q_0$，即相当于图中的矩形面积 $OP_0BQ_0$。这两块面积的差额即图中的阴影部分面积，就是消费者剩余。

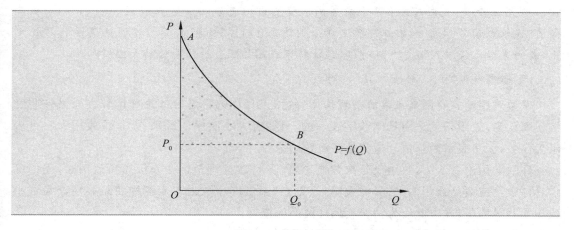

图 3-4　消费者剩余

## （二）价值悖论

价值悖论由亚当·斯密在 200 多年前提出，又称价值之谜，指有些东西效用很大，但价格很低（如水），有些东西效用不大，但价格很高（如钻石）。这种现象与传统的价格理论不一致，解释这个问题的关键是区分总效用和边际效用。对某种商品的消费越多，其最后一单位的边际效用也就越小。我们用的水很多，因此最后一单位水所带来的边际效用就微不足道了。相反，钻石的总效用并不大，但是由于我们买的钻石很少，所以它的边际效用就大了。根据边际效用理论，消费者分配收入的方式是使用与一切商品的每元支出的边际效用相等。人们也是根据这一原则把收入分配在水和钻石的购买上的：钻石的边际效用高，水的边际效用低，只有用钻石的高价格除以其高边际效用，用水的低价格除以其低边际效用，用于钻石和水的每元支出的边际效用才能相等。这样，钻石的价格高、水的价格低是合理的。或者说，人们愿意为边际效用高的钻石支付高价格、为边际效用低的水支付低价格是一种理性行为。因而，也可以理解"物以稀为贵"的稀缺物品的高边际效用现象。

# 任务三　序数效用理论

## 课堂案例

中国的经济增长结构正在发生根本性的变化，消费已经逐步取代投资成为了中国经济增长的主要驱动力。居民可支配收入增长远高于 GDP 增长速度，消费结构也不断升级。我国目前的居民消费正处在由生存型消费向发展型消费、商品消费向服务消费、传统型消费向新型消费转变的上升期，居民用于服务型支出消费的数量大幅增加。2014 年到 2017 年，我国城镇居民用于医疗、教育、娱乐、旅游、交通等服务性支出占比由 35.7% 上升到 39.6%,而用于商品消费支出(食品和服装)占比则由 43.2% 下降到 37.4%。按数值的变化程度来看,2017 年第三季度,我国居民食品和衣着的消费支出增速分别仅为 3.88% 和 0.71%,而医疗保健、娱乐教育等服务新支出的增速则分别达到了 11.3% 和 8.4%,增速远高于物质性支出,表明我国已经进入消费升级时代,预计将来我国的服务性消费还将大幅增加。

(资料来源:中国产业信息网,www.chyxx.com)

基数效用论主要用来考察消费者均衡,效用以具体数字进行计量和比较。而另一些经济学家认为,效用是无法用具体数字表示的,只能有大小次序的区别,就是说效用大小可表示为序数,无法表示为基数。这就是序数效用论。

序数效用论者认为,效用仅是次数概念,而不是数量概念。在分析商品效用时,无须确定具体数字或商品效用多少,只需用第一、第二、第三等序数来表示各种商品效用谁大谁小或相等就足够了,并由此作为消费者选择商品的依据。

序数效用论是通过无差异曲线来进行比较分析的。

## 一、关于偏好的假定

▶ 1. 消费者偏好的含义

序数效用理论认为,效用只能根据偏好的程度排列出顺序。为此,序数效用论者提出了消费者偏好的概念。所谓偏好就是消费者根据自己的意愿,对可能消费的商品组合进行的排列。序数效用论者认为,对于各种不同的商品组合,消费者的偏好程度是有差别的,这种差别反映了消费者对这些不同的商品组合的效用水平的评价。具体地讲,给定 A、B 两个商品组合,如果某消费者对 A 商品组合的偏好程度大于 B 商品组合,那也就是说,这个消费者认为 A 组合的效用水平大于 B 组合,或者说,A 组合给该消费者带来的满足程度大于 B 组合。

▶ 2. 关于消费者偏好的假定

这里是指所有"理性"的消费者的偏好的一些共性或者说一些基本假设。

(1) 消费选择具有明确性、唯一性。消费者总是在选择商品时,可以明确比较和排列所给出的不同商品组合。换言之,对于任何两个商品组合 A 和 B,消费者总是可以作出,而且也只能作出以下三种判断中的一种:对 A 的偏好大于对 B 的偏好;对 A 的偏好小于对 B 的偏好;对 A 和 B 的偏好相同(即 A 和 B 是无差异的);而且消费者对于偏好的表达方式是完备的,消费者总是可以把自己的偏好评价准确地表达出来。

(2) 消费者偏好的可传递性。可传递性指对于任何三个商品组合 A、B 和 C,如果消费者对 A 的偏好大于 B,对 B 的偏好大于 C,那么,在 A、C 这两个组合中,消费者必定有对 A 的偏好大于 C。偏好的可传递性假定保证了消费者的偏好是一致的,因而也是理性的。

(3) 消费者偏好的非饱和性。消费者总是偏好于商品数量较多的商品组合,因为消费者对每一种商品的消费都没有达到饱和点,或者说,对于任何一种商品,消费者总是认为多比少好。消费量增多,效用水平就提高。此外,这个假定还意味着,消费者认为值得拥有的商品都是"好的东西",而不是"坏的东西"。在这里,"坏的东西"指如空气污染、噪声等。

## 二、无差异曲线

无差异曲线(indifference curve)表示对于消费者来说能产生同等满足程度的各种不同商品组合点的轨迹。无差异曲线也叫效用等高线。

在现实生活中,消费者在消费两种可互相代替的商品 A 和 B 时,他可以多消费一点 A、B 而少消费一点 X,或少消费一点 A,多消费一点 B,但他们得到的效用不变。例如,猪肉和牛肉、苹果和香蕉、咖啡和牛奶的哪个代替商品消费时,都可能出现这种情况。无差异曲线是用来表示消费者偏好相同的两种商品的所有组合点。或者说,它是表示能给消费者带来相同的效用水平或满足程度的两种商品的所有组合点的轨迹。

现在我们假定消费者消费 Y 商品和 X 商品,X 商品的价格因某种原因上升而 Y 商品的价格不变甚至下降时,仍可得到同样的满足程度。假定 Y 商品和 X 商品有如表 3-2 所示的不同的组合。

表 3-2 给出了 Y 商品和 X 商品两种商品 A、B、C、D 四种数量不同的组合,但是它们提出的效用水平是相等的,或者说是无差异的。把表中所反映的内容在一坐标图上表现出来即可得到一条无差异曲线。用横轴表示 X 商品的数量,用纵轴表示 Y 商品的数量,每一组合均由图上的一点(A、B、C、D)表示,连接各点的连线就是无差异曲线,如图 3-5 所示。

表 3-2  X 商品和 Y 商品的不同组合

| 组 合 | Y 商品 | X 商品 |
|---|---|---|
| A | 15 | 1 |
| B | 11 | 2 |
| C | 8 | 3 |
| D | 6 | 4 |

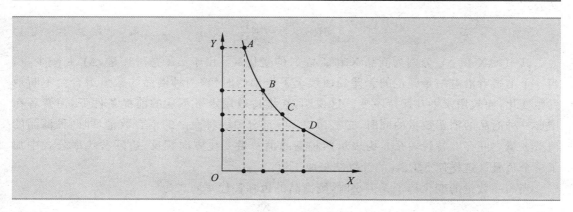

图 3-5  无差异曲线

无差异曲线表明,该曲线上的任何一点的两种商品的不同组合所提供的总效用或满足水平是相等的,即无差异的,因此,消费者愿意选择其中任何一种组合。

无差异曲线有以下特点:

(1) 无差异曲线是右下方倾斜的曲线,其斜率为负值。它说明在收入和价格既定的条件下,为了达到同等的满足程度,增加一种商品的一定数量,必须减少另外一种商品的一定数量。两种商品既不能同时增加,也不能同时减少。同时增加与收入既定矛盾,同时减少则不能保证原有的效用水平。

(2)任何一条无差异曲线都是同某一既定价格和收入水平相对应的。在现实生活中,消费者对两种可代替商品的需求水平可能是多种多样的,比如,当他的收入水平提高时,他的消费量包括 Y 商品和 X 商品都可能增加,并且同比例增加。这样,就可以在同一坐标图上画出另一条高于原来水平的无差异线。假如收入增加的程度是无限可分的,那么,无差异曲线就可以画出无数条。西方经济学家把这种由无数条无差异曲线组成的坐标图,称为无差异曲线图。在同一无差异曲线图中,离原点越远的无差异线代表的总效用水平越高,因为它代表的商品数量越多。

(3)同一无差异曲线图上任何两条无差异曲线不可能相交。假设两条无差异曲线相交,那么交点同时在两条无差异曲线上。由于不同的无差异曲线便是不同的满足程度,这就意味着交点所代表的同一个商品组合对于具有一定偏好的同一消费者来说有不同的满足程度,这显然是不可能的。因此,无差异曲线不可能相交。

(4)无差异曲线是凸向原点的。由图 3-5 可见,无差异曲线不仅是向右下方倾斜的,即无差异曲线的斜率是负值,而且无差异曲线是凸向原点的,即随着商品 X 的数量的连续增加,无差异曲线斜率的绝对值是递减的。

## 三、商品的边际替代率

▶ 1. 商品的边际替代率的含义

在维持效用水平不变的前提下,消费者增加一单位某种商品的消费数量时所需要放弃的另一种商品的消费数量,被称为商品的边际替代率。商品 X 对商品 Y 的边际替代率的定义公式为

$$\text{MRS}_{XY} = -\frac{\Delta Y}{\Delta X} \tag{3-4}$$

其中:$\Delta X$ 和 $\Delta Y$ 分别为商品 X 和商品 Y 的变化量。由于 $\Delta X$ 是增加量,$\Delta Y$ 是减少量,当一个消费者沿着一条既定的无差异曲线上下滑动的时候,两种商品的数量组合会不断地发生变化,而效用水平却保持不变。这说明,在维持效用水平不变的前提条件下,消费者在增加一种商品的消费数量的同时,必然会放弃一部分另一种商品的消费数量,即两种商品的消费数量之间存在替代关系。为表示两种商品消费量变化方向相反,边际替代率公式中加了一个负号。这样使 $\text{MRS}_{XY}$ 的计算结果取正值。

当商品数量的变化趋于无穷小时,则商品的边际替代率公式为

$$\text{MRS}_{XY} = \lim_{\Delta X \to 0} -\frac{\Delta Y}{\Delta X} = -\frac{dY}{dX} \tag{3-5}$$

显然无差异曲线上某一点的边际替代率,就是无差异曲线在该点的斜率的绝对值。

▶ 2. 商品的边际替代率递减规律

无差异曲线的本质特征是商品的不同组合可以产生相同的效用水平。这表明维持消费者效用水平不变的条件下,可以同一种商品代替另一种商品,商品间的替代关系对于研究消

费者的选择行为是非常重要的。

商品的边际替代率递减规律是指在维持效用水平不变的前提下,随着一种商品消费数量的连续增加,消费者为得到每一单位的这种商品所需要放弃的另一种商品的消费数量是递减的。之所以会普遍发生商品的边际替代率递减现象,其原因在于消费者对某一商品拥有量较少时,对其偏爱程度高,而拥有量较多时,偏爱程度较低。在维持效用水平不变的前提下,随着一种商品消费数量的连续增加,消费者为得到每一单位的这种商品所需要放弃的另一种商品的消费数量是递减的,造成边际替代率递减的原因在于商品的边际效用递减。从几何意义上讲,商品的边际替代率递减便是无差异斜率的绝对值的递减,商品的边际替代率递减规律决定了无差异曲线的形状凸向原点。

以上所讨论的是通常的无差异曲线的特征,有些特殊的无差异曲线并不具有凸性。例如,对于互补品只有采取固定比例的组合才能有一定水平的效用,如眼镜架与眼镜片,互补商品的无差异曲线如图 3-6(b)所示。

如果 X 商品与 Y 商品必须以 1∶1 的比例组合才能产生一定水平的效用,如果维持一种商品的消费量不变,只能增加另一种商品的消费,不会提高消费者的效用。只有按照 1∶1 的比例同时增加两种商品的消费,才能提高消费者的效用水平,互补品的无差异曲线呈直角形状,与横轴平行的无差异曲线部分的商品的边际替代率 $MRS_{XY}=0$,与纵轴平行的无差异曲线部分的商品的边际替代率 $MRS_{XY}=\infty$。

如果对于消费者来说两种商品是完全替代品,其无差异曲线也不呈凸性。它是一条线性的无差异曲线,商品的边际替代率 $MRS_{XY}$ 为一个常数。例如,若一杯牛奶总是可以完全替代一杯咖啡,则无差异曲线如图 3-6(a)所示。

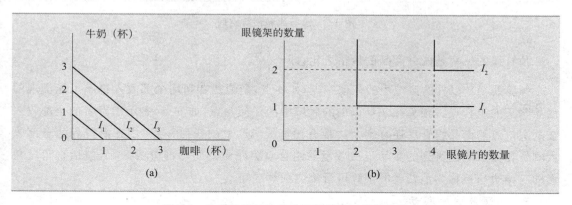

图 3-6　完全替代品和完全互补品的无差异曲线

## 四、预算线

▶ 1. 预算线的含义

无差异曲线只是表示消费者主观上对两种商品不同组合的偏好,但这并不能说明消费者选择行为的所有方面。消费者在购买商品时,必然会受到自己的收入水平和市场上商品价格的限制,这就是预算约束。预算约束可以用预算线来说明。

预算线又称为预算约束线、消费可能线和价格线。预算线表示在一定的消费者收入和商品价格条件下,消费者的全部收入所能购买到的最大组合的两种商品的数量。

假定以 $M$ 表示消费者的既定收入,两种商品的数量分别为 $X$ 和 $Y$,商品价格分别为 $P_X$ 和 $P_Y$。那么,相应的预算线等式为

$$P_X X + P_Y Y = M \qquad (3\text{-}6)$$

此外,也可将式(3-6)改写成

$$Y = -\frac{P_X}{P_Y} X + \frac{M}{P_Y} \qquad (3\text{-}7)$$

由此作出的预算线为图 3-7 中的线段 $AB$。在横轴 $X$ 上的截距 $OB$ 为 $\frac{M}{P_X}$,表示全部收入用来购买商品 X 的数量;纵轴 $Y$ 上的截距 $OA$ 为 $\frac{M}{P_Y}$,表示全部收入用来购买商品 Y 的数量。

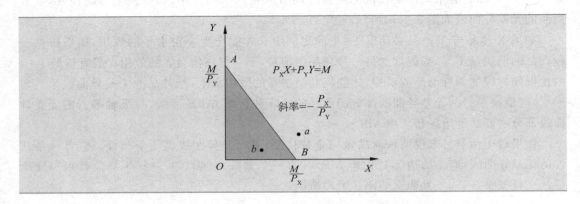

图 3-7 预算线和预算空间

预算线的斜率是两种商品的价格之比,即 $-\frac{P_X}{P_Y}$。

预算线 $AB$ 以外的区域中的任何一点,如 $a$ 点,是消费者利用全部收入都不可能实现的商品购买的组合点。预算线 $AB$ 以内的区域中的任何一点,如 $b$ 点,表示消费者的全部收入在购买该点的商品组合后还有剩余。唯有预算线 $AB$ 上的任何一点,才是消费者的全部收入刚好花完所能购买到的商品最大数量的组合点。图中的阴影部分的区域(包括直角三角形的三条边),被称为消费者的预算可行集或预算空间。

▶ **2. 预算线的移动**

由于预算线的形状由商品的价格与消费者的货币收入决定,因此消费者货币收入的变化,以及商品价格的变化都将使预算线的位置移动。在既定价格和既定收入下,预算线代表了消费者的各种可能的消费机会,但这条线上可以有无数组组合,究竟哪一组合为最优,即能提供最大效用,该线本身是无法说明的。如果两种商品的相对价格不发生变化,而消费者的收入发生变化,将会使预算线平行移动。消费者货币收入的增加会引起预算线平行向外移动,消费者货币收入的减少会引起预算线平行向内移动。

第一种情况:假定两种商品的价格不变,消费者的收入发生了变动。从图中可以看出,收入变化会改变纵轴截距而不会影响预算线的斜率,收入的改变只会引起预算线的平行移

动。如果收入增加,则消费者的购买力增加,可以购买更多的商品,预算线将向右上方平行移动;反之,如果收入减少,则预算线将向左下方平行移动,如图3-8(a)所示。

第二种情况:假定消费者的收入不变,商品的价格可变。

(1)商品A的价格不变而商品B的价格变化的情况。如果商品A的价格不变,商品B的价格降低了,根据预算等式可知,降低商品A的价格不会改变纵截距,但预算线斜率的绝对值就会变小,预算线将以A点为轴,沿逆时针方向转动。相反,其他条件不变,如果商品B的价格提高了,则预算线的斜率的绝对值就会增大,预算线将以A点为轴,沿顺时针方向转动,如图3-8(b)。

(2)商品A的价格变化而商品B的价格不变的情况。如果商品B的价格不变而商品A的价格降低了,则降低商品A的价格不会改变横轴截距,但预算线斜率的绝对值就会增加,预算线将以B点为轴,沿顺时针方向转动。相反,其他条件不变,如果商品A的价格提高了,则预算线的斜率的绝对值就会减小,预算线将以B点为轴,沿逆时针方向转动,如图3-8(c)。

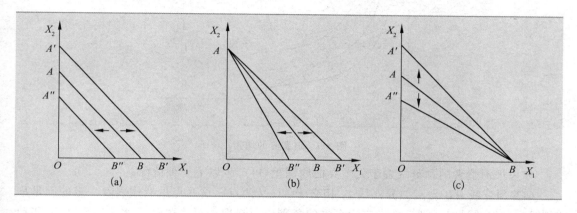

图3-8　预算线的移动

第三种情况:收入和两种商品的价格同时变化。也有多种情况:可能同方向、同比例;同方向、不同比例;不同方向、不同比例。

## ♥ 课堂案例

国家统计局发布的数据显示,2015年我国社会消费品零售总额300 931亿元,比上年名义增长10.7%。网络购物正在推动中国消费市场的转变。2015年全国网上零售额38 773亿元,比上年增长33.3%。其中,实物商品网上零售额32 424亿元,增长31.6%,占社会消费品零售总额的比重为10.8%;非实物商品网上零售额6 349亿元,增长42.4%。网络消费主体是80后、90后,但在网上支付手段快速普及的情况下,以前对实体店而言最稳定的中老年消费群体也在快速加入网购行列。业内统计,2016年消费亮点也集中在互联网和新兴服务领域。旅游、体育、文娱、美容、智能电视、智能家居等消费,均在2016年实现大幅快速增长。今后,实体店将迎来更加严峻的考验。

(资料来源:《微观经济学教学案例集》,道客巴巴,www.doc88.com)

### 五、消费者的均衡

消费者均衡是指消费者通过购买各种商品和劳务实现最大效用时,既不想再增加,也不想再减少任何商品购买数量的一种相对静止状态。序数效用论者把无差异曲线和预算线结合在一起来说明消费者的均衡,以消费者收入与商品价格既定、消费者偏好既定以及理性消费者假设为前提条件。

消费者的收入与价格既定,表示消费者的唯一的一条预算线被确定;消费者的偏好既定,表示消费者的无差异曲线图也为一定。那么,当一个理性的消费者面临一条既定的预算线和无数条无差异曲线时,两条线的相切点就是消费者获得最大效用水平或满足程度的均衡点,如图 3-9 所示。

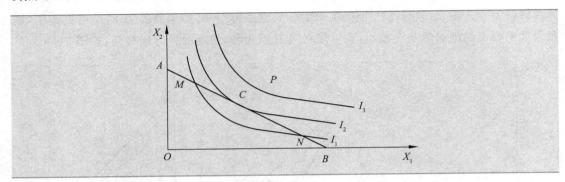

**图 3-9 消费者的均衡**

如果把消费者的预算线置于无差异曲线图里,可产生以下三种情况:

(1)预算线 $AB$ 与无差异曲线 $I_1$ 相交于 $M$、$N$ 两点。这两点虽然代表着一定的满足程度,但是它们并没有达到消费者支出允许的范围内所获取的最大的效用水平,因 $M$、$N$ 移动到 $C$ 点,可以在新的、更高的满足水平上进行消费。

(2)预算线 $AB$ 与无差异曲线 $I_3$ 既不相交,也不相切,虽然此时有较高的满足水平存在,但是对消费者来说已经超出其财力的许可。

(3)预算线 $AB$ 与无差异曲线 $I_2$ 相切于 $C$ 点。$C$ 点同时在预算线 $AB$ 及无差异曲线 $I_2$ 上,意味着它所代表的商品组合是消费者用现有的收入可以买到的,同时能给消费者带来最高水平的满足。显然,只要 $C$ 点沿着预算线偏离原来的位置,它所代表的满足程度都将低于 $I_2$ 水平。因此,切点 $C$ 是在收入为一定的条件下给消费者带来最大效用的商品组合,此时预算线的斜率等于无差异曲线的斜率。

因此,消费者效用最大化的均衡条件可以表示为:在一定的预算约束下,为了实现最大的效用,消费者应该选择最优的商品组合,使得消费者愿意用一单位的某种商品去交换的另一种商品的数量,应该等于该消费者能够在市场上用一单位的这种商品去交换得到的另一种商品的数量。

# 任务四 消费者行为理论的应用

## 课堂案例

目前国内城镇化水平在逐年提升,2016年中国城镇化已达到57.4%,人均可支配收入也在以高于GDP增长的速度逐年快速上升,2016年全年的全国居民人均可支配收入达到23821元,同比增长8.2%,超过GDP 6.7%增速。收入增长带动消费快速增长,2016年消费占到了中国经济增长的64.6%,成为拉动经济增长最重要的驱动力。整体而言随着国民收入增加,消费形态面临全面转型升级,健康消费、高端消费、个性化消费也将取代低端消费、大众化消费。过去的消费主要集中在实物型商品消费,如今随着新的中产富裕阶层的出现,对消费的选择发生了很大变化,中产阶层以上的消费群体到2020年整体消费占比将达57%,挤压中低消费者份额;需求结构已从"吃饱穿暖"等传统消费,转向"医疗保健+教育文化娱乐"等新兴消费。

(资料来源:新华网,www.xinhuanet.com)

## 一、恩格尔定律和恩格尔系数

19世纪德国统计学家恩格尔发现,家庭对不同商品的支出比例与家庭收入高低之间有非常明显的关系。在低收入家庭中,食物中的支出占收入的绝大部分,当收入逐渐增加时,食物支出占收入的比例则逐渐缩小。由于此种现象普遍存在于不同国家之间,故将其称为恩格尔定律。用于食品的支出占全部消费支出的比例被称为恩格尔系数,用公式表示为

$$恩格尔系数 = \frac{用于食品的支出金额}{全部的消费支出金额} \tag{3-8}$$

食物支出与收入之比称为恩格尔系数,所以恩格尔定律也可表述为随着收入的提高,恩格尔系数是递减的。恩格尔系数可以反映一国或一个家庭的富裕程度与生活水平。一般来说,恩格尔系数越高,富裕程度与生活水平越低;恩格尔系数越低,富裕程度与生活水平越高。一般而言,恩格尔系数较高的国家或家庭相对比较贫穷,恩格尔系数较低的国家或家庭相对比较富裕。当前世界上的发展中国家,其恩格尔系数大多在0.5以上,而发达国家的恩格尔系数大多在0.2左右。

## 知识链接

恩格尔系数是反映食品支出占家庭支出的比重。随着家庭和个人收入的提高,收入中用于食品方面的支出比例将逐步缩小。根据联合国粮农组织的标准划分,恩格尔系数在60%以上为贫困,50%～59%为温饱,40%～49%为小康,30%～39%为富裕,30%以下为最富裕。从国外来看,美国自1980年以来恩格尔系数平均为16.45%,日本自1990年以来平均为24.12%。2011年,我国城乡居民家庭恩格尔系数分别为36.3%和40.4%。此前国家统计局发布的数据显示,我国恩格尔系数总体下降的格局没有改变,但降幅在逐步缩小。同

时,部分年份出现反弹,如 2008 年明显高于 2007 年。相较于 2010 年,2011 年城镇家庭恩格尔系数 35.7%,上升了 0.6 个百分点,出现反弹。

（资料来源:蒋彦鑫.城镇家庭恩格尔系数去年出现反弹.新京报,2012 年 6 月）

由消费者的收入—消费曲线可以推导出消费者的恩格尔曲线。恩格尔曲线表示消费者在每一收入水平对某商品的需求量。与恩格尔曲线相对应的函数关系为

$$X = f(I) \tag{3-9}$$

其中:$I$ 为收入水平;$X$ 为某种商品的需求量。

图 3-10 中的收入—消费曲线(恩格尔曲线)反映了消费者的收入水平和商品的需求量之间存在一一对应的关系。根据恩格尔曲线,可以将商品划分为正常商品和劣等商品。图 3-10 所示的商品是正常品,商品的需求量 $X_1$ 随着收入水平的上升而增加。

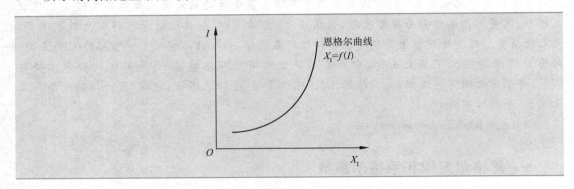

**图 3-10　正常商品的恩格尔曲线**

图 3-11 中,在一定的收入水平上,图中的商品由正常品转变为劣等品。或者说,在较低的收入水平范围,商品的需求量与收入水平成同方向的变动;在较高的收入水平范围,商品的需求量与收入水平成反方向的变动。

以纵轴表示商品的需求量,根据恩格尔曲线斜率的不同,可以形成各种形状的恩格尔曲线。当恩格尔曲线斜率为正时,表示该商品为正常品,即需求量随收入的增加而增加,如图 3-12(a)、(b)所示。但在图(a)中,数量增加的比例小于收入增加的比例,因此该商品的需求的收入弹性小于 1,是为"必需品"。在图(b)中,该商品不但是正常品,而且数量增加的比例超过收入增加的比例,亦即其需求的收入弹性大于 1,所以为"奢侈品"。在图 3-12(c)中,所得增加时,需求量反而减少,数量与收入的变化方向相反,是为"劣等品",需求的收入弹性为负。

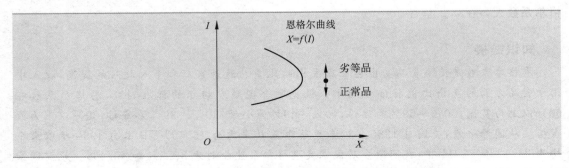

**图 3-11　依据恩格尔曲线划分的不同商品**

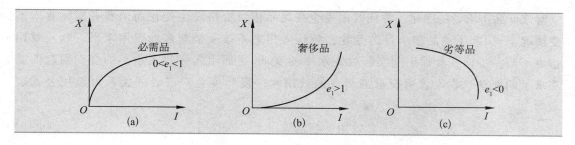

图 3-12 各种形状的恩格尔曲线

## 课堂案例

2018 年 11 月 5 日,首届中国进口博览会在上海隆重开幕。这是世界上第一个以进口为主题的国家级展会,也是中国在改革开放 40 周年之际,主动向世界开放市场的重大举措。从 1979 年 1 月 3 000 箱瓶装可口可乐打开中国内地外国消费品市场的大门,中国的进口历史也走过了四十年的历程。从最初的"特供"到"人肉背货",到代购大军,再到跨境电商,国人对消费升级和美好生活的需求,在一步步的社会转型和进步中得以提升。2014 年 2 月正式上线的天猫国际与代购相比,跨境电商平台提供了更强的正品保证、更快的送达服务以及更全面的售后保障。跨境保税模式下,跨境电商进口商品参照"个人物品"监管。海外品牌无须在中国注册公司,只要通过大宗货物集运,将货物备在海关保税区内,等线上产生订单后,再经由保税区清关发货。这样一套线路下来,跨境物流时效能控制在 5 个工作日内。美国最大的会员制仓储量贩超市 Costco 是第一批入驻天猫国际的商家之一。此前对中国市场一直持谨慎态度的 Costco,在得知跨境电商这一新兴模式后,做了一个快速而大胆的决定,最终只花了 5 个月,便在天猫国际开出了第一家旗舰店。刚上线时,Costco 为天猫国际旗舰店定下的全年销售目标是 500 万元。结果在当年的第一个双十一,便卖出了 300 吨坚果和蔓越莓,一天的销售额就突破了 2 200 万元。

(资料来源:联商网,www.linkshop.com.cn)

## 二、替代效用与收入效用

### (一) 替代效用与收入效用的定义

一种商品价格发生变化后,将同时对商品的需求量产生两种影响:一是使消费者的实际收入水平发生变化,进而引起效用水平的变化。商品价格下跌,即使消费者货币收入不变,但现有货币收入的购买力反而增强了,也就是实际货币支付能力提高了。实际支付能力的提高,是消费者增加了对商品的购买量,从而可以达到更高的效用水平。二是商品的相对价格变化,会改变消费者对某一种商品的需求量。商品相对价格的变化,会使消费者增加对降价商品的需求而减少对价格相对上涨商品的需求,发生替代效用。当然,替代效用不考虑实际收入水平变动的影响,所以替代效用并未改变消费者的效用水平。

根据以上分析,商品价格变化的总效用是指当消费者从一个均衡点移动到另一个均衡点时该商品需求量的变化。替代效用发生在商品相对价格发生变化而消费者实际收入不变情况下，引起了商品需求量的变化。替代效用则不改变消费者的效用水平。收入效用指由于商品价格变动而引起实际收入水平的变动，进而由实际收入水平的变动引起商品需求量的变动。收入效用表示消费者的效用水平发生变化。三者的关系可以用公式表示为

$$总效用＝替代效用＋收入效用 \tag{3-10}$$

### （二）正常品的替代效用与收入效用

如图 3-13 所示，正常商品的销售价格下跌，消费者的效用水平相应提高了，消费者的新均衡点 a 由原来的无差异曲线 $U_1$ 变动到更高的无差异曲线 $U_2$，这个增加量就是在剔除实际收入水平变化影响以后的替代效用。由此可知，正常品的替代效用与价格成反方向变动。

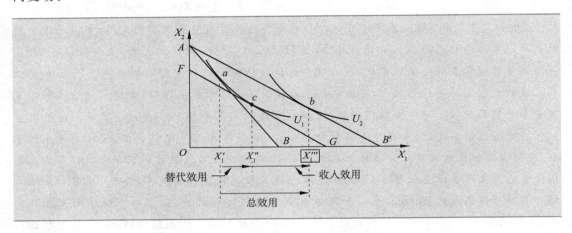

**图 3-13　正常品的替代效用与收入效用**

在分析收入效用时，假设消费者因价格下降所增加的收入全部用于消费，消费者的效用最大化均衡点由无差异曲线 $U_1$ 的 c 点回到更高的无差异曲线 $U_2$ 上的 b 点，相应的需求量的变化量就是收入效用。

综上所述，对于正常商品来说，替代效用与价格成反方向的变动，收入效用也与价格成反方向的变动，在两者的共同作用下，总效用必定与价格成反方向变动。因此，正常商品的需求曲线是向右下方倾斜的。

### ♡ 课堂案例

1992 年 3 月，"舒肤佳"进入中国市场，而早在 1986 年就进入中国市场的"力士"已经牢牢占住香皂市场，"舒肤佳"却在短短几年时间里，硬生生地把"力士"从香皂霸主的宝座上拉了下来。据统计，舒肤佳市场占有率达 41.95％，比位居第二的力士高出 14 个百分点。舒肤佳在进入中国市场前，宝洁公司进行了整整两年的市场调查，了解消费者需要什么产品，产品定价多少合适，喜欢怎样的广告以及收看广告的时段。与力士不

同,舒肤佳没有把目标客户定位在高端市场,而是走亲民路线,将舒肤佳能有效去除日常皮肤接触的病菌,可提供长时间的保护作为切入点,俘获了大多数购买者的心。在中国人刚开始用香皂洗手的时候,舒肤佳就开始了它长达十几年的"教育工作",要中国人把手真正洗干净,"看得见的污渍洗掉了、看不见的细菌你洗掉了吗"。在舒肤佳的营销传播中,以"除菌"为轴心概念,诉求"有效除菌护全家",并在广告中通过踢球、挤车、扛煤气等场景告诉大家生活中会感染很多细菌,最后用放大镜下的细菌"吓你一跳"。最后,舒肤佳再通过"内含抗菌成分迪保肤"之理性诉求和实验来证明舒肤佳可以让你把手洗"干净"。舒肤佳的成功自然有很多因素,但关键的一点在于它找到了一个新颖而准确的"除菌"概念。

(资料来源:豆丁网,www.docin.com)

### (三)低档品的替代效用与收入效用

对于低档商品来说,当低档商品的价格下降导致消费者的实际收入水平提高时,消费者会减少对低档商品的需求量。即低档商品的收入效用与价格成同方向变动,替代效用的作用大于收入效用。

总之,低档商品的替代效用为正,收入效用为负。如图 3-14 所示,低档商品的替代效用与价格成反方向的变动,收入效用与价格成同方向的变动,而且,在大多数场合,收入效用的作用小于替代效用的作用,所以,总效用与价格成反方向的变动,相应的需求曲线是向右下方倾斜的。但也会出现收入效用大于替代效用的情况,就是吉芬商品。

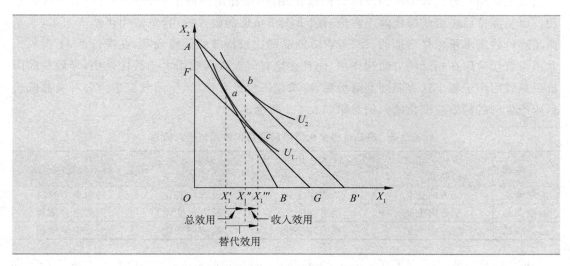

图 3-14　低档品的替代效用与收入效用

### (四)吉芬商品的替代效用与收入效用

在经济学上,随着价格提高需求量反而会增加的那些低档商品称为吉芬商品。由于吉芬商品存在收入效用的作用大于替代效用的作用,因此,吉芬商品的需求曲线向上方倾斜,如图 3-15 所示。

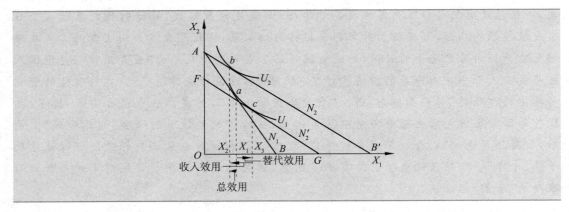

图 3-15　吉芬商品的替代效用与收入效用

　　吉芬商品作为一种比较特殊的低档商品,其替代效用与价格成反方向变动,收入效用则与价格成同方向变动。只是由于吉芬商品的收入效用绝对值很大,以至于超过了替代效用的作用,从而使得总效用与价格成同方向变动。这也是吉芬商品的需求曲线向右上倾斜的原因。

　　总之,不管商品是正常商品,还是一般的低档商品,或是吉芬商品,商品降价后的替代效用总是正值,这表明,只要该商品降价,消费者就会用该商品去替代其他商品。对于正常商品而言,收入效用与替代效用在同一方向上起作用,表明在商品降价后,收入效用与替代效用都是正值。总效用必然大于零,表示商品降价后需求量增加。对于一般的低档商品而言,虽然收入效用与替代效用在相反的方向起作用,但是在绝对值上替代效用仍然大于收入效用。商品降价后正值的替代效用在绝对值上大于负值的收入效用,总效用仍然大于零,表示商品降价后需求量也是增加的。只有吉芬商品即比较特殊的低档商品,在降价后,不仅收入效用与替代效用在相反的方向起作用,而且在绝对值上收入效用大于替代效用,导致商品降价后总效用小于零。这表明商品降价后,需求量不仅没有增加,反而减少了。各种商品降价后所产生的各种效应变化的归纳总结如表 3-3 所示。

表 3-3　商品价格变化所引起的替代效用与收入效用

| 商品类别 | 替代效用与价格的关系 | 收入效用与价格的关系 | 总效用与价格的关系 | 需求曲线的形状 |
| --- | --- | --- | --- | --- |
| 正常商品 | 反方向变化 | 反方向变化 | 反方向变化 | 向右下方倾斜 |
| 低档商品 | 反方向变化 | 同方向变化 | 反方向变化 | 向右下方倾斜 |
| 吉芬商品 | 反方向变化 | 同方向变化 | 同方向变化 | 向右上方倾斜 |

　　应该注意的是,不要混淆吉芬商品与低档商品。低档商品是从需求与收入的关系定义的,即需求的收入弹性小于零的商品是低档商品;而吉芬商品是从需求量与价格的关系定义的,即需求量与价格同方向变化的商品是吉芬商品,只不过在讨论吉芬商品时用到了收入效用的概念。

# 导入案例分析

　　从家乐福在日本市场的表现来看,如果不能抓住消费者的消费心理和习惯,没有自己的营销特色,无论是哪国资本,也无论其实力是否雄厚,都难以在激烈的市场竞争中站住脚跟。究其原因,主要表现在:(1)饮食文化差异。日本饮食十分讲究新鲜度,特别是蔬菜、鱼、肉及其制成品,力求新鲜,一般都是随买随吃,故而日本人购买食品量少而次多。以家乐福为代表的欧美习惯于大量采购食品,长期存放,对新鲜度的追求没有日本人那么强烈。(2)购物文化差异。大部分日本妇女在婚后不工作,有充裕的时间去购物,故而去超市的购物基本上都由家庭主妇承担,对于购物的便利性和距离比较重视。家乐福在日本的超市全部位于城市的远郊区,距离居民区与城市较远,不方便家庭主妇的购物。(3)价格的作用。家乐福利用全球性的采购供应,在价格控制上具有一定优势,价格成为其吸引购买的主打因素。但是,家乐福的这种价格优势并没有体现在顾客非常敏感的生鲜食品上,而是表现在了顾客反应"迟钝"的服装鞋帽、厨房用具、葡萄酒、欧洲奶制品等类商品。(4)家乐福的购物氛围。家乐福在日本采用与在欧美同样的大卖场仓储式的购物摆放,仍然没有突破用大空间和单一商品的量感,以及"店员工装化"来凸显仓储形象,并由此来映射商品便宜的手法。这种手法对日本的家庭主妇来说,常常会让她们因多走路却找不到自己想要的商品而产生反感。(5)家乐福的陈列摆放。家乐福曾一度希望通过在商品陈列上表现出"随意性"和对餐饮区的简单处理,营造一种商品便宜的卖场氛围。这反而让日本人认为这是对顾客的不尊重,让消费者厌恶的感到是在把不值钱的东西卖给他们,这对家乐福来说是致命的。(6)定价策略。家乐福通过控制成本、薄利多销的方式,使价格成为其主要吸引因素。但日本市场的特性是必须根据不同地区进行细致的价格划分,而不是简单地进行"一刀切"。家乐福"一刀切"的定价策略,也阻碍其在日本的发展。

## 项目小结

消费偏好决定消费者的购买行为,满足欲望而获得效用。效用是一种心理感觉,个体消费偏好不同,同种物品的消费效用不同。基数效用论认为效用可以计量并加总求和,用边际效用分析法分析消费者行为;序数效用论认为效用只能排序,用无差异曲线分析法分析消费者行为。总效用是消费者消费一定数量商品所获得的满足程度;边际效用是指消费者每增加1单位消费所增加的总效用。在收入与价格既定的情况下,消费者效用最大化的条件是消费者所消费的两种物品的边际效用之比与价格之比相等。无差异分析法用无差异曲线表示消费偏好,用消费预算线表示收入与价格既定的限制条件,当无差异曲线与消费者预算线相切时,消费者消费的两种物品组合实现了效用最大化。无差异曲线分析法与边际效用分析法得出的消费者效用最大化条件相同。消费者对某种商品所愿意付出的代价超过实际付出的代价的余额,称为消费者剩余。消费者剩余越大,消费者从交易中得到的效用越大。商品价格的变动会引起需求量反方向变动,分为替代效用和收入效用,即价格效应=替代效用+收入效用。收入效用表示消费者效用水平发生变化,替代效用则不改变消费者的效用水平。

## 知识测试与能力训练

**一、名词解释**

效用　基数效用论　序数效用论　总效用　边际效用　边际效用递减规律　消费者均衡　消费者剩余　无差异曲线　消费者预算线　价格效应　替代效用　收入效用

**二、单项选择题**

1. 某消费者逐渐增加商品的消费量,直到达了效用最大化,在这个过程中,该商品的(　　)。

　　A. 总效用和边际效用不断增加

　　B. 总效用和边际效用不断减少

　　C. 总效用不断下降,边际效用不断增加

　　D. 总效用不断增加,边际效用不断减少

2. 关于基数效用论,不正确的是(　　)。

　　A. 基数效用论中效用可以用确定的数字表达出来

　　B. 基数效用论中效用可以加总

　　C. 基数效用论和序数效用论使用的分析工具完全相同

　　D. 基数效用论认为消费一定量的商品的总效用可以由每增加 1 个单位的消费所增加效用加总得出

3. 如果消费者消费 15 个面包获得的总效用是 100 个效用单位,消费 16 个面包获得的总效用是 106 个效用单位,则第 16 个面包的边际效用是(　　)个效用单位。

　　A . 108　　　　　　　B. 100　　　　　　　C. 106　　　　　　　D. 6

4. 序数效用论认为,商品效用的大小(　　)。

　　A. 取决于价格　　　　　　　　　　B. 取决于使用价值

　　C. 可以通过确切的数字表示　　　　D. 可以比较

5. 商品 X 和商品 Y 的价格按照相同的比率上升,而且收入不变,预算线会(　　)。

　　A. 向左下方平行移动　　　　　　　B. 向右上方移动

　　C. 向左下方或右上方平行移动　　　D. 不变动

6. 预算线的位置和斜率取决于(　　)。

　　A. 消费者收入　　　　　　　　　　B. 商品的价格

　　C. 消费者的收入和商品的价格　　　D. 消费者的偏好、收入和商品的价格

7. 已知商品 X 的价格为 1.5 元,商品 Y 的价格为 1 元,当消费者从这两种商品的消费中得到最大效用的时候,商品 X 的边际效用是 30,那么商品 Y 的边际效用应该是(　　)。

　　A. 20　　　　　　　B. 30　　　　　　　C. 45　　　　　　　D. 55

**三、多项选择题**

1. 以下关于边际效用的说法正确的有(　　)。

　　A. 边际效用不可能为负值

　　B. 边际效用与总效用成同方向变动

C. 对于通常情况来说,消费者消费商品服从边际效用递减规律

D. 在边际效用大于等于零时,边际效用与总效用成反方向变动

E. 边际效用是指每增加(减少)1 个单位的物品的消费所引起的总效用的增(减)量

2. 总效用和边际效用的关系为(　　　)。

　　A. 当边际效用为零时,总效用最大　　　　B. 当边际效用为零时,总效用递增

　　C. 当边际效用为负时,总效用递减　　　　D. 当边际效用为负时,总效用不变

　　E. 当边际效用为正时,总效用递增

3. 无差异曲线的特征包括(　　　)。

　　A. 任意两条无差异曲线可以相交　　　　B. 一般来说无差异曲线具有负斜率

　　C. 一般来说无差异曲线具有正斜率　　　　D. 任意两条无差异曲线不能相交

　　E. 在坐标图上有无数条无差异曲线

4. 下列关于消费者均衡点的看法正确的有(　　　)。

　　A. 均衡点位于预算线上

　　B. 消费者均衡点在理论上可以脱离预算线而存在

　　C. 均衡点由预算线和无差异曲线的切点决定

　　D. 在消费者均衡点上,预算线与无差异曲线斜率相等

　　E. 均衡点可以是无差异曲线上的任意一点

5. 消费者剩余是指(　　　)。

　　A. 消费者获得的总效用

　　B. 消费者的一种心理现象

　　C. 消费者消费不了的现象

　　D. 消费者的货币剩余

　　E. 消费者从商品的消费中得到的满足程度大于他实际支付的价格部分

**四、判断题**

1. 同种商品消费后得到的效用,因人、因时、因地的不同而不同。(　　　)

2. 基数效用论采用的是无差异曲线分析法,序数效用论采用的是边际效用分析法。(　　　)

3. 差异曲线上每一点都表示消费者消费物品的数量组合相同。(　　　)

4. 只要商品的消费数量在增加,消费者得到的总效用就一定在增加。(　　　)

5. 用商品 X 代替商品 Y 的边际替代率等于3,意味着1 单位商品 X 和 3 单位商品 Y 具有相同的总效用。(　　　)

6. 假定其他条件不变,如果某种商品的价格下降了,根据效用最大化原则,消费者会增购这种商品。(　　　)

7. 如果消费者从每一种商品中得到的总效用与它们的价格之比分别相等,他将获得最大的满足程度。(　　　)

**五、计算与分析题**

1. 根据总效用与边际效用的定义填写表 3-4 中的空格部分。

表 3-4    某物品的总效用与边际效用

| 某物品消费量(Q) | 总效用(TU) | 边际效用(MU) |
|---|---|---|
| 1 | 10 | 10 |
| 2 | 15 | |
| 3 | | 3 |
| 4 | 20 | |
| 5 | | 1 |

2. 某消费者对一场电影的评价为 20 元。当电影票的价格分别为 10 元、15 元和 25 元时,消费者剩余分别为多少? 当价格高于多少元时,消费者不去看这场电影? 为什么?

3. 亚当·斯密在《国富论》中曾经提到钻石与水的悖论:在生活中,作为必需品的水无疑比作为高档品的钻石重要得多,但钻石的价格比水的价格却高得多,如何解释?

六、问答题

1. 基数效用论和序数效用论的区别和联系是什么?

2. 边际效用递减规律的内容是什么?

3. 无差异曲线的特征有哪些?

4. 什么是消费预算线?

5. 消费者均衡的条件是什么?

# C 项目4
## Chapter 4 分析生产者行为

## 知识目标

1. 能够区分长短期的概念,掌握总产量、平均产量和边际产量之间的变化规律及相互关系,理解边际收益递减规律和规模收益的变化情况及原因;

2. 能够理解规模经济的三种情况以及产生规模经济和规模不经济的原因;

3. 了解一种可变生产要素投入的合理区域,了解等产量线及等成本线以及两种生产要素的最佳组合;

4. 掌握机会成本、显成本和隐成本的含义,正常利润和经济利润的区别,短期成本和长期成本的区别;

5. 理解各种短期成本的含义及短期总成本曲线、平均成本曲线和边际成本曲线的变动规律及其相互关系;

6. 理解各种长期成本的含义及长期总成本曲线、平均成本曲线和边际成本曲线的变动规律及其相互关系。

## 能力目标

1. 理解规模经济的经济理论与实践意义;

2. 能运用等产量线及等成本线确定基本的最优产量;

3. 能够分析一种生产要素投入的合理区域和两种生产要素的最优组合;

4. 能够分析生活中遇到的实际经济问题的机会成本、显成本和隐成本,并能计算和区分所获得的正常利润和经济利润,从而作出经济决策;

5. 能够计算出短期总成本、平均成本和边际成本,并能够画出相应的曲线,分析各曲线所代表的短期成本之间的关系;

6. 能够计算出长期总成本、平均成本和边际成本,并能够画出相应的曲线,分析各曲线所代表的长期成本之间的关系。

## 案例导入

据美国媒体报道,2018年10月18日,福特性能汽车项目全球总监赫尔曼对外表示:"消费者对福特GT的需求量是前所未有的,初始需求量比供应量高出六倍以上。"据统计,福特旗下售价40万美元(约合人民币277万元)的限量版GT超级跑车由于需求旺盛,供求比例达到1:6,订单数量一直处于供不应求的状态。福特公司为满足市场需求,对其原定于2016年的GT汽车生产计划进行了调整,宣布增产350辆限量版GT超级跑车,由原计划的1 000辆增至1 350辆,并将生产期限从2020年延长至2022年。同时,福特公司将于11月8日面向部分市场重新开放持续30天的申请程序,消费者要想购买福特GT,必须向福特公司提交申请,福特公司会对顾客进行评估。

(资料来源:新华网,www.xinhuanet.com)

**思考与讨论:**
福特公司调整原定于2016年的GT汽车生产计划带给我们的思考有哪些?

# 任务一　生产函数

## 一、生产及生产要素

所谓生产,从经济学的角度看,就是一切能够创造和增加效益的人类活动。效用就是消费者通过消费某种商品或服务所产生的满足程度。因此,所有能够给人们创造或增加的满足活动都是生产活动。

人们的需要和追求是多方面的,因而也可以按照满足的性质对生产活动进行相应的分类。从这个意义上说,生产活动可以分为两大类:第一类是创造能够满足人们物质需要的生产活动,即商品生产。比如生产的产品可供人们发挥各种使用功效和使用价值。第二类是能够满足人们的非物质性需要的生产活动,即服务的生产。服务的生产是无形的。例如,物流活动能创造把货物或人从一个地方运往另一个地方,产生空间效用;流通经销商将商品转售给消费者,公园、影剧院和文化娱乐场所提供消费者的休闲娱乐的使用功能。所有诸如此类的活动,都是生产活动。

判断生产活动的标准,要从支付体力或脑力活动的目的出发,而不能从支付体力或脑力活动本身的形式出发。同一形式的活动,由于目的不同,可以是生产活动,也可以不是生产活动。例如,人们利用业余时间,打球锻炼身体,并不是一种生产活动,而美国的职业球星为出售门票举行的球赛,则为生产活动。由于服务的计算非常抽象和复杂,而且很不容易精确量化,因而西方经济学在各种理论讨论中,一般以商品生产为例,但是其原理同样适用于服务。

任何生产均需要投入各种不同的生产要素。投入的生产要素,即人、财、物等资源的投入,在西方经济学中一般被划分为劳动、土地、资本和企业家才能四种类型。

（1）劳动,即劳动力提供的服务,可以分为脑力劳动和体力劳动。

（2）资本,这是指除土地以外的生产资料,通常表现为两种形态——实物形态和货币形态。前者包括厂房、设备、原材料等,后者包括现金和银行存款。

（3）土地,指生产中所使用的自然界所存在的各种自然资源,如土地、矿藏、森林、湖泊、海洋等。

（4）企业家才能,指企业家组织建立与经营企业的能力,把劳动、资本、土地组织起来进行生产的才能。

## 二、生产函数

生产过程就是从生产要素的投入到产品的过程。生产过程中生产要素的投入量和产品产量之间的关系,可以用生产函数来表示。生产函数表示在一定时期内,在技术水平不变的情况下,生产中能使用的各种生产要素的数量与所能生产的最大产量之间的关系。任何生产函数都以一定时间内的生产技术水平作为前提条件,一旦生产技术水平发生变化,原有的生产函数就会发生变化,从而形成新的生产函数。

生产函数可以写成以下的形式:

$$Q = f(L, K, N, E) \tag{4-1}$$

其中:$Q$ 为产量;$L$ 为劳动;$K$ 为资本;$N$ 为土地;$E$ 为企业家才能。该生产函数表示在既定的生产技术水平下,生产要素组合$(L, K, N, E)$在每一时期所能生产的最大产量为$Q$。

在经济学的分析中,为了简化分析,通常假定生产中只使用劳动和资本这两种生产要素。若以 $L$ 表示劳动投入量,以 $K$ 表示资本投入量,则生产函数简写为

$$Q = f(L, K) \tag{4-2}$$

生产函数表示生产中投入量和产出量之间的依存关系,这种关系普遍存在于各种生产过程之中。

## 三、柯布-道格拉斯生产函数

20 世纪 30 年代,美国经济学家柯布和道格拉斯根据 1899—1922 年美国的工业生产资料分析,研究资本和劳动这两种生产要素的投入和产出的关系,得出这一期间的美国制造业的生产函数,之后扩大应用于整个经济或任何一个领域。该生产函数的一般形式为

$$Q = AL^{\alpha}K^{1-\alpha} \tag{4-3}$$

其中:$Q$ 为产量;$L$ 和 $K$ 分别表示劳动和资本的投入量;$A$,$\alpha$ 为常数参数,$0 < \alpha < 1$。

柯布-道格拉斯生产函数计算出 $A$ 为 1.01,$\alpha$ 为 0.75,所以,柯布-道格拉斯生产函数可以具体简化为

$$Q = 1.01L^{0.75}K^{0.25} \tag{4-4}$$

该式说明,当资本投入量 $K$ 不变时,劳动投入量 $L$ 每增加 1%,产量将增加 1%的 0.75 倍。当劳动量 $L$ 不变时,资本的投入量 $K$ 每增加 1%,产量将增加 1%的 0.25 倍。劳动所作

出的贡献为全部产量的 3/4,资本为 1/4。这一结论与美国在同一时期工人的工资收入与资本收益之比大体相符。

对比生产函数,比较投入与产出的大小,可以看出技术水平的差距。

## 四、技术函数

生产不同的产品时,厂商所投入的各种生产要素的配合比例是不同的,为生产一定数量的某种产品所需要的各种生产要素的配合比例为技术系数。固定技术系数表明各种生产要素之间不可相互替代。这种固定技术系数的生产函数称为固定配合比例生产函数,如果生产某种产品所需要的各种生产要素的配合比例是可以改变的,这种技术系数称可变技术系数。可变技术系数表明各种生产要素之间是可能相互替代的。这种可变技术系数的生产函数称为可变配合比例生产函数。

一般而言,技术系数是可变的。例如,在农业中可以多用劳动,少用土地集约式经营,也可以少用劳动,多用土地进行粗放式经营;在工业中有劳动密集型、技术与资本密集型之分。在生产理论中研究的主要是技术系数可变的情况。

## 任务二　短期、长期生产理论

## 一、短期与长期生产理论概述

短期与长期生产理论是影响厂商决策的前提。在生产中短期与长期不是时间的长短,而是就生产要素是否可变而言。

### (一) 短期与长期的含义

短期是企业不能调整所有生产要素的投入期。只要有一种生产要素不变就是短期;如果所有的生产要素都变化就是长期。如果企业生产的产品供不应求,作为企业老板应该在最短的时间作出反应,购买生产所用的材料、燃料,并延长工人劳动时间,这就是短期的含义;如果产品连续几个月始终保持供不应求的局面,精明的老板应做出扩大生产规模的决策,购买生产该产品的机器设备,甚至建立分厂,同时要增加管理人员。生产规模扩大了还需要增加原材料、燃料,增加工人,即在长期中企业能够调整一切生产要素。

由于行业不同,决定了不同厂商的短期和长期时间长度不同。如服装厂购买缝纫机是长期行为,钢铁厂购买焦炭是短期行为,但服装厂比钢铁厂所用的时间要短。

### (二) 不变投入与可变投入

在短期与长期划分的基础上,相应地把投入要素划分为不变投入和可变投入两类。

不变投入是指在所考察的时期内其数量不能改变的生产要素。不管产量如何变动,固定投入的数量是不变的,如工业生产中所使用的厂房、机器、设备,农业生产中使用的土地、水利设施等,与生产中的长期相对应。

可变投入是指在考察的时期内其数量可以改变的投入要素。如当产量变化时,工业生产中所使用的工人的数量、原材料、燃料等的投入,农业生产中的劳动、所用的化肥数量等的投入都会发生变化,与生产中的短期相对应。

微观经济学通常以一种可变生产要素的生产函数考察短期生产理论,以两种或多种可变生产要素的生产函数考察长期生产理论。

## 课堂案例

据悉,海尔自 2012 年 12 月完成对新西兰当地市场最大家电品牌斐雪派克的收购后,斐雪派克新西兰研发中心(达尼丁、奥克兰)便成了海尔在全球布局的五大研发中心之一。作为全球顶级的创新家电品牌,斐雪派克新西兰研发中心定位于成为当地一流研发资源和用户资源的接口平台,其以突破性创新和延续性创新支撑着海尔家电全球引领战略的落地。从现阶段来看,新西兰研发中心承担着海尔及斐雪派克众多家电品类的研发工作。其中,奥克兰研发中心主要负责冰箱、洗衣机等产品的研发,达尼丁研发中心则负责厨电产品的研发。而随着斐雪派克和海尔协同效应的提升,其研发项目快速增多,整个研发中心也持续发生着迭代升级。奥克兰研发中心占地 5000 平方米,不仅包含研发工作区域,也包含社交厨房体验区和实验室、模型制造车间,在加强了产品研发和测试能力的同时,奥克兰研发中心在用户体验的关联性上也获得了大幅度提升。可以说,如今的新西兰研发中心已经成为海尔在全球范围内的重要科研阵地。而在具备领先的延续性和颠覆性的研发能力及团队的推动下,新西兰研发中心正实现着海尔及斐雪派克双品牌在澳洲、新西兰主要渠道的差异化布局。双品牌的战略进一步提升了海尔在全球的运营能力,同时也让斐雪派克在市场表现方面焕发出全新活力并实现持续引领。

(资料来源:海尔官网,www. haier. net)

## 二、短期生产函数——一种可变生产要素的生产函数

### (一) 一种可变生产要素的生产函数

假设只有一种要素的投入是变动的,其余要素的投入是固定不变的。这一假定表明我们所进行的是一种短期分析。如果用 $K$ 表示固定的资本投入量,用 $L$ 表示可变的劳动投入量,则生产函数可以写成

$$Q = f(L, K) \qquad (4\text{-}5)$$

这就是通常采用的一种可变要素的生产函数的形式,它也被称为短期生产函数。

### (二) 总产量、平均产量和边际产量

▶ 1. 总产量、平均产量和边际产量的含义

短期生产函数表示在资本投入量固定时,由劳动投入量变化所带来的最大产量变化。

由此,人们可以得到劳动的总产量、劳动的平均产量和劳动的边际产量这三个概念。总产量、平均产量和边际产量的英文简写分别是 $\mathrm{TP_L}$、$\mathrm{AP_L}$ 和 $\mathrm{MP_L}$。

劳动的总产量 $\mathrm{TP_L}$ 是指与一定的可变要素的投入量相应的最大产量。其定义公式为

$$\mathrm{TP_L} = f(L, K) \tag{4-6}$$

劳动的平均产量 $\mathrm{AP_L}$ 是指总产量和所使用的可变要素劳动的投入量之比。其定义公式为

$$\mathrm{AP_L} = \frac{\mathrm{TP_L}(L, K)}{L} \tag{4-7}$$

劳动的边际产量 $\mathrm{MP_L}$ 是增加一单位可变要素劳动投入量所增加的产量。其定义式为

$$\mathrm{MP_L} = \frac{\Delta \mathrm{TP_L}(L, K)}{\Delta L} \tag{4-8}$$

类似地,对于生产函数来说也是在劳动投入量固定时,由资本投入量变化所带来的最大产量的变化。由此生产函数可以得到相应的资本的总产量、资本的平均产量和资本的边际产量,它的定义公式分别为

$$\mathrm{TP_K} = f(L, K) \tag{4-9}$$

$$\mathrm{AP_K} = \frac{\mathrm{TP_K}(L, K)}{K} \tag{4-10}$$

$$\mathrm{MP_K} = \frac{\Delta \mathrm{TP_K}(L, K)}{\Delta K} \tag{4-11}$$

▶ **2. 总产量、平均产量和边际产量的关系**

根据式(4-8),可以编制一种可变生产要素的生产函数的总产量、平均产量和边际产量,如表 4-1 所示。

表 4-1　一种可变生产要素生产函数的总产量、平均产量和边际产量

| 资本($K$) | 劳动($L$) | 劳动总产量($\mathrm{TP_L}$) | 劳动平均产量($\mathrm{AP_L}$) | 劳动边际产量($\mathrm{MP_L}$) |
|---|---|---|---|---|
| 12 | 0 | 0 | — | — |
| 12 | 1 | 50 | 50 | 50 |
| 12 | 2 | 150 | 75 | 100 |
| 12 | 3 | 300 | 100 | 150 |
| 12 | 4 | 400 | 100 | 100 |
| 12 | 5 | 480 | 96 | 80 |
| 12 | 6 | 540 | 90 | 60 |
| 12 | 7 | 580 | 83 | 40 |
| 12 | 8 | 610 | 76 | 30 |
| 12 | 9 | 610 | 68 | 0 |
| 12 | 10 | 580 | 58 | −30 |

根据表 4-1 的数值可以转换为总产量、平均产量和边际产量三种曲线,如图 4-1 所示。

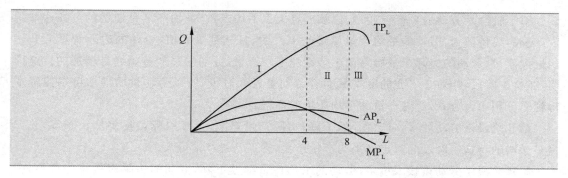

图 4-1　总产量曲线、平均产量曲线和边际产量曲线的关系

图 4-1 中,横轴表示可变要素劳动投入数量 $L$,纵轴表示总产量、平均产量、边际产量,三条曲线分别表示随劳动投入量变动的总产量、平均产量和边际产量变动的趋势。

根据图 4-1 可以从以下三个方面加以分析。

(1)总产量曲线、平均产量曲线和边际产量曲线的基本形状。在资本量不变的情况下,随着劳动量的增加,最初总产量曲线、平均产量曲线和边际产量曲线都是向右上方倾斜,然后向右下方倾斜。表明在开始阶段,不变的生产要素没有得到充分利用,这时增加可变生产要素,可以使不变的生产要素得到充分利用。随着可变生产要素进一步增加,首先边际产量开始递减,然后平均产量曲线开始递减,随后总产量曲线开始递减,这表明不变的生产要素接近充分利用或已经得到充分利用。

(2)总产量曲线和边际产量曲线的关系。当边际产量大于零时,总产量是递增的;当边际产量等于零时,总产量达到最大;当边际产量小于零时,总产量是递减的。

(3)平均产量曲线和边际产量曲线。当边际产量大于平均产量时,平均产量递增;当边际产量小于平均产量时,平均产量递减;当边际产量等于平均产量时,平均产量最大,即平均产量曲线和边际产量曲线相交于平均产量曲线的最高点。

此外,由于在可变要素劳动投入量的变化过程中,边际产量的变动相对于平均产量的变动而言要更敏感一些,所以,不管是增加还是减少,边际产量的变动都快于平均产量的变动。

(三)生产要素的合理投入

为了确定劳动这种可变生产要素的合理投入,可根据图 4-2 的总产量曲线、平均产量曲线和边际产量曲线的变化把生产分为三个阶段。

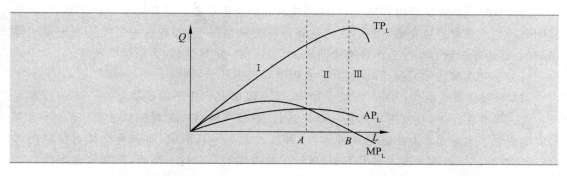

图 4-2　总产量曲线、平均产量曲线和边际产量曲线划分的三个生产阶段

第Ⅰ阶段是劳动的总产量递增,边际产量大于平均产量,平均产量是递增的。在这一阶段产量曲线特征为:劳动的平均产量始终是上升的,且达到最大值,劳动的边际产量上升达到最大值,且劳动的边际产量始终大于劳动的平均产量,劳动的总产量始终是增加的。这说明,在这一阶段,相对于不变的资本量而言劳动量投入过少,所以劳动量的增加可以使资本得到充分利用,从而引起总产量和平均产量的递增。

第Ⅱ阶段是劳动的平均产量开始下降,边际产量递减,由于边际产量仍然大于零,总产量是递增的。这一阶段的起点处平均产量最大,终点处总产量最大。

第Ⅲ阶段是劳动量投入过多,劳动的平均产量继续下降,劳动的边际产量将为负值,劳动的总产量也呈现下降的趋势。这说明在这一阶段,可变要素劳动的投入量相对过多,生产者减少可变要素的投入量是有利的,因此,这时即使劳动要素是充分供给的,理性的生产者也会通过减少劳动投入量来增加总产量,以摆脱劳动的边际产量为负值和总产值下降的局面,并退回到第Ⅱ阶段。

由此可见,任何理性的生产者不会将生产停留在第Ⅰ阶段,也不会将生产扩张到第Ⅲ阶段,所以,只能在第Ⅱ阶段进行。在生产的第Ⅱ阶段,生产者可以得到由于第Ⅰ阶段增加可变要素投入所带来的全部好处,又可以避免可变要素投入增加到第Ⅲ阶段而带来的不利影响。因此,第Ⅱ阶段是生产者进行短期生产的合理投入区间。在第Ⅱ阶段的起点处,劳动的平均产量曲线和劳动的边际产量曲线相交,即劳动的平均产量达到最高值。第Ⅱ阶段的终点处,劳动的边际产量曲线与水平轴相交即劳动的边际产量等于零。至于在生产的第Ⅱ阶段,生产者所应选择的劳动投入量究竟在哪一点,这一问题还有待于结合成本、收益和利润来进行深入的分析。

### (四) 边际报酬递减规律

由表 4-1 和图 4-1 可以清楚地看到,对一种可变生产要素的生产函数来说,边际产量表现出先上升而最终下降的特征,这一特征被称为边际报酬递减规律。

西方经济学者指出,生产中普遍存在这种现象:在技术水平不变的条件下,连续等量地把某一种可变生产要素投入到其他一种或几种数量不变的生产要素的过程中,当这种可变生产要素的投入量小于某一特定值,增加该要素投入所带来的边际产量呈递增趋势,当这种可变要素投入量大于某一特定值时,增加该要素投入所带来的边际产量是递减的,这就是边际报酬递减规律。

边际报酬递减规律可以表述为,用两种或两种以上生产要素结合生产一种产品时,如果其中一种生产要素是可变的,那么,在其他条件不变的情况下,随着这一可变要素连续地等量增加,其边际产量开始时会出现递增的现象,但达到一定数量后,会呈递减现象。

在分析和理解边际报酬递减规律时,必须明确以下几个问题:

(1)该规律是短期生产的一条基本规律,这一规律发生作用的前提是生产中的技术水平不变。即在生产中,技术进步总是间歇式进行的,只有经过一定时期的准备以后,才会有重大的进展。无论是农业中还是工业中,一种技术水平一旦形成,总会有个相对稳定的时期,这一时期就可以称为技术水平不变,离开了技术水平不变这一前提,则边际报酬递减规律就不能成立。

（2）边际报酬递减规律强调的是，在其他要素投入量不变时，一种要素增加所引起的边际产量的变动经历了由递增到递减的过程。开始阶段，随着可变要素的增加，边际产量递增；可变要素的增加超过一定量时，边际产量开始递减。在图 4-1 中，边际产量曲线先向右上方倾斜，再向右下方倾斜，说明在生产技术水平一定的条件下，使用一种生产要素的数量并不是越多越好，而是有一个合理的范围。

（3）边际报酬递减规律是从社会生产实践中总结出来的，在现实生活中的绝大多数生产过程中都是适用的。

### 课堂案例

边际报酬递减规律是从科学实验和生产实践中总结出来的，在农业生产中的作用最为明显。早在 1771 年，英国农学家 A. 杨格就以在相同的地块上施用不同量的肥料做实验，说明在其他耕作条件完全相同的情况下，肥料使用量与产量之间存在边际报酬递减的现象。以后，大量生产实践都证明了这一规律的存在。

在我国 1958 年的"大跃进"中，当时时髦的口号是"人有多大胆，地有多大产"，于是一些地方把传统的两季稻改为三季稻，结果总产量反而减少了。在农业生产仍然采用传统生产技术的情况下，土地、设备、水力资源、肥料等都是固定生产要素，两季稻改为三季稻并没有改变这些固定生产要素，只是增加了可变生产要素——劳动和种子。两季稻是农民长期生产经验的总结，它行之有效，说明在传统农业技术条件下，固定生产要素已经得到了充分利用。改为三季稻以后，土地过度利用引起肥力下降，设备、水力资源、肥料等由于两次使用改为三次使用，每次用量都不足。这样，三季稻的总产量就低于两季稻了。

江苏省 1980 年的实验结果表明，两季稻每亩总产量达 1007 公斤，而三季稻只有 755 公斤，更不用说两季稻还节省了生产成本。群众总结的经验是"三三见九，不如二五一十"。

（资料来源：梁小民. 微观经济学纵横谈. 第 1 版. 北京：三联书店，2000）

## 三、长期生产函数——两种可变生产要素的生产函数

两种可变生产要素的最佳组合，是研究生产者如何把既定的成本分配于两种生产要素的购买与生产上，以达到利润的最大化。研究两种可变生产要素的最佳组合，采用等产量曲线分析法。

### （一）两种可变生产要素的生产函数

在长期内，所有的生产要素的投入量都是可变的，多种可变生产要素的长期生产函数可写为

$$Q = f(X_1, X_2, \cdots, X_n) \tag{4-12}$$

其中：$Q$ 为产量；$X_1, X_2, X_3, \cdots, X_n$ 为第 $1,2,3,\cdots,n$ 种可变生产要素的投入量。该生产函数表示长期内，在技术水平不变的条件下，由几种可变生产要素投入量的一定组合所能生产的最大量。

在生产理论中，为了简化分析，通常以两种可变生产要素的生产函数来考察长期生产的问题，假定生产使用劳动和资本两种可变生产要素生产一种产品，则两种可变生产要素的长期生产函数可以写为

$$Q = f(L, K) \tag{4-13}$$

其中：$L$ 为可变要素劳动的投入量；$K$ 为可变要素资本的投入量；$Q$ 为产量。

### (二) 等产量曲线

等产量曲线是用来表示在一定技术条件下,生产等量产品的两种能相互替代的可变生产要素的所有可能的投入量的组合。例如,假定有劳动和资本两种生产要素,它们生产等量产品的可能组合如表 4-2 所示。根据表中的数字,可以作出图 4-3。纵轴表示资本投入量 $K$,横轴表示劳动投入量 $L$,$Q$ 表示等产量线。图 4-3 中的等产量曲线表明,这两种生产要素是可以替代的,例如,多用资本少用劳动,或多用劳动少用资本,仍可以得到相等数量的产品。

表 4-2    生产等量产品的两种生产要素的组合

| 组合方式 | 劳动投入量($L$) | 资本投入量($K$) | 产量($Q$) |
| --- | --- | --- | --- |
| A | 1 | 6 | 50 |
| B | 2 | 3 | 50 |
| C | 3 | 2 | 50 |
| D | 6 | 1 | 50 |

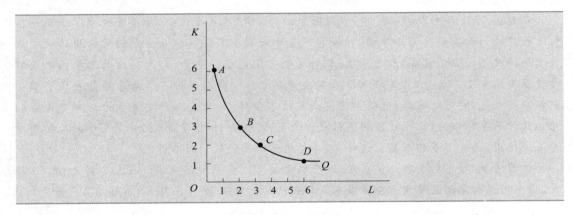

图 4-3    等产量曲线

等产量曲线具有如下四个特征:

（1）在同一平面图上,可以有无数条等产量曲线。不同的等产量曲线代表不同的产量水平,离原点越远的等产量曲线表示的产量越大。如图 4-4 所示,从左至右,产量逐渐加大。

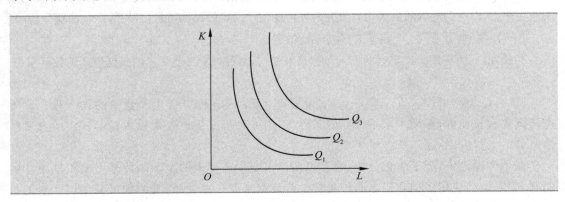

图 4-4    不同产量水平的等产量曲线

（2）等产量曲线通常向右下方倾斜，其斜率为负。因为要保持产量不变，在合理的投入范围内，增加一种要素的投入量就必须相应地减少另一种要素的投入量，两种要素组合是有效的，否则就说明这一点所代表的要素组合是无效的。

（3）在同一平面图上，任意两条等产量曲线不能相交。因为两条等产量曲线的交点必然是两种投入的同一组合，即相同的产量，而这显然与不同的等产量曲线代表不同的产量矛盾。

（4）等产量曲线通常凸向原点。在保持产量不变的条件下，随着劳动这一要素的连续增加，等产量曲线斜率的绝对值是递减的。这是由边际技术替代率递减决定的。

实际生产中，如果两种要素替代程度不同，那么它们的等产量曲线的形状也不同。可以出现三种情况：第一，如果两种生产要素是完全替代品，等产量线将是一条直线；第二，如果两种生产要素是很好的替代品，等产量曲线就稍有弯曲；第三，如果两种生产要素中能以一个固定的比例进行生产，换言之，生产要素完全无法替代，那么等产量线就成直角。

如图 4-5 中，有三条不同的等产量曲线，分别表示能够生产 50、100、150 单位产量的各种劳动和资本的组合。

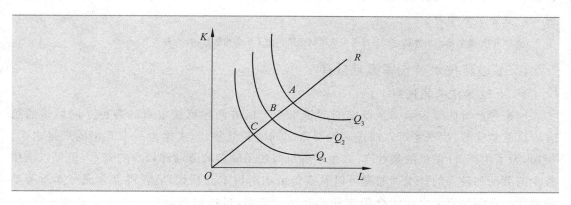

**图 4-5　三种不同产量水平的等产量曲线比较**

此外，由等产量曲线图坐标原点出发，引出的一条射线 $R$ 代表两种可变要素投入量的比例固定不变情况下的所有组合方式，射线的斜率就等于这一固定的两种要素投入的比例。例如：在 $OR$ 射线上的 $C$、$B$ 和 $A$ 三点上，50 单位、100 单位和 150 单位的产量都是以固定的投入比例生产出来的。从原点沿一条既定的射线移动，随着产量水平的不断提高，两种要素投入的绝对数量是不断增加的，但两要素的投入数量比例是固定不变的，要注意区别这种射线和等产量曲线之间的差别：一条这样的射线表示要素投入数量的不变比例的组合与可变的产量之间的关系，一条等产量曲线表示不变的产量水平和要素投入数量的可变比例的组合之间的关系。

### 课堂案例

20 世纪 70 年代前期，国际汽车市场疲软，意大利最大的汽车制造企业菲亚特汽车公司内部连出管理问题，公司连年亏损，在世界汽车生产商的排名榜上接连下跌。此时，菲亚特集团的决策层中有不少人力主甩掉汽车公司这个沉重的大包袱。危机之下，1979 年，曾一手打造菲亚特辉煌的公司董事长贾尼·阿涅利任命 47 岁的维托雷·吉德拉出任菲亚特汽车公司总经理。吉德拉动手果断、快速,他关闭了国内的几家汽车分厂,淘汰冗员。并对菲亚特汽车公司数量众多、效率低下入不敷出的海外分支机构进行调整,停止在北美销售汽车,还砍掉了设在南非的分厂和设在南美的大多数经营机构。同时,吉德拉大量采用新工艺、新技术,利用计算机和机器人来设计和制造汽车。借助计算机的分析,汽车的部件设计和性能得到了充分改进,更为科学和合理化,劳动效率也随之提高。新工艺、新技术的采用带来的另一个结果是公司的汽车品种和型号大大丰富,更新换代的速度大大加快,这就增强了菲亚特汽车的市场竞争能力。吉德拉又对公司的汽车销售代理制度进行改革,规定:"凡是经销菲亚特公司汽车的经销商,必须在出售汽车之前垫付一定的金额,否则不予供货。"虽有近三分之一的经销商退出了代理,但公司并没有因此而影响自己的市场份额,而且由于产品的技术含量增加,每个经销商每月可以销售的汽车数量都较先前有所增加。

吉德拉的"三板斧"改革,干净彻底,正如他本人所说:"凡是没有必要的,就把它摈弃。"菲亚特公司开始步入正轨,焕发出新的活力。吉德拉的"三板斧"被专家们称为"吉德拉法则",广被企业家学习。

(资料来源:曹红颖.《世界名企渡过难关经典案例全集》,电子工业出版社,2009 年 8 月)

## (三) 边际技术替代率递减规律

▶ 1. 边际技术替代率

一条等产量曲线表示一个既定的产量水平可以有两种可变要素的各种不同数量的组合。这就意味着,生产者可以通过两种要素之间的相互替代,来维持一个既定的产量水平。例如,为了生产 50 单位的某种产品,生产者可以使用较多的劳动和较少的资本,也可以使用较少的劳动和较多的资本。前者可以看成是劳动对资本的替代,后者可以看成资本对劳动的替代。在两种要素之间组合的这种相互替代关系,可以用边际技术替代率概念来解释。在维持产量水平不变的条件下,增加一单位某种生产要素投入量与所减少的另一种生产要素的投入量的比率被称为边际技术替代率。边际技术替代率的英文缩写为 MRTS。劳动对资本的边际技术替代率的定义公式为

$$\text{MRTS}_{LK} = -\frac{\Delta K}{\Delta L} \tag{4-14}$$

式中,$\Delta K$ 和 $\Delta L$ 分别为资本投入量的变化量和劳动投入量的变化量。公式中加一个负号是为了使 MRTS 值在一般情况下为正值,以便于比较。在图 4-5 中,当生产 50 单位产量的要素组合由 $C$ 点变为 $B$ 点时,劳动对资本的边际技术替代率等于资本投入的减少量与劳动投入的增加量之比。即

$$\text{MRTS}_{LK} = \frac{K_2 - K_1}{L_2 - L_1} = \frac{\Delta K}{\Delta L} \tag{4-15}$$

当图中的 $C$ 点沿着既定的等产量曲线的变动为无穷小时,即 $\Delta L \rightarrow 0$,则相应的边际技术替代率公式为

$$\text{MRTS}_{LK} = \lim_{\Delta L \to 0} \left(\frac{\Delta K}{\Delta L}\right) = -\frac{\text{d}K}{\text{d}L} \tag{4-16}$$

显然等产量曲线上某一点的边际技术替代率,就是等产量曲线在该点斜率的绝对值。

假定资本和劳动的边际产量分别为 $\mathrm{MP_K}$ 和 $\mathrm{MP_L}$,那么,减少资本投入所减少的产量等于 $\Delta K \cdot \mathrm{MP_K}$,增加劳动投入所增加的产量等于 $\Delta L \cdot \mathrm{MP_L}$。

两者相等即为

$$\Delta K \cdot \mathrm{MP_K} = \Delta L \cdot \mathrm{MP_L} \tag{4-17}$$

$$\frac{\Delta K}{\Delta L} = \frac{\mathrm{MP_L}}{\mathrm{MP_K}} \tag{4-18}$$

因此

$$\mathrm{MRTS_{LK}} = -\frac{\Delta K}{\Delta L} = \frac{\mathrm{MP_L}}{\mathrm{MP_K}} \tag{4-19}$$

可见,边际技术替代率可以表示为两种要素边际产量之比。

▶ **2. 边际技术替代率递减规律**

在两种生产要素相互替代的过程中,普遍地存在这种现象,即在维持产量不变的前提下,当一种生产要素的投入量不断增加时,每一单位的这种生产要素所能替代的另一种生产要素的数量是递减的。这一现象被称为边际技术替代率递减规律。

边际技术替代率递减的主要原因在于,任何一种产品的生产技术要求各要素投入之间的适当比例,这意味着要素之间替代是有限的。简单地说,以劳动和资本两种要素投入为例,在劳动投入量很少和资本投入量很多的情况下,减少一些资本投入量可以很容易通过增加劳动投入量来弥补,以维持原有的产量水平,即劳动对资本的替代很容易。但是在劳动投入增加到相当多的数量和资本投入量减少到相当少的情况下,再用劳动去替代资本,那将是很困难的了。

### (四)最优投入组合

生产要素最佳组合也称生产者均衡,是指在既定产量目标下使成本最小或在既定成本条件下使产量最大时,两种生产要素的配合比例。只有实现要素的最佳组合,才能实现利润的最大化,如果其他条件不变,生产者就不愿意再改变两种生产要素的配合比例。在等产量曲线图中加入成本曲线,可以确定最佳的生产要素组合结果。在图 4-6 中,生产要素的最佳组合就是指等产量曲线和等成本曲线的相切点。

▶ **1. 成本一定产量最大的生产要素组合**

如图 4-6(a)所示,由于成本一定,图中只有一条等成本曲线 $AB$,在三条等产量曲线中,$Q_3$ 代表的产量水平最高。但由于既定的较低成本水平,无法生产 $Q_3$ 所代表的产量水平。曲线 $Q_1$ 代表的产量水平最低,虽然与等成本曲线有两个交点,但不是既定成本下的最大产量。$AB$ 与 $Q_2$ 有一个切点 $E$,说明既定成本支出条件下既可以采取 $A$ 和 $B$ 所代表的产量水平 $Q_1$,也可以采取 $E$ 点所代表的产量水平 $Q_2$。由于 $Q_2$ 代表的产量水平大于 $Q_1$,所以,在既定成本的条件下,企业按照 $E$ 点的要素组合进行生产,就可以取得产量最大的结果。

▶ **2. 产量一定成本最小的生产要素组合**

如图 4-6(b)所示,由于产量一定,只有一条等产量曲线,图中有三条等成本曲线,$C_1$ 成本最小,$C_3$ 成本最大。生产同样的产量,厂商既可以选择两个交点 $A$ 和 $B$ 的要素组合结果,也可以选择等成本曲线 $C_2$ 代表的成本水平,使用等产量曲线与 $C_2$ 的切点 $E$ 所对应的两种生产要素组合。很显然只有 E 点所代表的劳动与资本的组合,才是厂商的生产均衡点。因为等成本曲线向上移动,总成本将增加,不符合最小成本原则;等成本曲线向下移动,则生产不出既定的产量。所以与等产量曲线相切的等成本曲线 $C_2$ 是既定产量下的最小成本,切点 E 处表示的两种生产要素组合是用最小成本生产出既定产量的最优组合。

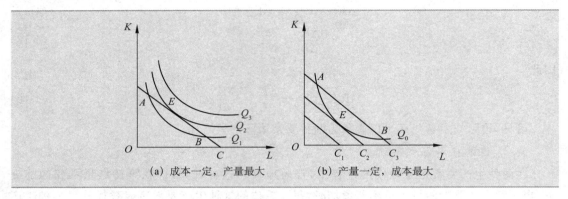

(a) 成本一定,产量最大  (b) 产量一定,成本最大

**图 4-6　两种生产要素的最佳组合**

▶ 3. 生产规模扩展线和规模报酬分析

分析生产规模可变动的情况,就是分析生产要素同时增加或减少时产量的变动情况。如果两种生产要素价格不变,当厂商总成本增加时,等成本曲线向右上方移动。当厂商产量增加时,等产量曲线也会向右上方移动,这些不同的等产量曲线将与不同的等成本曲线相切,形成一系列不同的生产要素最佳组合点,将这些点连接起来形成的曲线称为生产扩展线,如图 4-7 中 N 所示。

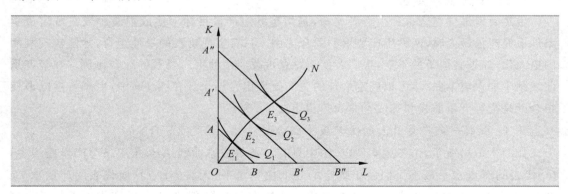

**图 4-7　生产扩展线**

图中分别代表三个生产厂商的等成本曲线和代表三条不同水平的等产量曲线相切于点 $E_1$、$E_2$、$E_3$。这些切点是厂商在不同总成本下的两种生产要素的最优组合点,把这些切点连接起来就是生产扩展线。它表明在生产要素价格不变的情况下,每一种生产规模的要素最优组合。厂商沿着这条扩展线扩大生产,可以始终实现生产要素的最优组合,从而使生产规模沿着最有利的方向扩大。

# 任务三 规模经济

## 一、规模经济的含义

规模经济,也称规模报酬,是指因为生产规模变动而引起的产量变动,即资本和劳动两种要素按同方向、同比例变动时所引起的产量变动。根据投入变动与产量变动之间的关系,把规模经济的变动划分为规模经济递增、规模经济不变和规模经济递减三种类型。

(1)规模经济递增,即产量增加的比例大于投入要素增加的比例。例如,投入要素增加一倍,产量增加一倍以上。西方经济学中称这种情况为规模经济,即厂商采用一定生产规模而获得的经济利益。

(2)规模经济不变,即产量增加的比例等于要素投入增加的比例。例如,投入要素增加一倍,产量也增加一倍。

(3)规模经济递减,即产量增加的比例小于要素投入增加的比例。例如,投入要素增加一倍,产量增加小于一倍。西方经济学中称这种情况为规模不经济,即由于生产规模过大,造成管理效率降低,要素价格和销售费用增加,导致规模经济递减。

可以用图 4-8 中 OA、OB、OC 三条线来分别表示规模经济递增、规模经济不变和规模经济递减。

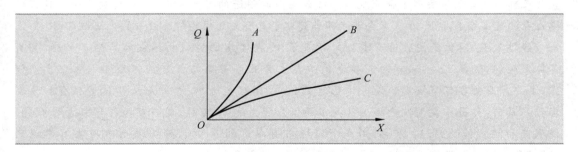

**图 4-8　规模经济的三种情况**

图 4-8 中,横轴表示生产要素投入量,纵轴表示产量,三条曲线分别代表不同的规模经济。规模经济递增的原因主要有两个:一是生产的专业化效率;二是投入某些要素的不可分性。

生产规模扩大,有利于进行专业分工,从而提高生产效率。专业化效率也会体现在资本设备上,当厂商扩大生产规模时,可以用效率更高的专业化设备来取代非专业化的低效率设备。有些生产要素具有不可分性,只有当生产量达到一定规模时,才能使其效率充分发挥。当生产规模很小时,就不能发挥它应有的效率。此外,大规模生产的效益,也会在广告、研究费用等方面表现出来。

当生产规模扩大到生产专业化的优势得到充分利用、生产要素的效率得到充分发挥的时候,规模收益就会进入不变阶段。如果生产规模继续扩大,那么,到一定程度后,规模收益就会递减。其原因是厂商的生产规模过大,造成管理效率降低以及要素价格和销售费用的增加。

规模经济的标志是平均成本随着产量的增加而降低,因此规模经济是实现利润最大化目标的重要手段之一,其前提条件是扩大规模后的产量能够销售出去。在长期中企业调整各种生产要素时,要实现适度规模。适度规模就是使两种生产要素的增加,即生产规模的扩大正好使收益递增到最大。当收益递增到最大时就不再增加生产要素,并使这一生产规模维持下去。

## ♥ 课堂案例

地处环渤海经济圈、三大经济区接合部的滨化集团股份有限公司,现有注册资本3.3亿元,总资产36.30亿元,员工2288人,旗下拥有11家子公司,其中全资公司6家,控股公司3家,参股公司2家,主要产品有环氧丙烷、烧碱系列产品、油田助剂和精细化学品等。

滨化集团股份有限公司是在建于70年代的小型化工基础上发展起来的一个新型化工企业。企业成立初,依靠当地的资源优势建起了氯碱化工、石油化工和精细化工等几套生产装置,并在此基础上,探索完成了产品间相互关联又各具优势的行业经济基础建设。在1994年成品油市场低迷、1996年氯碱市场过度饱和的情况下,在企业稳定的配套产业经济生产系统的相互拉动下,企业得到了迅速发展。1997年,亚洲金融危机所造成的买方市场经济大环境下,企业领导者适时调整决策,联合中国海洋石油公司成立了中海沥青公司,拉动了企业石化行业的高速发展,联合天津石化,带动了氯碱和精细化工产业的发展,逐步走上了规模经济之路。企业正确的战略决策决定了企业规模经济效益与时俱进的飞速发展,逐步突破了企业建设初期自身的范围经济局限,在多家企业之间构建起了具有更大规模经济效益的产业链范围。

经过发展,滨化集团股份有限公司具有了40年丰富的烧碱和环氧丙烷生产经验,拥有了环氧丙烷、三氯乙烯、油田助剂和烧碱四大主营业务格局的良好循环经济一体化生产模式,主要产业链各环节技术和设备均已达到国内、国际先进水平,并形成了诸多独有的技术优势。目前,公司环氧丙烷产品生产及市场供应能力达16万吨,国内市场占有率达到25%,烧碱产品生产能力达42万吨,山东省市场占有率达到6.8%,油田助剂市场占有率达到30%,是全国最大的环氧丙烷、油田助剂供应商,也是国内重要的烧碱产品生产商。

(资料来源:刘同顺. 滨化集团——关于范围经济与规模经济的小化工发展案例. 大连理工大学出版社,2002. http://cdmd.cnki.com.cn/Article/CDMD-10141-2003061058.htm)

## 二、内在经济与内在不经济

生产规模的扩大之所以会引起产量或收益的不同变动,可以用内在经济与内在不经济来解释。内在经济是指厂商在扩大生产规模时由于自身所引起的产量或收益的增加。引起内在经济的原因主要有以下几种:第一,可以使用更加先进的机器设备。当生产规模较小时,无法购买先进的大型设备,即使购买了也无法充分发挥效用,只有在大规模生产中,大型的先进设备才能充分发挥其作用,使产量实现更大幅度的增加。第二,可以实行专业生产。

在大规模的生产中,专业可以分得更细,分工会更细,这样有利于提高生产效率。第三,可以提高管理效率,各种规模的生产者都需要配置必要的管理人员,在生产规模较小时,这些管理人员无法得到充分利用,在生产规模扩大时,可以在不增加管理人员的情况下增加生产,从而就提高了管理效率。第四,可以对副产品进行综合利用。在小规模生产中,大多副产品往往被作为废物处理,而在大规模生产中,就可以对这些副产品进行再加工,做到"变废为宝"。此外,再生产要素的购买对产品的销售方面也会更加有利。大规模生产带来的这些好处,在经济上也称为"规模生产的经济性"。

内在不经济是指厂商由于本身生产规模过大引起的产量或收益的减少。引起内在不经济的原因主要是:第一,管理效率的降低。生产规模过大则会使管理机构由于庞大而不灵活,管理上出现各种漏洞,从而使产量和收益反而减少。第二,生产要素价格与销售费用增加。生产是无限的,生产规模过大必然大幅度增加对生产要素的需求,从而使生产要素的价格上升。同时生产规模过大,产品大量增加,也增加了销售困难,需要增设更多的销售机构和人员,从而增加了销售费用,因此,生产规模并非越大越好。

## 三、外在经济与外在不经济

影响厂商产量与收益的不仅有它本身的生产规模,而且还有一个行业的生产规模。一个行业由生产同种产品的厂商组成,它的大小会影响其中每一个厂商的产量与收益。

整个行业生产规模的扩大,给个别厂商带来的产量与收益的增加称为外在经济。引起外在经济的原因是:个别厂商可以从整个行业的扩大中,得到更加方便的交通辅助设施、更多的信息与更好的人才,从而使产量与收益增加。但是,一个行业的生产规模过大,也会使个别厂商的产量与收益减少,这种情况称为外在不经济。引起外在不经济的原因是:一个行业过大会使各个厂商之间竞争更加激烈。各个厂商为争夺生产要素与产品的销售市场,必须付出更高的代价。此外,整个行业的扩大也会使市场环境逐步恶化,个别厂商要为此付出更高的代价。

## 四、适度规模

从以上分析来看,一个厂商和一个行业的生产规模不能过小,也不能过大,即要实现适度规模。

适度规模就是使各种生产要素的增加,即生产规模的扩大正好使收益递增达到最大。当产量与收益递增达到最大时就不再增加生产要素投入,并使这一生产规模维持下去。

对于不同行业的厂商来说,适度规模的大小是不同的,并没有统一的标准。在确定适度规模时应该考虑到的因素主要有:第一,本行业的技术特点。一般来说,需要投资量大,所用的设备复杂、先进的行业,适度规模也就大。例如,冶金、机械、汽车制造、化工等重工业厂商,生产规模越大经济效益越高。相反,需要投资量少,所用的设备比较简单的行业,适度规模也小。例如,服装、饮食、服务这类行业,生产规模小,能灵活地适应市场的需要变动,对于生产更有利,所以适度规模也就小。第二,市场条件。一般来说,市场需求量大而且标准化程度高的产品生产的厂商,其适度规模也应该大。相反,市场需求量小,而且标准化程度低的产品生产规模也应该小。

当然,在确定适度规模时要考虑到的因素很多。例如,在确定某一采矿企业的规模时还要考虑矿藏量的大小,其他如交通条件、能源供给、政府政策等,都是在确定适度规模时必须要考虑到的。

# 任务四　成本函数

## 课堂案例

2018 年中国外卖市场规模预计达 2 400 亿元,新零售时代,在线外卖市场商业模式更加多变,同时也不断催生新的商业运营模式。但是,从更加精细化的商业发展来看,在线外卖行业发展更加规划化、技术化、效率化和竞争化。随着市场容量的进一步扩大,线下零售资源被在线外卖平台瓜分后,新零售资源在平台竞争中更加激烈。在线外卖用户规模与市场交易规模逐年增大。2017 年,中国在线外卖用户规模达到 3.05 亿人,预计 2018 年将达到 3.55 亿人。随着在线外卖行业体量的进一步扩大,国家相关部门、行业部分协会以及平台自身会向着规范化、体系化方向发展。2017 年中国网络零售市场交易规模达 6.2 万亿元,预计 2018 年将达 7.6 万亿元。网络零售规模不断壮大,成为消费增长的重要因素。随着消费结构不断改善,居民消费从注重量的满足转向追求质的提升。在线外卖服务,在 2017 年被列入新增行业,正式成为网络零售总额统计中的一类服务,发展潜力较大。在线外卖市场竞争加剧,平台上着重从业务效率以及减少运营成本出发,借此增加平台实力。无人配送、大数据、人工智能等新兴技术成为在线外卖平台提升竞争力的关键。值得注意的是,在线外卖平台拓展速度加快,非餐饮类新零售也进一步开拓,用户对平台配送效率要求不断提高。各平台对无人配送技术、智能配单技术等投入加强,在线外卖平台配送效率有望进一步提升。创新商业模式将成平台竞争关键。一方面,用户对外卖服务需求明显,各平台竞争持续发力,因此商业模式就不断创新;另一方面,传统在线外卖盈利方式有待改善,才能紧跟时代步伐。

(资料来源:联商网,www.linkshop.com.cn)

厂商的生产成本通常被看成是厂商对所购买的生产要素的货币支出。然而,西方经济学者指出,在经济学的分析中,仅从这样的角度来理解成本的概念是不够的,为此,提出了机会成本、显成本和隐成本的概念。

## 一、机会成本

西方经济学者认为,经济学是要研究一个经济社会如何对稀缺的经济资源进行合理配置的问题。从经济资源的稀缺性这一前提出发,当一个社会或一个厂商用一定的经济资源生产一定数量的一种或几种产品时,这些经济资源就不能同时被使用在其他的生产用途方面。这就是说,这个社会或这个厂商所获得的一定数量的产品收入,是以放弃用同样的经济资源来生产其他产品时所获得的收入作为代价。由此,便产生了机会成本的概念。机会成本就是指把该资源投入某一特定用途以后,所放弃的在其他用途中可能获得的最大利益。只要资源是稀缺的,并且只要人们对于稀缺资源的使用进行选择,就必然会产生机会成本。例如,某人有 10 万元资金,可供选择的用途及各种用途可能获得的收入是:开商店获利 2 万元,开饭店获利 3 万元,炒股票获利 3.5 万元,进行期货投机获利 4 万元。如果某人选择把 10 万元用于期货投机,则放弃其他可供选择的用途是开商店、开饭店和炒股票。在所放弃的用途中,最好的用途是炒股票(可获利 3.5 万元)。所以,在选择进行期货投机时,机会成本就是炒股票。或者说,进行期货投机获利 4 万元的机会成本是所放弃的炒股票时可能获得的 3.5 万元。在西方经济学中,厂商的生产成本应该从机会成本角度去理解。

## 二、显成本和隐成本

厂商的生产成本可以分为显成本和隐成本两个部分。显成本是指厂商在生产要素市场上购买或租用所需要的生产要素的实际支出。它包括支付给员工的工资薪金、原料、燃料、动力和运输所支付的费用以及借入资本的利息。

与显成本相对的隐成本,是指厂商自己所拥有的且被用于该企业生产过程中的那些生产要素所必需的生产费用。为了进行生产,一个厂商除了雇用一定数量的工人,从银行取得一定数量的贷款和租用一定数量的土地外(这些均属于显成本支出),还动用了自己的资金和土地,并亲自管理企业。西方经济学者指出,既然借用了他人的资本需付利息,租用了他人的土地需付租金,聘用他人来管理企业需付薪金,那么,同样道理,当厂商使用了自有的生产要素时,也该得到报酬。所不同的是,现在厂商是自己向自己支付利息、地租和薪金,所以,这些费用就应该计入成本之中。由于这笔成本支出不如显成本那么明显,故被称为隐成本。

会计师从会计核算角度出发,一般只考虑显成本,显成本通常又称为会计成本。而经济学家从资源的有效配置出发,他们计量成本和收益为的是了解这样的配置是否有效率,是否还有更有效的配置方式。因此,他们不仅要考虑显成本还要考虑隐成本。

## 三、利润

在西方经济学中,利润分为经济利润和正常利润。正常利润是指厂商对自己所提供的企业家才能的报酬的支付,根据上面对隐成本的分析可知,正常利润是隐成本的一种组成部分。经济利润中不包括正常利润,所谓经济利润是指厂商的总收益和总成本之间的差额。厂商所追求的最大利润指的就是最大的经济利润。经济利润也被称为超额利润。

成本理论是建立在生产理论基础之上的。生产理论分为短期生产理论和长期生产理论,相应地,成本理论也分为短期成本理论和长期成本理论。

## 任务五　短期、长期成本分析

### 一、短期成本的类型

#### (一) 总固定成本、总可变成本和总成本

总固定成本指不随产量变动而变动的成本。例如,厂房和机器设备的折旧费、利息、财产税、管理人员的工资等。这些费用即使在停产的情况下,也必须支付。因为固定成本在短期内是不变的。在几何图形上,因为固定成本不随产量变动而变动,所以,总固定成本 TFC线表现为一条与横轴平行的线,如图 4-9 所示。

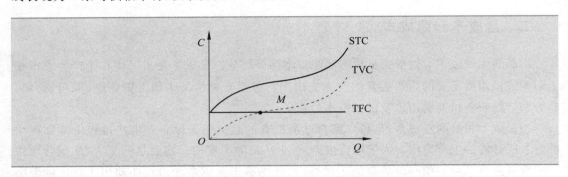

**图 4-9　总固定成本、总可变成本和总成本**

总可变成本指随产量变动而变动的成本。例如,原材料、燃料和动力支出,生产工人的工资等。当产量为零时,可变成本也为零。产量越多,可变成本越多,即可变成本是产量的递增函数。在几何图形上,总可变成本 TVC 线表现为一条自左下方向右上方上升的曲线。

总成本,它等于固定成本与可变成本之和,即 STC＝TFC＋TVC。在几何图形上,因为存在 TFC,STC 不能为零,STC 的起点是 TFC。所以,总成本 STC 线表现为一条从固定成本起由左下方向右上方上升的曲线。

#### (二) 平均成本

平均固定成本,指每单位产品需要支出的固定成本。公式为

$$AFC = \frac{TFC}{Q} \tag{4-20}$$

平均可变成本,指每单位产品需要支付的可变成本。公式为

$$AVC = \frac{TVC}{Q} \tag{4-21}$$

平均成本,指每单位产品需要支出的成本。公式为

$$AC = \frac{TC}{Q} \tag{4-22}$$

从上式可以得出：平均成本等于平均固定成本和平均可变成本之和。

## （三）边际成本

除了总成本、平均成本，成本理论中还有一个十分重要的概念，这就是边际成本。边际成本，指每增加一个单位的产量所引起的总成本的增量。用公式表示为

$$MC = \frac{\Delta TC}{\Delta Q} = \frac{dTC}{dQ} \tag{4-23}$$

由于在短期中，固定成本并不随产量变动而变动，所以，总成本的变动只是由可变成本的变动引起的，上式则可以写为

$$MC = \frac{\Delta TC}{\Delta Q} = \frac{dTC}{dQ} = \frac{d(TVC+TFC)}{dQ} = \frac{dVC}{dQ} \tag{4-24}$$

例如，一个民航公司用于飞机折旧维修费、管理人员的固定工资是固定成本，燃油费用是可变成本。这两者之和是短期成本。分摊到每个乘客的成本是平均成本，包括平均固定成本与平均可变成本，最后一个乘客增加的成本是边际成本。

## 二、各类短期成本的变动规律及其相互关系

为了说明各类短期成本及其相互关系，假设某厂商的短期成本如表 4-3 所示。

表 4-3 某厂商短期成本表

| 产量(Q) | 总成本(TC) | | | 平均成本(AC) | | | 边际成本(MC) |
|---|---|---|---|---|---|---|---|
| | TFC | TVC | STC | AFC | AVC | SAC | |
| 0 | 60 | 0 | 60 | — | — | — | — |
| 1 | 60 | 30 | 90 | 60 | 30.00 | 90.00 | 30 |
| 2 | 60 | 49 | 109 | 30 | 24.50 | 54.50 | 19 |
| 3 | 60 | 65 | 125 | 20 | 21.67 | 41.67 | 16 |
| 4 | 60 | 80 | 140 | 15 | 20.00 | 35.00 | 15 |
| 5 | 60 | 100 | 160 | 12 | 20.00 | 32.00 | 20 |
| 6 | 60 | 124 | 184 | 10 | 20.67 | 30.67 | 24 |

## （一）短期成本、固定成本和可变成本

从表 4-3 中的数据可以得到，固定成本是不随产量的增加而变动的，TFC 曲线的形状与图 4-9 中描述的是一致的。短期总成本也随产量的增加而增加，并且由于固定成本不为零，因此，短期总成本在产量为零时，也不能为零，它的变化规律与可变成本相同。这也与图 4-9 中 STC 曲线的形状相一致，即 STC 曲线在可变成本平行上移一段等于固定成本的垂直距离后向右上方递增。

## （二）短期平均成本、平均固定成本和平均可变成本

根据表 4-3 中的数据可以作出 AFC 曲线、AVC 曲线及 SAC 曲线，如图 4-10 所示。

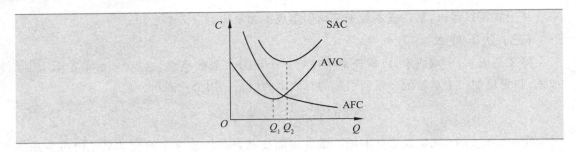

**图 4-10  平均固定成本、平均可变成本与短期平均成本的关系**

平均固定成本是产量的递减函数,即平均固定成本随产量增加而递减,所以,AFC 曲线随产量不断增加呈一直下降趋势。平均可变成本是产量的函数,它随产量增加而递减,在达到极小值之后(图 4-10 中的 $Q_1$ 产量处的平均可变成本)开始递增,即 AVC 是一条 U 形曲线。AVC 曲线在产量 $Q_1$ 之前处于递减阶段,在 $Q_1$ 以后转为递增阶段。所以,产量为 $Q_1$ 对应的平均可变成本是 AVC 曲线中递减转为递增的转折点,也是平均可变成本的最低点。AVC 曲线呈 U 形变化,是因为在产量为 $Q_1$ 之前,随产量增加而递减,生产要素的效率逐渐得到发挥,每增加一个单位可变生产要素所增加的产量超过原来每单位可变生产要素的平均成本,从而表现为平均可变成本随产量增加而递减,当产量在 $Q_1$ 之后,情况正好相反,由于存在边际报酬递减的规律,因而 AVC 曲线也从递减转为递增。

短期平均成本是平均固定成本和平均可变成本之和。短期平均成本曲线 SAC 也是先下降后上升,图形呈 U 形变化。短期平均成本曲线 SAC 高于平均可变成本 AVC 曲线,SAC 曲线与 AVC 曲线之间的垂直距离等于平均固定成本 AFC,由于平均固定成本 AFC 随产量增加而持续递减,所以 SAC 和 AVC 之间的距离随产量的增加逐渐接近,但由于不能相交,因此 AFC 不可能等于零。SAC 曲线在产量 $Q_2$ 之前递减,在 $Q_2$ 之后递增。产量为 $Q_2$ 点的平均成本最低。短期平均成本最低点所对应的产量之所以大于平均可变成本最低点所对应的产量,是因为当 AVC 达到最小并转为递增时,AFC 仍在递减,只要 AFC 的递减超过 AVC 的递增,SAC 就仍处于递减阶段。只有当 AVC 的递增超过了 AFC 的递减以后,SAC 才能转入递增。

**(三)短期边际成本、短期平均成本和短期平均可变成本**

根据表 4-3 的数据,可以作出短期边际成本 SMC 曲线,如图 4-11 所示。

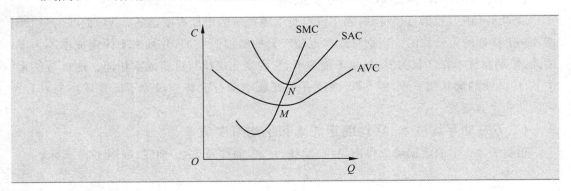

**图 4-11  短期边际成本与平均可变成本和平均成本的关系**

从图 4-11 中可以看到,SMC 曲线也是一条先下降后上升的 U 形曲线。开始时,SMC 曲线随产量增加而减少,当产量增加到一定程度时,随产量的增加而增加。SMC 曲线的变动取决于可变成本,因为所增加的成本只是可变成本。SMC 曲线先于平均可变成本 AVC 曲线和短期平均成本 SAC 曲线的最低点与之相交,即 M 点和 N 点。

从图 4-11 中还可以看到 SMC 曲线与 SAC 曲线的关系:当 SMC 曲线位于 SAC 曲线下方时,即 SMC<SAC,SAC 曲线处于递减阶段;当 SMC 曲线与 SAC 曲线相交时,即 SMC=SAC,是短期平均成本曲线 SAC 的最低点。SMC 曲线与 SAC 曲线相交之点,即 SAC 曲线的最低点 N 点,称为收支相抵点。这时的价格就是平均成本,平均成本等于边际成本(P=AC=MC),厂商的成本(包括正常利润)与收益相等,这时不存在经济利润,只获得正常利润。

SMC 曲线与 AVC 曲线的关系:当 SMC 曲线位于 AVC 曲线下方时,即 SMC<AVC,AVC 曲线处于递减阶段;当 SMC 曲线位于 AVC 上方时,即 SMC>AVC,AVC 曲线处于递增阶段;当 SMC 曲线与 AVC 曲线相交时,即 SMC=AVC,是平均可变成本 AVC 曲线的最低点。SMC 曲线与 AVC 曲线的相交点,即 AVC 的最低点 M 点,称为停止经营点。在此点上的价格只能弥补平均可变成本,厂商的收益与可变成本相等,损失的是不生产也要支付的固定成本。如果价格比这个点还低,不能弥补可变成本,厂商无论如何也不能生产了。

### ❤ 课堂案例

航空公司节省成本的方法。20 世纪 80 年代,美国航空一位机组人员发现,有将近四分之三的乘客不吃沙拉里的橄榄,于是美国航空就把橄榄从菜单上取消了,这个举动每年为公司省下了 4 万美元。1994 年,西南航空听从了一位机组人员的建议,不继续在垃圾袋上印制公司的商标,因此每年省下了 30 万美元的印刷费。除此之外,一些航空公司还模仿了超级名模们的做法:对体重锱铢必较、关心到小数点第二位。这是因为燃料费用一般会占到航空公司三分之一的成本,飞机上每减少一公斤,客机每年就可以省下 100 美元的燃料费用。于是他们放弃了座位前满满一袋的杂志,换上轻薄的毯子,食物改用纸盒包装,有些飞机的航线不会经过任何水面,于是直接卸载了水面紧急降落设备。印度一家廉价航空公司 GoAir 甚至只聘用女性空乘人员,因为平均来说女性比男性的体重轻了 10 到 15 公斤。设计上的改良也能节省燃料。西南航空估测,飞机机翼安装了翼尖帆之后,可以降低机身阻力,每年会给公司省 5400 万加仑的燃料。欧洲廉价航空公司易捷航空使用了一种特殊涂料,能够减少机身在空气中承受的微撞击,让飞机能更轻易通过气流,这么做也能节省燃料。

(资料来源:汤姆·斯丹迪奇《经济学人 104 个大解惑》,商周出版社,2017 年 6 月)

## 三、各类长期成本的变动规律及其相互关系

### (一)长期总成本

长期总成本,是指在长期中生产某一数量产品所需要支付的成本总和。

如图 4-12 所示,横轴表示产量,纵轴表示成本,LTC 是长期总成本曲线。长期总成本是产量的函数,随产量的增加,长期总成本先是以递增的速度增加,接着以递减的速度增加,最后又以递增的速度增加。因为在长期中所有要素都可变,所以产量为零时,成本等于零,要素投入量大,而产量小,表明生产要素没有得到充分利用,因此,成本增加的变动率大于产量增加的变动率,LTC 曲线比较陡。当产量增加到一定程度以后,即 $Q_1 Q_2$ 阶段,生产要素开始得到充分利用,这时成本增加的变动率小于产量增加的变动率,这是规模经济的效益,LTC 曲线比较平坦。最后,即 $Q_2$ 以后阶段,由于规模产量递减,成本增加的变动率又大于产量增加的变动率,LTC 曲线又比较陡。

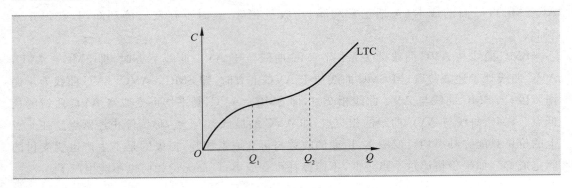

图 4-12　长期总成本

### (二) 长期平均成本

长期平均成本,指长期中每单位产品需要支付的成本,其公式为

$$LAC = \frac{LTC}{Q} \tag{4-25}$$

长期平均成本是产量的函数,随着产量的变动而变动。长期平均成本曲线可由短期平均成本曲线推导得出。图 4-13 说明了长期平均成本曲线的形成。

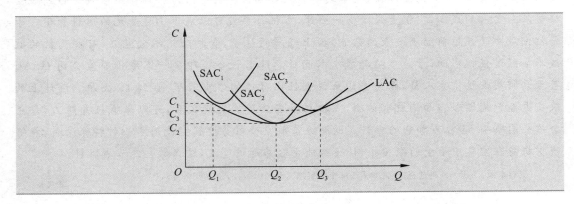

图 4-13　长期平均成本

图中,横坐标代表产量 $Q$,纵坐标代表成本 $C$,SAC 代表短期平均成本曲线,LAC 代表长期平均成本曲线。

长期平均成本曲线是短期平均成本曲线的包络曲线。在 LAC 曲线与某一条 SAC 曲线的切点上,该 SAC 曲线所代表的生产规模就是该产量下的最优生产规模。长期平均成本曲线上的每一点都表示厂商生产相应产量水平的最小平均成本。由于长期平均成本曲线表明厂商如何计划在一段相当长的时间内经营规模、产量以及成本等方面的情况,因此,它又称为生产者的计划曲线。

长期平均成本曲线呈现 U 形变化。长期平均成本递减阶段,LAC 曲线相切于所有相应的短期平均成本曲线最低点的左边;长期平均成本递增阶段,LAC 曲线相切于所有相应的短期平均成本曲线最低点的右边;只有在长期平均成本的最低点,LAC 曲线才能相切于某一条 SAC 曲线的最低点。

长期平均成本曲线与短期平均成本曲线都呈 U 形。短期平均成本曲线呈 U 形变化是由边际报酬递减规律决定的。而长期平均成本曲线呈 U 形变化的原因,可以用规模经济和规模报酬经济来解释。一般来说,在长期中,当所有要素按比例增加,即生产规模扩大时,最初规模报酬递增,即生产规模扩大会使产量的增加大于生产规模的扩大,这就是实现了规模经济,必然导致平均成本下降。当生产规模递增到一定程度时,规模报酬会在一个或短或长的时间内保持不变,平均成本亦保持不变。当生产规模进一步扩大超过一定限度时,就会出现规模不经济,从而导致平均成本上升。规模报酬通常都是先上升后下降,报酬递增与成本递减是同一事物的两个方面,所以,LAC 曲线通常都是先下降后上升,呈 U 形。

图 4-14 是用平均成本与产量的关系来表示规模报酬递增、不变和递减的不同情况。

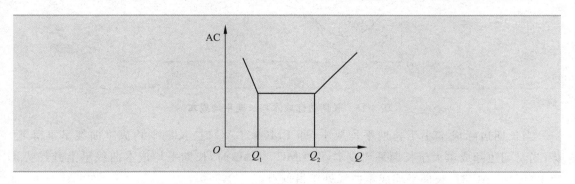

**图 4-14 规模报酬递减、不变和递增**

一般可以根据长期成本变动的情况把不同的行业分为三个情况:成本不变行业、成本递增行业、成本递减行业。

成本不变行业中各企业的长期平均成本不受整个行业产量变化的影响,无论产量如何变化,长期平均成本是基本不变的。这种行业就是"成本不变行业"。具有成本不变特点的行业并不多见,一般是一些小商品生产行业或特殊行业。成本递增行业中各个企业的长期平均成本要随整个行业产量的增加而增加。这种行业在经济中属于普遍情况。这种情况是以自然资源为主要生产要素的行业,在农业、渔业、矿业中更为突出。成本递减行业中各个企业的长期平均成本要随整个行业产量的增加而减少。例如,在同一地区建立若干汽车制造厂,个别企业就会由于交通、辅助服务等的节约而产生成本递减。

在长期中,追求利润最大化的厂商的主要任务是,通过生产规模的调整,尽可能使长期平均成本降低,享受规模经济带来的利益,避免由规模不经济带来的损失。

### (三) 长期边际成本

长期边际成本,指长期中每增加一个单位的产量所引起的长期总成本的增加量。公式为

$$LAC = \frac{\Delta LTC}{\Delta Q} = \frac{dLTC}{dQ} \qquad (4\text{-}26)$$

其中:$\Delta LTC$ 为长期总成本的增加量;$\Delta Q$ 为产量的增加量。

长期边际成本曲线可以由长期总成本曲线得出,因为

$$LAC = \lim_{\Delta Q \to 0} \frac{\Delta LTC}{\Delta Q} = \frac{dLTC}{dQ} \qquad (4\text{-}27)$$

它正是 LTC 曲线的斜率,所以,只要每一产量上的斜率描绘出产量和成本的平面坐标图中便可以得到 LMC 曲线,如图 4-15 所示。长期边际成本随产量的变动而变动,其变化情况与短期边际成本相似,先递减,达到最小值以后开始递增,因而 LMC 曲线呈 U 形。

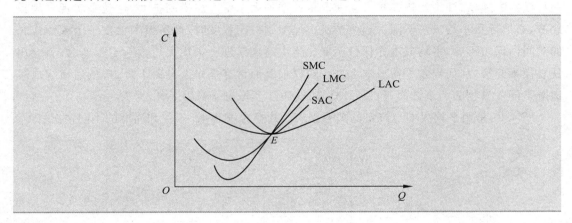

**图 4-15　长期边际成本与长期平均成本**

当长期边际成本小于长期平均成本,即 LMC＜LAC 时,长期平均成本曲线呈下降趋势;当长期边际成本大于长期平均成本,即 LMC＞LAC 时,长期平均成本曲线呈上升趋势;当 LMC＝LAC 时,长期平均成本曲线处于最低点。

## 导入案例分析

对于许多企业来说,分为固定成本和可变成本的总成本取决于时间框架。比如福特汽车公司,在短期几个月的时间内,福特公司不可能调整旗下生产工厂的数量与规模。因此,企业的成本在短期中是固定成本。与此相比,在未来几年的时期内,福特公司则可以扩大其工厂规模,建立新工厂和关闭旧工厂。因此,其企业的成本在长期中是可变成本。由于许多成本在短期中是固定的,但在长期中是可变的,所以,企业的长期成本曲线不同于其短期成本曲线。因为生产企业在长期中具有更大的灵活性,长期平均总成本曲线与短期平均总成本曲线相比较,总表现为较为平坦的 U 形曲线。实际上,从长期来看,企业可以选择它想用的任何一条短期成本曲线;而从短期来看,企业却不得不用它过去选择的任何一条短期曲

线。对一个企业来说,长期究竟确定为多长时间呢? 回答取决于企业不同的类型。对一个大型制造企业来说,例如汽车公司,可能需要一年或更长时间,而其他类型企业则不尽然。

## 项目小结

　　生产函数表示生产要素的数量与其所能产生的最大产量之间的关系。在短期中当其他要素不变时,企业增加一种生产要素会引起边际产量递减。企业要根据总产量、平均产量和边际产量之间的关系来确定一种生产要素的合理投入。运用边际分析法时,生产要素的最佳组合是每种生产要素引起的边际产量与该生产要素价格之比相等。运用等产量曲线分析法时,生产要素的最佳组合是等产量曲线与等成本曲线的相切点。经济效率涉及成本与收益的关系。当成本既定,收益最大或收益既定,成本最小时,就实现了经济效率。成本分为显成本和隐成本。短期成本包括固定成本和可变成本。总成本为固定成本和可变成本之和。平均成本为平均固定成本和平均可变成本之和。长期成本中一切成本都是可变的。成本分为总成本、平均成本和边际成本。长期中,平均成本先随产量增加而递减,当平均成本达到最大后又随产量增加而递增。平均成本最低时的产量是企业的适度规模。当企业产量实现边际收益等于边际成本时,就实现了利润最大化,即经济利润最大化。

## 知识测试与能力训练

### 一、名词解释

生产要素　边际报酬递减规律　等产量曲线　边际产量　边际技术替代率　等成本曲线　生产扩展线　规模经济　固定成本　可变成本　短期边际成本　长期总成本　长期平均成本　边际收益

### 二、单项选择题

1. 反映生产要素投入量和产出水平之间关系的称作(　　　)。

  A. 总成本曲线        B. 生产函数

  C. 生产可能性曲线      D. 成本函数

2. 当平均产量达到最大值时(　　　)。

  A. 总产量达到最大值      B. 总产量仍处于上升阶段还未达到最大值

  C. 边际产量达到最大值     D. 总产量处于递减阶段

3. 当边际产量达到最大值时,下列各项正确的是(　　　)。

  A. 总产量达到最大值      B. 平均产量处于递增阶段

  C. 平均产量处于递减阶段    D. 总产量处于递减阶段

4. 如果连续增加某种生产要素,在总产量达到最大时,边际产量曲线(　　)。

    A. 与纵轴相交　　　　　　　　　B. 经过原点

    C. 与横轴相交　　　　　　　　　D. 与平均产量曲线相交

5. 下列说法错误的是(　　)。

    A. 只要总产量减少,边际产量一定是负数

    B. 只要边际产量减少,总产量一定也减少

    C. 边际产量曲线一定在平均产量曲线的最高点与之相交

    D. 随着某种生产要素投入量的增加,边际产量和平均产量增加到一定程度将趋于下降,其中边际产量的下降一定先于平均产量

6. 边际收益递减规律只在下列(　　)情况下起作用。

    A. 所有要素的投入量都按同一比例变化

    B. 生产函数中只有一种投入要素

    C. 生产函数中至少只有一种投入要素的投入量是不变的

    D. 在柯布-道格拉斯生产函数中诸变量的指数之和小于1

7. 在生产技术水平不变的条件下,生产同一产量的两种不同的生产要素的不同组合构成的曲线是(　　)。

    A. 无差异曲线　　　B. 等成本曲线　　　C. 等产量曲线　　　D. 生产可能线

8. 边际技术替代率指(　　)。

    A. 两种投入要素的比率

    B. 一种投入要素替代另一种投入要素的比率

    C. 一种要素投入的边际产品替代另一种要素投入的边际产品比率

    D. 在保持原有产出不变的条件下,用一种要素投入代替另一种要素投入的比率

9. 生产要素的最佳组合点一定是(　　)。

    A. 等成本曲线与生产可能性曲线的切点

    B. 等成本曲线与等利润曲线的切点

    C. 等成本曲线与等产量曲线的切点

    D. 等成本曲线与等收入曲线的切点

10. 无数条等产量曲线与等成本曲线的切点连接起来的曲线是(　　)。

    A. 无差异曲线　　　B. 消费可能线　　　C. 平均成本　　　D. 生产扩展线

### 三、多项选择题

1. 厂商在生产过程中投入的生产要素主要有(　　)。

    A. 劳动　　　　　　B. 资本　　　　　　C. 土地

    D. 企业家才能　　　E. 利润

2. 边际收益递减规律成立的条件是(　　)。

    A. 生产技术水平保持不变

    B. 扩大固定资本的存量

    C. 保持其他生产要素投入数量不变,只改变一种生产要素的投入量

    D. 边际产量递减发生在可变投入增加到一定程度之后

    E. 以上说法都对

3. 属于等产量曲线特征的有(　　)。

    A. 等产量曲线凹向原点

    B. 等产量曲线向右下方倾斜

    C. 等产量曲线有无数条,其中每一条代表一个产值,并且离原点越远代表的产量越大

    D. 等产量曲线互不相交

    E. 等产量曲线与等成本曲线相交

4. 总成本为(　　)。

    A. 平均成本　　　　B. 边际成本　　　　C. 固定成本

    D. 变动成本　　　　E. 短期成本

5. 固定成本是指厂商(　　)。

    A. 在短期内必须支付的生产要素的费用

    B. 在短期不能调整的生产要素的支出

    C. 厂房以设备折旧等不变生产要素引起的支出

    D. 长期固定不变的成本

    E. 在短期内不随产量变动的那部分生产要素支出

6. 随着产量的增加,厂商的平均固定成本(　　)。

    A. 大于 0　　　　　B. 等于 0　　　　　C. 先减后增

    D. 递减　　　　　　E. 趋向于 0

7. 在下列几种曲线中,属于 U 形曲线的有(　　)。

    A. 平均成本　　　　　　　　B. 平均固定成本

    C. 平均变动成本　　　　　　D. 长期总成本

    E. 长期平均成本

8. 在长期平均成本曲线下降的区域(　　)。

    A. 长期平均成本小于短期的区域

    B. 无法确定

    C. 长期平均成本是短期平均成本最低的连线

    D. 短期平均成本的最低点在长期平均成本上

    E. 长期平均成本与各条短期平均成本相切在短期平均成本最低点左侧

## 四、判断题

1. 当其他生产要素不变时,一种生产要素投入越多,则产量越高。(　　)

2. 在农业中并不是越密植越好,施肥越多越好。(　　)

3. 规模经济和边际产量递减规律所研究的是同一问题,其结论也相同。(　　)

4. 一条等产量曲线的上部所代表的产量大于该产量线的下部所代表的产量。(　　)

5. 在同一平面上,可以有三条不同的等产量曲线。(　　)

6. 两种生产要素的最适合之点就是等产量曲线与成本曲线的交点。（　　）

7. 在短期内,所有生产要素均不能调整。（　　）

8. 短期总成本曲线与长期总成本曲线都是从原点出发向右上方倾斜的一条曲线。（　　）

9. 短期边际成本曲线和短期平均成本曲线一定相交于平均成本曲线的最低点。（　　）

10. 停止经营点就是短期边际曲线与平均可变成本曲线的交点。（　　）

五、计算题

1. 某种产品的产量和劳动投入量之间的生产函数关系为 $Y=300+40L-0.5L^2$,单位劳动时间的工资为 40 元,单位产品售价为 30 元,请问取得最大纯收益的劳动投放量应为多少？

2. 当某厂的产量为 9 单位时,总成本为 95 元,产量增加 10 单位时,平均成本为 10 元,则边际成本是多少？

六、分析问答题

1. 总产量与边际产量、平均产量与边际产量之间存在什么关系？如何根据这种关系确定一种生产要素的合理投入区间？

2. 为什么只有在等产量曲线与等成本曲线相切时才能实现生产者的均衡？

3. 在"大跃进"中曾提出农作物密集种植,结果粮食减产,用边际报酬递减规律解释这种现象。

4. 用图形说明短期边际成本曲线和短期平均成本曲线、短期可变成本曲线的关系。

5. 用图形说明企业如何确定收支相抵点和停止经营点的产量。

# C项目5 hapter 5 初识市场

## 知识目标

1. 了解四种市场结构的含义和特征；

2. 掌握完全竞争市场上短期与长期均衡的条件；

3. 理解不同市场结构类型中产量和价格的确定，并能对不同市场的效率作出评价。

## 能力目标

1. 能结合实际说明不同市场条件下经济效率的差异；

2. 能为不同厂商制定利润最大化的策略。

## 案例导入

去年临近春节，我有机会对某村农贸市场的春联销售进行了调查，该农贸市场主要供应周围7个村5 000余农户的日用品需求。贴春联是中国民间的一大传统，春节临近，春联市场红红火火，而在农村，此种风味更浓。在该春联市场中，需求者有5 000多农户，供给者为70多家零售商，市场中存在许多买者和卖者；供应商的进货渠道大致相同，且产品的差异性很小，产品具有高度同质性（春联所用纸张、制作工艺相同，区别仅在于春联所书写内容不同）；供给者进入退出没有限制；农民购买春联时的习惯是逐个询价，最终决定购买，信息充分；供应商的零售价格水平相近，提价基本上销售量为零，降价会引起利润损失。原来，我国有着丰富文化内涵的春联，其销售市场结构竟是一个高度近似的完全竞争市场。供应商在销售产品的过程中都不愿意单方面降价。春联是农村过年的必需品，购买春联的支出在购买年货的支出中只占很小的比例，因此其需求弹性较小。某些供应商为增加销售量、扩大利润而采取的低于同行价格的竞争方法，反而会使消费者认为其所经营的产品存在瑕疵（上年库存、产品质量存在问题等),反而不愿买。该农村集贸市场条件简陋,春联商品习惯性席地摆放,大部分供应商都将春联放入透明的塑料袋中以防尘保持产品质量。而少部分供应商则更愿意损失少部分产品暴露于阳光下、寒风中,以此展示产品。因此就产生了产品之间的鲜明对照。暴露在阳光下的春联更鲜艳,更能吸引消费者目光、刺激购买欲望,在同等价格下,该供应商销量必定高于其他同行。

由此可见,在价格竞争达到极限时,价格外的营销竞争对企业利润的贡献不可小视。在商品种类上,例如"金鸡满架"一类小条幅,批发价为 0.03 元/副,零售价为 0.3 元/副;小号春联批发价为 0.36 元/副,零售价为 0.50 元/副。因小条幅在春联中最为便宜且为春联中的必需品,统一价格保持五六年不变,因此消费者不对此讨价还价。小条幅春联共 7 类,消费者平均购买量为 3 到 4 类,总利润可达 1.08 元,并且人工成本较低。而小号春联相对价格较高,在春联支出中占比重较大,讨价还价较易发生;由此,价格降低和浪费的时间成本会造成较大利润损失,对小号春联需求量较大的顾客也不过购买 7 到 8 副,总利润至多 1.12 元。因此,我们不难明白浙江的小小纽扣风靡全国、使一大批人致富的原因;也提醒我们,在落后地区发展劳动密集、技术水平低、生产成本低的小商品生产不失为一种快速而行之有效的致富方法。春联市场是一个特殊的市场,时间性很强,仅在年前存在 10 天左右,供应商只有一次批发购进货物的机会。供应商对于该年购入货物的数量主要基于上年销售量和对新进入者的预期分析。如果供应商总体预期正确,则该春联市场总体商品供应量与需求量大致相同,价格相对稳定。一旦出现供应商总体预期偏差,价格机制就会发挥巨大的作用,将会出现暴利或者亏损。由上可见,小小的农村春联市场竟是完全竞争市场的缩影与体现,横跨经济与管理两大学科。这也就不难明白经济学家为何总爱将问题简化研究,就像克鲁格曼在《萧条经济学的回归》一书中,总喜欢以简单的保姆公司为例得出解决经济问题的办法,这也许真的有效。

(资料来源:杨晓东. 农村春联市场:完全竞争的缩影. 经济学消息报,第 599 期,2004 年 6 月 25 日)

**思考与讨论:**

1. 农村春联市场是个什么样的市场?有哪些特征?
2. 在这个市场上生产者是怎样竞争的?其价格机制是如何形成的?

# 任务一 市场概述

## 一、市场的定义

企业把产品生产出来,要到市场上卖出去,才能收回成本、获得收益。消费者需要商品的时候,也要到市场上去购买。在日常生活中市场就是可以买东西或卖东西的地方。经济学家从不同的角度提出了几种市场的定义:①市场是商品交换的场所,亦即买主和卖主发生交易的地点或地区。②市场是指商品流通领域,反映的是商品流通的全局,是交换关系的总和。③市场是买主、卖主力量的结合,是商品供求双方的力量相互作用的总和。

微观经济学中的市场是指从事某一种商品买卖的交易场所或接触点。任何一种商品都有一个市场,有多少种商品就有多少个市场。

## 二、市场利润最大化

经济学假设厂商的生产目标是取得最大的利润。总利润是总收益和总成本的差额,对总成本进行了详细分析后,将涉及总收益和总利润的问题。

### (一) 收益

▶ 1. 基本概念

厂商为生产所付的支出,即成本。厂商出售商品的所得,构成其收益(revenue)。收益既包括成本,又包括利润。

▶ 2. 分类

收益有总收益、平均收益和边际收益之分。

(1) 总收益(total revenue),是指厂商出售一定量产品所得到的总收入,以 TR 表示,它等于价格与销售量的乘积,即

$$\text{TR} = P \cdot Q \tag{5-1}$$

(2) 平均收益(average revenue),是指出售单位产品的收入,以 AR 表示,也就是每单位产品的销售价格,它等于总收益除以产量,即

$$\text{AR} = \frac{\text{TR}}{Q} = P \tag{5-2}$$

(3) 边际收益(marginal revenue),是指增加一单位产量所引起的总收益的增量,以 MR 表示,它等于总收益的增量除以产量的增量,即

$$\text{MR} = \frac{\Delta \text{TR}}{\Delta Q} \tag{5-3}$$

▶ 3. 理解收益的概念时要注意的问题

(1) 收益并不等于利润,不是出售产品所得到的利润,而是出售产品所得到的收入。所得到的收入中,既有用于购买各种生产要素而支出的成本,也有除去成本后所余下的利润。

(2) 收益与产量的关系。收益是产量与价格的乘积,所以,如果不考虑价格的因素,收益就是产量。

(3) 在不同的市场结构中,收益变动的规律并不完全相同,边际收益曲线与平均收益曲线的形状也并不相同。

### (二) 利润最大化原则

经济学假设理性的厂商目标为利润最大化。总利润 $\pi$ 是总收益和总成本的差额,要达到利润最大化就意味着厂商要力求使总收益和总成本之间的差额最大。

$$\pi = \text{TR} - \text{TC} \tag{5-4}$$

显然,总利润、总收益和总成本都是产量的函数。利润函数的极值点是使其一阶导数为零的点,即

$$\frac{\mathrm{d}\pi}{\mathrm{d}Q}=\frac{\mathrm{d}TR}{\mathrm{d}Q}-\frac{\mathrm{d}TC}{\mathrm{d}Q}=MR-MC \tag{5-5}$$

令上式为零,则有 $MR=MC$。

边际收益与边际成本相等能达到利润最大化。当 $MR>MC$ 时,表明多生产一单位产品所增加的收益大于生产这一单位产品所耗费的成本,继续生产还有潜在的利润可得,厂商增加生产是有利的,也就是说,没有达到利润最大化时的产量,对于理性厂商来说应继续进行生产;反过来,当 $MR<MC$ 时,表明多生产一单位产品所增加的收益小于生产这一单位产品所耗费的成本,这对于该厂商来说就会造成亏损,更谈不上利润最大化了,因此厂商必然要减少产量。

无论是边际收益大于边际成本还是小于边际成本,厂商都要调整其产量,说明这两种情况都没有实现利润最大化。只有在边际收益等于边际成本时,厂商才不会调整其产量,表明已把该赚的利润都赚到了,即实现了利润最大化。厂商对利润的追逐要受到市场条件的限制,不可能实现无限大的利润。这样,利润最大化的条件就是边际收益等于边际成本。只有当 $MR=MC$ 时,厂商想得到的利润都得到了,生产才达到了一种均衡状态。

总之,$MR=MC$ 既是利润最大化原则,又是亏损最小化原则。这一原则一直贯穿于厂商行为分析的始终。

在不同的市场条件下,收益变动的规律不同,厂商对最大利润的追求就要受到不同市场条件的限制。因此要将成本与收益结合起来分析在不同的市场上厂商如何根据成本与收益来实现自己的利润最大化。

## 三、市场结构

不同市场上的企业都要面临如何确定自己的产量和价格的问题,以便实现利润最大化,这是企业的竞争策略。所以企业首先要知道自己处于哪种市场,这种市场有什么特点,对其确定产量和价格有什么影响,也就是说要区分市场结构。市场结构指的是某一市场中各种要素之间的内在联系和特征,包括市场供给者之间、需求者之间、供给者和需求者之间以及市场上现有的供给者、需求者与正在进入该市场的供给者、需求者之间的关系。

### (一)划分市场结构的标准

要了解市场结构,首先应该了解划分市场结构的标准。概括来说,按照市场竞争的程度主要有以下四个划分标准。

▶ **1. 市场上交易者的数量**

一个市场上交易者的数量越少,规模越大,这个市场的垄断程度就越高;反之,一个市场上交易者的数量越多,规模越小,这个市场的竞争程度就越高。

▶ **2. 产品差别程度**

产品差别是同一类产品在质量、牌号、形式、包装等方面的差别。产品差别越大,垄断程度越高。产品差别可以分为物质差别、售后服务差别和形象差别。产品之间的差别越小,替代品越多,竞争程度就越强。对于替代性较强的无差别的产品,每个市场参与者不可能或无法凭借自己的产品控制市场价格。

#### 3. 单个企业对市场价格的控制程度

一个市场上单个企业的市场份额越大,对市场价格的控制程度越高,这个市场的垄断程度就越高;反之,一个市场上单个企业的市场份额越小,对市场价格的控制程度越低,这个市场的竞争程度就越高。

#### 4. 进入市场的难易程度

行业的进入限制来自自然原因和立法原因。自然原因是指资源控制与规模经济。如果某个企业控制了某个行业的关键资源,那么其他企业将得不到这种资源,从而无法进入该行业。立法原因是法律限制进入某些行业。这种立法限制主要采取三种形式:一是特许经营;二是许可制度;三是专利制。行业的进入限制主要体现在资源流动的难易程度上。厂商能否随意进入和退出某个行业,取决于资源在这个行业中流入和流出的难易程度。如果生产某种产品的原材料被人控制,这种原材料又没有适当的替代品,生产者就不容易进入这个行业,在这个行业中市场竞争程度就比较低。

以上四个标准是划分市场结构类型的主要因素。其中,第一个因素和第二个因素是最基本的决定因素,第三个因素是第一个因素和第二个因素的必然结果,第四个因素是第一个因素的延伸。

### (二) 市场结构的主要类型

根据划分市场结构的四个标准,可以把市场结构分为四种类型:完全竞争市场、垄断竞争市场、寡头垄断市场、完全垄断市场。

#### 1. 完全竞争市场

完全竞争市场是一种不受任何阻碍和干扰的市场。这种市场的主要特征是企业数量多,产品无差别,产品价格由市场决定,每家企业不能通过改变自己的产量而影响市场价格。

#### 2. 垄断竞争市场

垄断竞争市场既有垄断又有竞争,是垄断与竞争相结合的市场。这种市场与完全竞争市场的相同之处是市场集中度低,而且无进入限制,但垄断竞争市场上产品有差别。企业规模小和进入无限制保证了这个市场上竞争的存在。

#### 3. 寡头垄断市场

寡头垄断市场是只有几家大企业的市场,形成这种市场的关键是规模经济。在这种市场中,大企业集中程度高,对市场控制力强,可以通过变动产量影响价格。由于每家企业规模都较大,故其他企业难以进入,但寡头之间仍存在激烈竞争。

#### 4. 完全垄断市场

完全垄断市场只有一家企业,该企业控制整个市场的供给。形成垄断的关键条件是对进入市场的限制,这种限制可能是由于自然原因,也可能是由于立法原因。此外,垄断的另一个条件是没有相近的替代品,如果有替代品,则有替代品与之竞争。在完全垄断市场上一个厂商独占市场供给,可以根据市场需求控制产品的价格。

关于这四个类型市场结构的特点可以通过表5-1说明。

表 5-1　市场结构类型特征比较

| 市场类型 | 厂商数目 | 产品差别程度 | 单个厂商控制价格程度 | 进入难易程度 | 近似行业 |
|---|---|---|---|---|---|
| 完全竞争 | 极多 | 无差别 | 没有 | 非常自由 | 证券、农业 |
| 垄断竞争 | 很多 | 有差别 | 有一些 | 比较容易 | 轻工业、零售业 |
| 寡头垄断 | 几个 | 有或无差别 | 相当大 | 比较困难 | 电信、钢铁、石油 |
| 完全垄断 | 一个 | 唯一产品,无替代品 | 很大,但常受政府管制 | 不可能 | 公用事业 |

### 拓展阅读

本文试图利用 SCP 理论分析目前中国报业市场的产业组织状况。

现代产业经济学的"结构—行为—绩效"分析范式(Structure-Conduct-Performance),简称 SCP 范式。这一范式认为产业结构决定了产业内的竞争状态,并决定了企业的行为及其战略,从而最终决定企业的绩效。

乔·贝恩(Bain,1958)在吸收和继承马歇尔的完全竞争理论、张伯伦的垄断竞争理论和克拉克的有效竞争理论的基础上,提出了 SCP 分析范式。该范式成为传统产业组织理论分析企业竞争行为和市场效率的主要工具。他认为,新古典经济理论的完全竞争模型缺乏现实性,企业之间不是完全同质的,存在规模差异和产品差别化。产业内不同企业的规模差异将导致垄断。贝恩特别强调,不同产业具有不同的规模经济要求,因而它们具有不同的市场结构特征。市场竞争和规模经济的关系决定了某一产业的集中程度,产业集中度是企业在市场竞争中追求规模经济的必然结果。一旦企业在规模经济的基础上形成垄断,就会充分利用其垄断地位与其他垄断者共谋限制产出和提高价格以获得超额利润。同时,产业内的垄断者通过构筑进入壁垒使超额利润长期化。因而,贝恩的 SCP 分析范式把外部的产业组织的结构特征(规模经济要求)看作企业长期利润的来源。

SCP 模型,分析在行业或者企业受到表面冲击时,可能的战略调整及行为变化。

SCP 模型从对特定行业结构、企业行为和经营绩效三个角度来分析外部冲击的影响。

外部冲击:主要是指企业外部经济环境、政治、技术、文化、消费习惯等因素的变化。

行业结构:主要是指外部各种环境的变化对企业所在行业可能的影响,包括行业竞争的变化、产品需求的变化、细分市场的变化、营销模型的变化等。

企业行为:主要是指企业针对外部的冲击和行业结构的变化,有可能采取的应对措施,包括企业方面对相关业务单元的整合、业务的扩张与收缩、营运方式的转变、管理的变革等一系列变动。

经营绩效:主要是指在外部环境方面发生变化的情况下,企业在经营利润、产品成本、市场份额等方面的变化趋势。

(资料来源:360 百科:SCP 分析 http://baike.so.com/doc/6723436.html)

# 任务二 完全竞争市场分析

## 一、完全竞争市场的含义和条件

完全竞争市场是指一种竞争不受任何阻碍和干扰的市场结构。实现完全竞争的条件包括如下几点。

（1）市场上有许多生产者和消费者，每一个生产者的销售量与每一个消费者的购买量都只占市场极小的份额。市场价格由整个市场的供求关系决定，因此，没有一个生产者或消费者能对市场价格产生影响，他们只能是市场价格的接受者。

（2）市场上的产品是同质的，即不存在产品差别。行业中所有企业的产品具有同质性，进入市场的商品在经济上和技术上都不存在任何差别，具有完全替代性。产品的同质性不仅表现在质量上，而且也表现在形式上和服务上。因此，广告和商标都失去了作用，企业无法通过产品差别控制价格或扩大销售量。

（3）资源完全自由流动。各种生产要素具有完全的流动性，不受任何限制。任何一个厂商都可以自由地扩大或缩小生产规模，进入或退出某一完全竞争的行业。

（4）市场信息是畅通的。生产者和消费者都可以获得完整而及时的市场信息，不存在供求关系以外的因素对价格的决定和市场竞争产生影响。

具有上述条件的市场被称为完全竞争市场。很显然，在现实中很少存在这样的市场结构，农产品市场可能比较符合上述条件。但是，分析完全竞争市场的厂商行为具有重要的理论意义。

## 二、完全竞争市场的短期收益曲线

一个行业与一家企业是不同的。在完全竞争市场上，整个行业和一个厂商面临着不同的需求曲线和收益曲线。

### （一）完全竞争厂商的需求曲线

在任何一个产品市场中，消费者对整个行业所生产的产品的需求量称为行业的需求量，相应的需求曲线称为行业的需求曲线。而消费者对行业中单个厂商所生产产品的需求量就称为厂商的需求量，相应的需求曲线称为厂商的需求曲线。

在完全竞争市场条件下，对整个行业来说，需求曲线是一条向右下方倾斜的曲线，供给曲线是一条向右上方倾斜的曲线。整个行业的产品价格就由这种需求与供给决定。如图 5-1(a)所示，市场需求曲线 $D$ 和供给曲线 $S$ 相交的均衡点 $E$ 对应的 $P$ 是既定的，无论单个厂商如何改变产量都不影响该商品价格。换句话说，在既定的价格之下，市场对单个厂商产品的需求即市场对一个厂商的产品的需求弹性是无穷大的。所以，单个企业的价格线是一条由既定市场价格水平出发的水平线，如图 5-1(b)所示。由价格水平出发的水平线 $d$ 就是一个厂商的需求曲线。

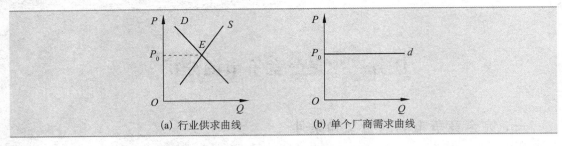

图 5-1　完全竞争厂商的需求曲线

在完全竞争市场中,单个消费者和单个厂商都无力影响市场价格,只能被动地接受既定的市场价格,但这并不意味着完全竞争市场的价格是固定不变的。在一些因素的影响下,如消费者收入水平普遍提高、政府有关政策的作用等使得市场的供给和需求发生变化时,供给曲线和需求曲线的位置可能发生移动,从而形成新的市场均衡价格。在这种情况下,就会得到由新的均衡价格水平出发的一条水平线,如图 5-2 所示。

在图 5-2(a)中,开始时的需求曲线为 $D_1$,供给曲线为 $S_1$,市场的均衡价格为 $P_1$,相应的厂商需求曲线是图 5-2(b)中由价格水平 $P_1$ 出发的一条水平线 $d_1$。以后,当需求曲线的位置由 $D_1$ 移至 $D_2$,同时供给曲线由 $S_1$ 移至 $S_2$ 时,市场均衡价格上升为 $P_2$,厂商的需求曲线则是由新的价格水平 $P_2$ 出发的另一条水平线 $d_2$。不难看出,厂商的需求曲线可以出发自不同的既定市场均衡价格水平,但它们总是呈水平状。

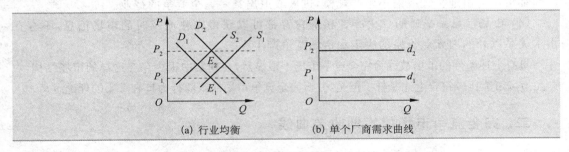

图 5-2　新的均衡价格下完全竞争厂商的需求曲线

### (二) 完全竞争厂商的收益曲线

厂商的收益取决于市场对其产品的需求状况,或者说,厂商的收益取决于厂商的需求曲线的特征。在不同的市场结构类型中,厂商的需求曲线具有不同特征。可以用表 5-2 来说明完全竞争市场上价格、平均收益与边际收益的相互关系。由表 5-2 可以绘制如图 5-3 所示的完全竞争厂商的收益曲线。

表 5-2　完全竞争某厂商收益表

| 销售量<br>($Q$) | 价格<br>($P$) | 总收益<br>($TR=PQ$) | 平均收益<br>($AR=TR/Q$) | 边际收益<br>($MR=\Delta TR/\Delta Q$) |
|---|---|---|---|---|
| 50 | 5 | 250 | 5 | 5 |
| 100 | 5 | 500 | 5 | 5 |
| 150 | 5 | 750 | 5 | 5 |
| 200 | 5 | 1000 | 5 | 5 |
| 250 | 5 | 1250 | 5 | 5 |

### 三、厂商实现利润最大化的均衡条件

厂商进行生产的目的是追求最大化的利润,那么,厂商实现利润最大化的原则是什么呢? 或者说,什么是厂商实现利润最大化的均衡条件呢? 如图 5-4 所示,有某完全竞争厂商的一条短期生产的边际成本曲线 SMC 和一条由既定价格水平 $P_e$ 出发的需求曲线 $d$ 这两条曲线相交于点 $E$,点 $E$ 就是厂商实现利润最大化的生产均衡点,相应的产量就是厂商实现最大利润的均衡产量。那么为什么在边际收益等于边际成本时,厂商才能实现利润最大化呢?

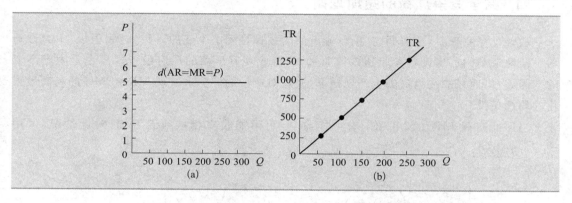

**图 5-3    完全竞争厂商的收益曲线**

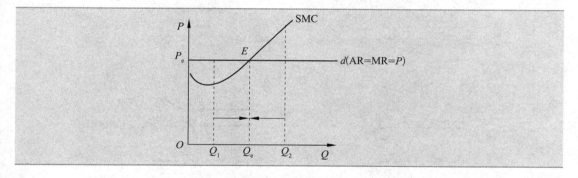

**图 5-4    厂商实现利润最大化的条件**

在图 5-4 中,当产量小于均衡产量 $Q_e$,例如为 $Q_1$ 时,厂商的边际收益大于边际成本,即 MR>SMC,这表示厂商增加一单位产量所带来的总收益的增加量大于其所付出的总成本的增加量,即厂商增加产量是有利的。所以,如图 5-4 中指向右方的箭头所示,只要 MR>SMC,厂商就会增加产量。同时,随着产量的增加,厂商的边际收益 MR 保持不变,而厂商的边际成本是逐步增加的,最后,MR>SMC 的状况会逐步变化成 MR=SMC 的状况。在这一过程中,厂商得到了扩大产量所带来的全部好处,获得了其所能得到的最大利润。当产量大于均衡产量 $Q_e$,例如为 $Q_2$ 时,厂商的边际收益小于边际成本,即 MR<SMC。这表明厂商增加一单位产量所带来的总收益的增加量小于所付出的总成本的增加量,即厂商增加产量是不利的,会减少利润。所以,如图 5-4 中指向左方的箭头所示,只要 MR<SMC,厂商就会

减少产量。同时,随着产量的减少,厂商的边际收益 MR 保持不变而厂商的边际成本是逐步下降的,最后,MR<SMC 的状况会逐步变化成 MR=SMC 的状况。在这一过程中,厂商所获得的利润逐步达到最高的水平。

可见,边际收益无论是大于边际成本还是小于边际成本,厂商都需要调整其产量,说明这两种情况下都没有实现利润最大化。只有当边际收益等于边际成本时,厂商才不会调整产量,即实现了利润最大化。所以,厂商利润最大化的条件就是边际收益等于边际成本(MR=MC)。厂商要根据这一原则来确定自己的产量。

## 四、完全竞争厂商的短期均衡

从整个行业来看,在短期内,该行业厂商的数目是固定不变的,因为时间很短,不允许新的厂商建造新的厂房设备参加到该行业来,该行业现有厂商的厂房设备规模也是固定不变的。因此,厂商只能在给定的生产规模下,通过对产量的调整来实现 MR=SMC 的利润最大化的均衡条件。

当厂商实现 MR=SMC 时,有可能盈利,也可能收支相抵或者亏损,对此情况,可用图 5-5 来说明。

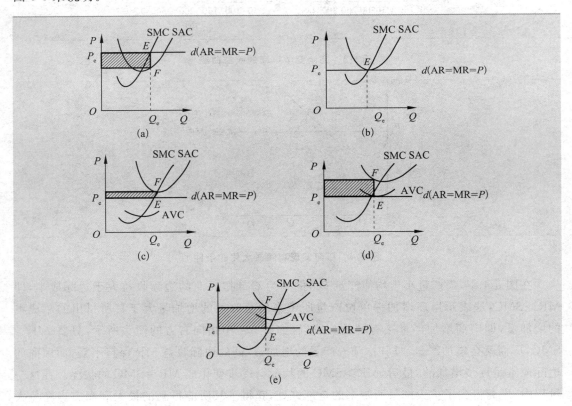

图 5-5  完全竞争厂商短期均衡的各种情况

### (一) 超额利润

当市场价格高于平均成本时,厂商的总收益大于总成本,获得超额利润,如图 5-5(a)所示。根据利润最大化的原则,均衡点为曲线 MR 和曲线 SMC 的交点 $E$,相应的均衡产量为 $Q_e$。在 $Q_e$ 的产量上,厂商获得超额利润,它相当于图中阴影部分的面积。

## (二)正常利润

当市场价格等于平均成本时,厂商的总收益等于总成本,厂商的超额利润刚好为零,即收支相抵,如图 5-5(b)所示。厂商的需求曲线 $d$ 相切于 SAC 曲线的最低点,这一点是 SAC 曲线和 SMC 曲线的交点。这一点恰好也是 MR $=$ SMC 的利润最大化的均衡点 $E$。在均衡产量 $Q_e$ 上,平均收益等于平均成本,厂商的超额利润为零,但厂商实现了正常利润。

## (三)亏损

(1)当平均收益小于平均成本,但仍大于平均可变成本时,厂商亏损,但仍可继续生产,如图 5-5(c)所示。根据厂商利润最大化的均衡条件,均衡点为 MR 曲线和 SMC 曲线的交点 $E$,均衡产量为 $Q_e$。在 $Q_e$ 的产量上,厂商的平均收益小于平均成本,所以厂商是亏损的,其亏损量相当于图中阴影部分的面积。但由于在 $Q_e$ 的产量上,厂商的平均收益 AR 大于平均可变成本 AVC,所以,厂商虽然亏损,但仍继续生产。这是因为,只有这样,厂商才能在用全部收益弥补全部可变成本以后还有剩余,以弥补在短期内不变成本的一部分。所以,在这种亏损情况下,生产比不生产要强。

(2)当平均收益等于平均可变成本时,即 AVC $=$ AR $<$ SAC 时,处于停止经营点,如图 5-5(d)所示,这一点是 AVC 曲线和 SMC 曲线的交点。在均衡产量 $Q_e$ 上,厂商的平均收益小于平均成本,即 AR $<$ SAC,厂商是亏损的,其亏损相当于图中的阴影部分面积。此时,厂商的平均收益 AR 等于平均可变成本 AVC,厂商可以生产也可以不生产,也就是说,厂商生产或不生产的结果都是一样的。这是因为,如果厂商生产,则全部收益只能弥补全部的可变成本,不变成本得不到任何弥补。如果厂商不生产,厂商虽然不必支付可变成本,但是全部不变成本仍然存在。由于在这一均衡点上,厂商处于关闭企业的临界点,所以,该均衡点也被称作停止经营点或关闭点。

(3)当平均收益小于平均可变成本,即 AR $<$ AVC $<$ SAC 时,厂商将停止生产,如图 5-5(e)所示。在均衡产量 $Q_e$ 上,厂商的亏损量相当于图中阴影部分的面积。此时,厂商的平均收益 AR 小于平均可变成本 AVC,厂商停止生产。因为在这种亏损的情况下,如果厂商还继续生产,则全部收益连可变成本都无法全部弥补,就更谈不上对不变成本的弥补了。而事实上,只要厂商停止生产,可变成本就可以降为零。显然,此时不生产比生产要强。

综上所述,完全竞争厂商短期均衡的条件是:

$$MR = SMC \tag{5-6}$$

在短期均衡时,厂商有可能获得超额利润、实现正常利润和出现亏损三种情况。

## 五、完全竞争厂商的长期均衡

在完全竞争厂商的长期生产中,所有的生产要素都是可变的,厂商是通过对全部生产要素的调整,来实现 MR $=$ LMC 的利润最大化的均衡原则的。在市场价格给定的条件下,厂商在长期生产中对全部生产要素的调整可以表现为两个方面:一方面表现为对最优的生产规模的选择;另一方面表现为进入或退出一个行业的决策。厂商的决策会影响整个行业的供给,从而影响市场价格。具体来说,当市场上供给小于需求时,价格较高,各厂商会扩大生产,其他企业也会进入这个行业,从而使得整个行业供给增加,价格水平下降。当供给大于需求时,价格较低,各厂商会减少生产,有些企业会退出该行业,从而使得整个行业供给减少,价格水平上升,最终价格水平会达到使所有厂商既无超额利润又无亏损的状态。

这时,整个行业的供求达到了均衡,各厂商的产量不再调整,于是就实现了长期均衡,可用图 5-6 来说明完全竞争厂商的长期均衡。在图 5-6 中,LMC 是长期边际成本曲线,LAC 是长期平均成本曲线。虚线 $d_1$ 为整个行业供给小于需求时个别企业的需求曲线,虚线 $d_2$ 为整个行业供给大于需求时个别企业的需求曲线。如前所述,当整个行业供给小于需求时,由于价格较高,会引起整个行业供给增加,从而价格下降,个别厂商的需求曲线 $d_1$ 向下移动。当整个行业供给大于需求时,由于价格较低会引起整个行业供给减少,从而价格上升,个别企业的需求曲线 $d_2$ 向上移动。这种调整的结果使需求曲线最终移动到这时,边际成本曲线(LMC)与边际收益曲线(MR,即 $d$)相交于点 $E$,决定了产量 $Q_e$。这时总收益为平均收益乘以产量,总成本为平均成本乘以产量,总收益等于总成本,企业既无超额利润又无亏损,因此,也就不用再调整产量,即实现了长期均衡。图 5-6 说明在完全竞争市场上,竞争激烈,长期中厂商无法实现超额利润,只能获得正常利润。

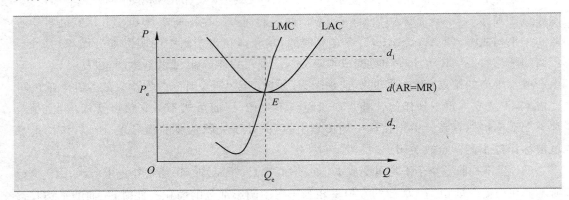

图 5-6　完全竞争厂商的长期均衡

由图 5-6 还可以看出,当完全竞争厂商实现了长期均衡时,长期边际成本曲线(LMC)、长期平均成本曲线(LAC)都相交于点 $E$。总之,完全竞争厂商的长期均衡出现在 LAC 曲线的最低点。这时,生产的平均成本降到长期平均成本的最低点,商品的价格也等于最低的长期平均成本。

由此可以得到完全竞争厂商长期均衡条件为

$$MR = LMC = SMC = LAC = SAC \tag{5-7}$$

## 六、完全竞争市场的评价

### (一) 完全竞争市场的优越性

(1) 从社会的供求均衡来看,产品既不会出现供不应求,也不会出现供过于求的状况,从而使资源得到最优配置。

（2）从成本与价格的关系来看，由于 $LAC = LMC = P$，消费者支付的市场价格最低。

（3）从经济效率来看，完全竞争市场厂商在生产技术使用方面是有效率的。

（4）从经济运行的过程来看，完全竞争市场长期均衡可以迅速作出反应，使厂商及时调整生产经营决策。

## （二）完全竞争市场的缺陷

（1）由于各个企业的规模很小，小企业通常没有能力进行技术创新，从而不利于技术进步和发展。

（2）由于产品无差别，不能很好地满足消费者多样化的需求。

（3）各个厂商的最低平均成本不一定就是社会最低成本。

（4）由于信息是完全和对称的，所以不存在对技术创新的保护。

# 任务三　不完全竞争市场分析

## 一、完全垄断市场

### （一）基本含义、条件及形成原因

▶ 1. 基本含义及条件

完全垄断是指整个行业的市场完全被一家厂商所控制的状态。在完全垄断的市场类型中，一个厂商就是整个行业，产品没有任何替代品。具体地说，完全垄断市场的条件主要有四点：

（1）市场上只有唯一的一个厂商生产和销售商品；

（2）该厂商生产和销售的产品没有任何相近的替代品；

（3）其他任何厂商进入该行业都极为困难或不可能；

（4）厂商可以实行差别价格。在这样的市场中，排除了任何的竞争因素，完全垄断厂商控制了整个行业的生产和市场销售，所以，完全垄断厂商可以控制和操纵市场价格。

▶ 2. 形成原因

形成完全垄断的原因主要有以下几个：

（1）独家厂商控制了生产某种商品的全部资源或基本资源的供给。这种对生产资源的独占，排除了经济中其他厂商生产同种产品的可能性。

（2）独家厂商拥有生产某种商品的专利权，这使得独家厂商可以在一定的时期内垄断该产品的生产。

（3）政府的特许。政府往往在某些行业实行垄断的政策，如铁路运输部门、供电供水部门等，于是，独家企业就成了这些行业的垄断者。

（4）自然垄断。有些行业的生产具有这样的特点：企业生产的规模经济需要在一个很大的产量范围和相应的巨大的资本设备的生产运行水平上才能得到充分的体现，以至于整个行业的产量只有由一个企业来生产时才有可能达到这样的生产规模。而且，只要发挥这一企业在这一生产规模上的生产能力，就可以满足整个市场对该种产品的需求。在这类产品的生产中，行业内总会有某个厂商凭借雄厚的经济实力和其他优势最先达到这一生产规模，从而垄断整个行业的生产和销售，这就是自然垄断。

**拓展阅读**

价格歧视指垄断厂商凭借其垄断地位对同一产品收取不同价格的行为，也叫差别定价。

实行价格歧视的条件主要有三个：第一，厂商处于垄断地位，可以操纵价格；第二，消费者对垄断商品的需求价格弹性不同，即消费者具有不同的偏好；第三，市场充分隔绝，即垄断厂商能区分并将不同需求弹性的市场分离，使低价格市场上的消费者无法将低价购进的商品在高价市场上出售，否则，价格歧视无法实行。

实行价格歧视的依据主要有顾客类别、销售时间、产品销量、顾客地区、产品用途、顾客收入等因素。

价格歧视的类型：

（1）一级价格歧视（first degree price discrimination），也称完全价格歧视，指厂商按每一单位商品消费者愿意支付的最高价格确定单位商品的价格。

（2）二级价格歧视（second degree price discrimination），是指厂商按照消费者不同的购买量段收取不同的价格，购买量越小，厂商索价越高，购买量越大，厂商索价越低。

（3）三级价格歧视（third degree price discrimination），是指厂商对同一种商品在不同的消费群、不同市场上分别收取不同的价格。

（资料来源：价格歧视．百度百科，http://baike.baidu.com/view/354972.htm）

如同完全竞争市场一样，完全垄断市场的条件也很严格。在现实经济生活里，完全垄断市场也几乎是不存在的。在西方经济学中，由于完全竞争市场的经济效率被认为是最高的，因而完全竞争市场模型通常被用来作为判断其他类型市场经济效率高低的标准，而完全垄断市场模型就是从经济效率最低的角度来提供这一标准的。

## （二）完全垄断市场上的需求曲线和收益曲线

▶ **1. 完全垄断厂商的需求曲线**

在完全垄断市场上，一家厂商就是整个行业。因此，整个行业的需求曲线也就是一家厂商的需求曲线。这时，需求曲线就是一条需求量与价格成反方向变动的向右下方倾斜的曲线。

▶ **2. 完全垄断厂商的平均收益曲线和边际收益曲线**

在完全垄断市场上，平均收益仍等于价格，因此，平均收益曲线 AR 仍然与需求曲线重合。但是，在完全垄断市场上，当销售量增加时，产品的价格会下降，从而边际收益减少，边际收益曲线 MR 就不再与需求曲线重合了，而是位于需求曲线下方。而且，随着产量的增加，边际收益曲线与需求曲线的距离越来越大，表示边际收益比价格下降得更快。

▶ 3. 完全垄断厂商的总收益曲线

完全垄断厂商的总收益是先增加，达到最高点以后再减少。因为在每一个销售量上的 MR 值都是相应的 TR 曲线的斜率，所以当 MR 为正时，TR 上升；当 MR 为负时，TR 下降，MR 为零时，TR 达到最大值。

可以用图 5-7 来说明完全垄断厂商价格和收益之间的关系。如图 5-7（a）所示，完全垄断厂商的需求曲线和平均收益曲线都是向右下方倾斜的曲线，而边际收益曲线则是位于平均收益曲线左下方的另一条向右下方倾斜的曲线。如图 5-7（b）所示，完全垄断厂商的总收益曲线表现为先递增，达到最高点后再递减。

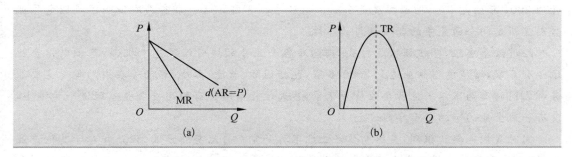

图 5-7　完全垄断厂商的需求曲线和收益曲线

## （三）对完全垄断市场的评价

许多经济学家对完全垄断市场和完全竞争市场比较分析，认为完全垄断对经济是不利的。

（1）经济效率低于完全竞争市场。因为完全垄断与完全竞争相比，平均成本和价格高而产量低。在完全竞争条件下，长期均衡的条件是 MR＝AR＝AC＝MC，即厂商是在最低的成本情况下，保持生产均衡，因而生产资源得到了最优配置。但在完全垄断条件下的长期均衡，由 MR 曲线与 MC 曲线的交点确定均衡产量。由于生产是在生产成本高于最低平均成本处保持均衡，因此，资源未能得到最优配置。

（2）社会福利损失。由于垄断厂商实行价格歧视，不仅使消费者支付高价，导致消费者剩余减少，而且还会导致社会纯福利损失。

（3）垄断者凭借其垄断地位而获得超额利润，加剧了社会收入分配的不平等。另外，居于垄断地位的厂商一般缺乏创新精神，所谓"皇帝的女儿不愁嫁"，对自身发展缺少危机感。

（4）厂商利用垄断地位就可以获得高额利润，不愿意进行技术改进和创新，阻碍技术进步。

### 课堂案例

电信产业从 20 世纪中后期开始到现在，已经发生了巨大的变化，垄断的种种消极影响不仅越来越显著，而且垄断也不再具有成本上的优势，从而失去了继续存在的理由。

国家计委和体改办拆分中国电信的初衷就是打破垄断。2001 年年底，中国电信的南北拆分方案终于尘埃落定，中国电信业的竞争将在更深的层次上展开。

事实上，无论怎样进行重组、拆分，短时间内其对市场竞争格局的影响都不会太大，南方的中国电信要和北方的中国网通真正展开短兵相接的竞争,还需要两大电信企业完成内部整合。而由于本地网的问题,双方进入对方的领地还有一定的难度。

我们看到,中国的产业变革都顺应了电信业自然垄断属性变化的要求,改革的结果证明,电信业引入竞争不但没有造成电信运营商的亏损,反而使得中国电信业步入了一个飞速发展的新时期。一方面电信资费迅速下降,价格结构日趋合理;另一方面,电信服务质量迅速提高,用户满意率大幅上升;特别要指出的是,电信业的经营状况并没有因引入竞争而受到损害。1999—2003 年,我国电信业务收入年平均增长 21.80%,电信增加值年均增长 19.93%,电话普及率达到了 42.1%。我国电信市场价值占全球的比例也由 1997 年 2% 上升到 2001 年的 4.5%,增长幅度是全球平均水平的 3 倍。这一事实再次证明了我国电信业告别垄断走向全面竞争的合理性与必然性。

经过改革重组,电信领域已打破垄断,在各个业务领域引入了竞争机制,基础电信企业已经有 6 家,增值电信企业达到 8000 多家,包括国际、长途、本地、移动等在内的各类主要业务都已同时有两家以上运营企业展开竞争,各大运营商所拥有的用户数量差距进一步缩小,没有一家企业的市场占有率超过 50%。

同时我们也要认识到,虽然电信产业已不再是完全自然垄断产业,但是相对于其他产业来说,仍然存在着较强的成本劣加性和进入壁垒,因此,电信业仍然需要一定的政府规制和市场准入控制,以保持适度的竞争规模,避免过度竞争导致的效率损失和资源浪费。

(资料来源:电信行业的垄断与竞争问题研究[M]. 管仁勤. 经济经纬,2004,3.)

## 二、垄断竞争市场

### (一) 基本含义和条件

▶ 1. 基本含义

垄断竞争市场是这样一种市场组织,一个市场中有许多厂商生产和销售有差别的同种产品。根据垄断竞争市场的这一基本特征,西方经济学家提出了生产集团的概念。因为,在完全竞争市场条件下,行业的含义是很明确的,它是指生产同一种无差别产品的厂商总和。而在垄断竞争市场,产品差别使上述意义上的行业不存在。为此,在垄断竞争市场理论中,把市场上大量生产非常接近的同种产品的厂商的总和称为生产集团。例如汽车加油站集团、快餐食品集团、理发店集团等。

▶ 2. 条件

具体地说,垄断竞争市场的条件主要有以下三点:

(1) 在生产集团中有大量的厂商生产有差别的同种产品,这些产品彼此之间都是非常接近的替代品。例如,牛肉面和羊肉面是有差别的同种(面食)产品,二者具有较密切的替代性。这里所说的差别,不是指不同产品之间的差别,而是指同种产品之间在质量、包装、牌号和销售条件,甚至服务质量上的差别。这些差别使每个厂商都享有一部分顾客的偏爱和信任,从而影响产品的价格。

(2) 一个生产集团中的厂商数量非常多,以至于每个厂商都认为自己的行为影响很小,不会引起竞争对手的注意和反应,因而自己也不会受到竞争对手的任何报复措施的影响。例如盒饭和理发行业。

（3）厂商的生产规模比较小,因此,进入和退出一个生产集团比较容易。在现实生活中,垄断竞争的市场组织在零售业和服务业中是最普遍的,如修理业和糖果零售业等。

在垄断竞争生产集团中,各个厂商的产品是有差别的,厂商们相互之间的成本曲线和需求曲线未必相同。但是在垄断竞争市场模型中,西方学者总是假定生产集团内所有厂商都具有相同的成本曲线和需求曲线,并对代表性厂商进行分析。这一假定能使分析简化,而又不影响结论的实质。

## （二）垄断竞争市场的需求曲线

由于垄断竞争厂商可以在一定程度上控制自己产品的价格,即通过改变产品的销售量来影响商品的价格,所以,如同完全垄断厂商一样,垄断竞争厂商所面临的需求曲线也是向右下方倾斜的。垄断竞争市场结构的特点是每个厂商面临两条需求曲线,一条是 $d$ 需求曲线（主观需求曲线）,另一条是 $D$ 需求曲线（客观需求曲线）。

### 拓展阅读

$d$ 曲线:表示在垄断竞争生产集团中的单个厂商改变产品价格,而其他厂商的产品价格保持不变时,该厂商的产品价格与销售量之间的对应关系。

$D$ 曲线:表示在垄断竞争生产集团中的单个厂商改变产品价格,而其他所有厂商也使产品价格发生相同变化时,该厂商的产品价格和销售量之间的关系。

在一个生产集团内,产品之间存在着较高的替代性,而且由于厂商数目较多,每个厂商行为互不影响。这样,每个厂商,从而大幅度地增加销售量,这种具有很大弹性的需求曲线就是 $d$ 需求曲线。

但是,每个厂商都按照 $d$ 需求曲线降价的结果是,没有一个厂商按照 $d$ 需求曲线增加其销售量,而是按照 $D$ 需求曲线增加其销售量。这是因为每个厂商都降价,就没有一个厂商能从集团内其他厂商那里吸引更多的顾客了。

（资料来源:魏勋 . 现代西方经济学教程 . 天津:南开大学出版社,2003）

## （三）垄断竞争市场上的非价格竞争

在垄断竞争市场上,厂商之间既存在价格竞争,也存在非价格竞争。就价格竞争而言,它虽然能使一部分厂商得到好处,但从长期看,价格竞争会导致产品价格持续下降,最终使厂商的利润消失。因此,非价格竞争便成为垄断竞争厂商普遍采取的另一种竞争方式。

在垄断竞争市场上,由于每一个厂商生产的产品都是有差别的,所以,垄断竞争厂商往往通过改进产品品质、精心设计商标和包装、改善售后服务以及加强广告宣传等手段,来扩大自己产品的市场销售份额,这就是非价格竞争。在完全竞争市场,由于每一个厂商生产的产品都是完全同质的,所以,厂商之间不可能存在非价格竞争。

垄断竞争厂商进行非价格竞争,仍然是为了获得最大利润。进行非价格竞争是需要花费成本的。例如,改进产品性能会增加生产成本,增设售后服务网点需要增加投入,广告宣传的费用也是相当可观的。厂商进行非价格竞争所花费的总成本必须小于由此所增加的总收益,否则,厂商是不会进行非价格竞争的。很显然,边际收益等于边际成本的利润最大化原则,对于非价格竞争仍然是适用的。

### (四)对垄断竞争市场的评价

垄断竞争市场的经济效率介于完全竞争市场和完全垄断市场之间。当垄断竞争厂商处于长期均衡时,市场价格高于厂商的边际成本,等于厂商的平均成本但高于平均成本最低点。这就决定了垄断竞争市场的经济效率低于完全竞争市场。但从程度上来看,垄断竞争又比完全垄断市场有效率。在完全竞争市场上,由于缺乏对技术创新的保护,因而不存在企业技术创新的动力,在完全垄断的市场结构中,由于没有竞争,缺乏技术创新的压力。在垄断竞争的市场结构中,既存在对技术创新的保护专利等,又存在着同类产品的竞争,具有较大的外在压力,所以,垄断竞争市场被认为是最有利于技术进步的市场结构。但在垄断竞争市场条件下,由于在长期不可能在平均成本最低点上实现最大利润,因而其资源利用效率要比完全竞争市场低,存在一定的资源浪费。

## 三、寡头垄断市场

### (一)寡头垄断市场的含义与条件

寡头垄断市场又称为寡头市场。它是指少数几家厂商控制整个市场产品生产和销售的市场组织。寡头市场被认为是一种较为普遍的市场组织。西方国家有不少行业都表现出寡头垄断的特点,例如美国的汽车业、电气设备业、罐头行业等,都被几家厂商所控制。

形成寡头市场的主要原因如下:某些产品的生产必须在相当大的生产规模上运行才能达到最好的经济效益;行业中几家厂商控制着生产所需的基本生产资源供给;政府的扶植和支持等。由此可见,寡头市场的成因和完全垄断市场是很相似的,只是在程度上有所差别而已,寡头市场是比较接近完全垄断市场的一种市场组织。

寡头垄断市场应该满足下列条件:

(1)厂商数量极少。寡头垄断市场上,生产者的数量很少,每一个厂商在市场中都占有相当大的市场份额。

(2)厂商生产的产品既可同质,也可存在差别。前者称为纯粹寡头,如钢铁、水泥、石油、制铝等行业,后者称为差别寡头,如家电、汽车等行业。

(3)新的厂商加入该行业比较困难。这种进入障碍表现为现有厂商在规模经济性、技术装备、获得政府特许、对生产要素的控制等方面占有优势。

(4)厂商行为的不确定性。在寡头市场上,每个厂商的产量都在全行业的总产量中占有较大的份额,从而每个厂商的产量和价格的变动都会对其他竞争对手产生影响。因此,寡头垄断市场呈现出不同于其他市场的特征,这主要表现在:寡头厂商之间存在相互依存性,寡头垄断市场的价格具有相对稳定性,寡头厂商行为的结果具有不确定性。

## （二）古诺模型

▶ 1. 基本假设

（1）市场上只有两个厂商。

（2）生产同一种同质商品。

（3）生产成本为零，边际成本为零。

（4）两个厂商面临的市场需求曲线是线性的，并且两个厂商对曲线上的每一点都有完备的信息。

（5）市场变化仅指产销量变化，销售价格相同。

（6）每个厂商在选择产销量时，都以对方产销量不变为前提。

▶ 2. 古诺模型的概念及图形

古诺模型（Gournot model），也称双头模型（duopoly model），是指在假设条件下，寡头垄断厂商双方，根据 MR＝MC＝0 规律，使得各自的产销量为市场需求量的三分之一的均衡状态。

在图 5-8 中，$D$ 曲线为两个厂商共同面临的线性的市场需求曲线。由于生产成本为零，故图中无成本曲线。

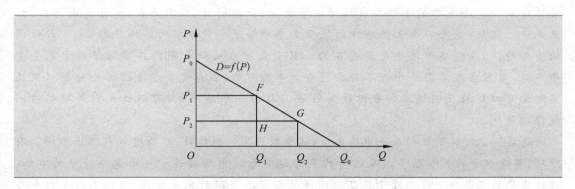

**图 5-8 古诺模型**

在第一轮，A 厂商首先进入市场。由于生产成本为零，所以，厂商的收益就等于利润。A 厂商面临 $D$ 市场需求曲线，将产量 $Q_1$ 定为市场容量 $Q_0$ 的 1/2，将价格定为 $P_1$，从而实现了最大的利润，其利润量相当于图中矩形 $OP_1FQ_1$ 的面积（因为从几何讲，该矩形是直角三角形中面积最大的内接矩形）。

然后，B 厂商进入市场。B 厂商准确地知道 A 厂商在本轮留给自己的是市场容量的 $Q_0/2$，B 厂商按相同的方式行动，生产他所面临的市场容量的 1/2，即产量为 $Q_2$。此时，市场价格降为 $P_2$，B 厂商获得相当于图中矩形 $Q_1HGQ_2$ 面积的最大利润。而 A 厂商的利润因价格的下降而减少为矩形 $OP_2HQ_1$ 的面积。前提是 A 厂商还没有来得及按 $P_1$ 的价格售出产品就立即将价格降至 $P_2$。

在第二轮，A 厂商知道 B 厂商在本轮中留给他的是市场容量的 $3Q_0/4$。为了实现最大的利润，A 厂商将产量定为自己所面临的市场容量的 1/2，即产量为 $3Q_0/8$。与上一轮相比，A 厂商的产量减少了 $Q_0/8$。

这意味着 A 厂商吃一堑后没有长一智，以为 B 厂商会沿用上一轮的产量方案，不会觊觎自己新让出的部分市场。

然后,B 厂商再次进入市场。A 厂商在本轮留给 B 厂商的市场容量为 $5Q_0/8$,于是,B 厂商生产自己所面临的市场容量的 1/2 的产量,即产量为 $5Q_0/16$。与上一轮相比,B 厂商的产量增加了 $Q_0/16$。

在这样轮复一轮的过程中,A 厂商的产量会逐渐减少,B 厂商的产量会逐渐增加,最后,达到 A、B 两个厂商的产量相等的均衡状态为止。在均衡状态中,A、B 两个厂商的产量都为市场总容量的 1/3,即每个厂商的产量为 $Q_0/3$,行业的总产量为 $2Q_0/3$。

古诺模型的结论也可以推广到 $n$ 个寡头的情况:每个寡头厂商的产量为市场总容量的 $1/(n+1)$,市场总产量为市场最大产量的 $n/(n+1)$。

## 导入案例分析

完全竞争是指由无数的卖者和买者组成的、无任何外在力量控制或人为因素干扰的市场结构。在这种市场上,既没有政府的直接干预和控制,也没有厂商的相互勾结或集体行动。完全竞争的市场具有以下四个特征:产品同质、厂商无数、要素自由进出、信息充分。显然,完全符合上述条件的完全竞争市场是一种理想的市场状态,是一种极端的市场情况,在现实经济中是不存在的。只有金融市场和农副产品市场接近于完全竞争市场,虽然在现实经济中并不存在完全竞争的市场,但是完全竞争的理论分析框架及其结论可以作为我们观察和分析现实经济问题的一个参照系,可以使我们所研究的问题得以简化。

就案例中所提到农村春联市场来看,从春联产品的同质性、厂商进入与退出市场没有障碍、买卖双方的数量很多以及信息的充分说明春联市场接近于一个完全竞争的市场。这种竞争的充分性主要来源于产品的同质性即产品之间的完全替代,而厂商的无数个保证单个厂商不能控制产品的价格,在模型中要求参与者数量是无数个,他们的经济行为对价格没有影响。在现实中,尽管厂商和消费者的数量很大,但总是有限的,也就不能满足个体行为对价格有影响的条件。从信息的充分与对称性来看,获取信息是有成本的,人们对于信息的搜寻与获取也是建立在成本与收益的比较之上而做出决策,在现实中人们往往根据经验来做出产品相关性质的判断,所以在一些外观形状、颜色等较容易判断的低级产品上容易产生接近于完全竞争性质的市场,而在一些个体化的、对产品和服务需要更多信息的高级产品以及需要相关制度安排来保证交易的顺利进行的产品和劳务就不太容易形成接近于完全竞争性质的市场。在自由进出市场上,政府扮演一个非常重要的角色,我们似乎可以从政府是不是促进厂商之间,不论是国有企业还是私有企业的充分竞争来判断政府的社会价值是不是从效率出发,如果人为规定某个领域不能让某几类性质厂商进入,那么可以肯定一点,那就是政府一定有经济效率之外的考虑即并没有完全从经济效率的角度来促进社会经济的发展。

## 项 目 小 结

市场结构影响厂商行为并因此影响市场结果。市场结构范围从完全竞争到垄断。完全竞争性厂商没有改变其出售产品市场价格的市场权力。即使相关的市场需求曲线向下倾斜,完全竞争性厂商仍面对一条水平的需求曲线。利润最大化促使竞争性厂商以边际成本等于价格的产量进行生产。这代表了厂商的短期均衡。竞争性厂商的供给曲线即边际成本曲线。短期内供给数量依价格变化而上升或下降。如果投入要素的价格、技术水平和预期的其中之一发生变化,厂商的供给曲线就会移动。如果成本或行业中的厂商数量发生变化,市场供给曲线将会移动。如果某竞争性行业存在短期利润,新厂商将会进入市场。随即发生的供给移动将迫使市场价格沿着市场需求曲线下降。随着价格的下降,行业及厂商的利润减少。竞争性价格和利润的减少在价格下降到最低总成本时达到极限。超额利润只有在技术革新(降低了成本)或需求增加的情况下才会出现。如果市场价格降到低于总成本,厂商将会退出行业。价格只有在进入和退出都停止时(获得零利润)才能达到稳定。竞争性市场最具特色的地方是给价格和利润施加持续不断的压力。在迫使生产者对消费者的需求做出快速反应并寻求更有效率的生产方式方面,竞争的威胁具有巨大的激励作用。从这个角度出发,竞争性市场最好地完成了市场的职责——有效地对资源进行配置。在一个完全垄断市场中,厂商由于占据垄断优势而获得垄断利润,而导致市场资源配置的效率最低。在一个垄断竞争市场,各厂商通过销售高度替代的差别产品进行竞争,新厂商进入或退出。在一个寡头垄断市场,仅少数几个厂商占有大部分或全部产量。进入壁垒使某些厂商即使在长期也能赚到可观的利润。在古诺模型中,各厂商同时做出产量决策,都将其他厂商的产量看作固定的。

## 知识测试与能力训练

**一、名词解释**

市场　市场结构　完全竞争市场　完全垄断市场　垄断竞争市场　寡头垄断市场　利润最大化　正常利润　超额利润　古诺模型

**二、单项选择题**

1. 在完全竞争市场上(　　　)。

　　A. 产品有差别　　　　　　　　B. 产品无差别

　　C. 产品有的有差别,有的无差别　　D. 以上说法都对

2. 在完全竞争条件下,平均收益与边际收益的关系是(　　　)。

　　A. 大于　　　　　B. 小于　　　　　C. 等于　　　　　D. 没有关系

3. 在完全竞争条件下,个别厂商的需求曲线是一条(　　)。

    A. 与横轴平行的线　　　　　　　　　B. 向右下方倾斜的曲线

    C. 向右上方倾斜的曲线　　　　　　　D. 与横轴垂直的线

4. 在完全竞争市场上,厂商短期均衡的条件是(　　)。

    A. MR＝SAC　　　　B. MR＝STC　　　　C. MR＝SMC　　　　D. AR＝MC

5. 完全竞争市场的厂商短期供给曲线是指(　　)。

    A. AVC＞SMC 中的那部分 AVC 曲线

    B. AC＞SMC 中的那部分 AC 曲线

    C. SMC≥AVC 那部分 SMC 曲线

    D. SMC≥AC 那部分 SMC 曲线

6. 一个市场只有一个厂商,生产一种没有替代品的产品,这样的市场结构称为(　　)。

    A. 垄断竞争市场　　　　　　　　　　B. 完全竞争市场

    C. 寡头垄断市场　　　　　　　　　　D. 完全垄断市场

7. 垄断厂商面临的需求曲线是(　　)。

    A. 向右下方倾斜的　　　　　　　　　B. 向右上方倾斜的

    C. 垂直的　　　　　　　　　　　　　D. 水平的

8. 完全垄断厂商定价的原则是(　　)。

    A. 利润最大化　　　　　　　　　　　B. 社会福利最大化

    C. 消费者均衡　　　　　　　　　　　D. 随心所欲

9. 完全竞争市场与垄断竞争市场的根本区别在于(　　)。

    A. 厂商数目的多少　　　　　　　　　B. 进入市场是否有障碍

    C. 产品是否有差别　　　　　　　　　D. 市场信息是否畅通

10. 寡头垄断市场和完全垄断市场的主要区别是(　　)。

    A. 企业数目不同　　　　　　　　　　B. 竞争策略不同

    C. 成本结构不同　　　　　　　　　　D. 从事开发和研究的力度不同

### 三、多项选择题

1. 在完全竞争条件下,与平均收益曲线重叠的是(　　)。

    A. 价格曲线　　　　B. 需求曲线　　　　C. 边际收益曲线

    D. 总收益曲线　　　　E. 边际成本曲线

2. 在亏损状态下,厂商继续生产的条件是(　　)。

    A. $P＝SAFC$　　　　B. $P＞SAVC$　　　　C. $P＜SAVC$

    D. $P＝SAVC$　　　　E. $P＜SAFC$

3. 在完全竞争市场上,厂商短期均衡的条件是(　　)。

    A. MR＝SMC　　　　B. $P＝SMC$　　　　C. AR＝SMC

    D. MR＝MC　　　　E. AR＝MC

4. 按竞争与垄断的程度,可将市场分为(　　)。

    A. 完全垄断市场　　　　　　　　　　B. 垄断竞争市场

C. 寡头垄断市场　　　　　　　　　　D. 完全竞争市场

　　E. 营销市场

5. 在完全竞争市场上,厂商处于长期均衡时(　　　)。

　　A. SMC＝SMR＝SAC＝SAR　　　　　B. MR＝LMC＝SMC

　　C. MR＝AR＝MC＝AC　　　　　　　D. MR＝LMC＝SMC＝LAC＝SAC

　　E. $P$＝LMC＝LAC＝SMC＝SAC

6. 厂商的停止经营点是(　　　)。

　　A. $P$＝AVC　　　　　　　　　　　B. TR＝TVC

　　C. TR＝TC　　　　　　　　　　　　D. 企业总亏损等于 TFC

　　E. $P$＝AFC

7. 行业的长期供给曲线分为(　　　)三种情况。

　　A. 成本不变的长期供给曲线

　　B. 成本递减的长期供给曲线

　　C. 成本先上升而后下降行业的长期供给曲线

　　D. 成本递增的长期供给曲线

　　E. 以上说法都对

8. 厂商要获得经济利润,一定是(　　　)。

　　A. TR＞TC　　　　B. $P$＞AC　　　　C. TR＞TVC

　　D. $P$＞AVC　　　　E. TR＝TC

9. 在短期,完全垄断厂商(　　　)。

　　A. 有可能获得正常利润　　　　　　B. 也有可能发生亏损

　　C. 永远获得超额利润　　　　　　　D. 永远处于亏损状态

　　E. 也可能获得超额利润

10. 下面对古诺模型描述正确的是(　　　)。

　　A. 假设市场上有两个以上的厂商

　　B. 古诺模型也称为双头模型

　　C. 厂商分别占市场需求量的二分之一

　　D. 厂商的生产成本为零

　　E. 古诺模型的结论可以推广到 $n$ 个寡头的情况

**四、判断题**

1. 如果企业没有经济利润,就不应该生产。(　　　)

2. 在任何时候,只要商品价格高于平均变动成本,企业就应该生产。(　　　)

3. 短期中的供给曲线就是整条 MC 线。(　　　)

4. 长期供给曲线是长期边际成本曲线的一部分,并且比短期供给曲线平坦。(　　　)

5. 经济利润就是价格与平均变动成本之差。(　　　)

6. 对任何企业来说,如果边际成本降低,根据利润最大化原则,该企业应当降价销售。(　　　)

7. 完全垄断企业是价格的制定者,所以它能随心所欲地决定价格。(　　)

8. 完全垄断都是不合理的。(　　)

9. 寡头垄断市场只存在两家竞争企业。(　　)

10. 在完全垄断市场上,一家厂商就是一个行业。(　　)

## 五、计算与分析题

已知一家垄断企业的成本函数为:$TC=5Q^2+20Q+1000$,产品的需求函数为:$Q=140-P$,要求:(1)计算利润最大化时的产量、价格和利润。

(2)分析厂商是否从事生产。

## 六、分析问答题

1. 完全竞争市场和完全垄断市场上的边际收益曲线与平均收益曲线的关系有什么不同?

2. 为什么利润最大化原则 $MR=MC$ 在完全竞争条件下可表述为 $MC=P$?

3. 对比分析垄断竞争市场结构与完全竞争市场结构。

# C 项目6
## Chapter 6 探讨市场失灵与微观经济政策

## 知识目标

1. 了解市场失灵的含义和形成的原因、表现；
2. 掌握垄断的定义和危害及政府对垄断的管制措施；
3. 理解公共物品的含义、特征、分类及政府对公共物品的管制；
4. 理解外部效应的含义、分类及政府解决外部效应问题的方法；
5. 理解信息不对称的含义、导致市场失灵行为的表现及解决信息不对称的对策。

## 能力目标

1. 能分析市场失灵产生的原因及垄断带来的危害；
2. 能运用外部效应理论分析公共产品与市场的关系；
3. 能运用信息不对称相关知识分析市场失灵的表现；
4. 理解政府对垄断、公共产品的管制和政府对外部效应、信息不对称的干预对策。

## 案例导入

2002年，大连至金石滩的轻型轨道列车一期工程通车。过去，人们乘小客车从大连到开发区需要1小时，现在乘轻轨只需不到30分钟。而且轻轨内部环境好，运行过程也安全。但是轻轨运行一段时间之后，却陷入了一种非常尴尬的境地，每节可以容纳100余人的车厢，一般只有十几个乘客。

为什么呢？因为价格。小客车从大连到开发区的票价是5元，轻轨却要10元。而且，小客车随叫随停，而轻轨只能到车站才能停车，而车站多数设置在距离市中心比较远的地方，乘客下车后还要自己打车或坐公交走很远才能到市中心。所以在票价高、不方便的条件下,人们一直都不认可轻轨。

这样运行了一段时间之后,轻轨的票价由10元调整到3元。这样,虽然下车后还要搭一段公交车或出租车才能达到市中心,但毕竟和小客车相比轻轨也有许多优势,而且价格也便宜了。所以很快,轻轨的车厢里由过去的十几个人变成了座无虚席,每节车厢人数基本都在100人以上。后来,轻轨列车由过去的香炉礁车站又延伸到了市中心的大连火车站,票价又涨到5元,和小客车票价相同。但是它更方便了,已经直达大连市中心了,所以虽然涨价,但是乘客却猛增,每列车都座无虚席。

(资源来源:https://wenku.baidu.com/view/a7b5626e178884868762caaedd3383c4bb4cb495.html? from＝search)

思考与讨论:

1. 简述轻轨价格的调整政策对公司产生的影响。
2. 简述政府失灵和市场失灵的区别。

## 任务一　市场失灵概述

### 一、市场失灵的概念

英国古典经济学家亚当·斯密1776年在他的名著《国富论》中提出了"看不见的手"的原理,恰当地阐述了市场机制对整个经济社会的调节作用,指出了市场机制具有优化资源配置、促进社会生产力发展的功能。然而,1929年资本主义世界特大经济危机爆发,宣告了"市场神话"的破灭。1956年美国麻省理工学院巴托教授首次创造并使用了"市场失灵"这一概念。

市场失灵(market failure)是指由于市场价格机制在某些领域、某些场合不能或不能完全有效发挥作用而导致社会资源无法得到最有效配置的情况。

### 二、市场失灵的形成原因

市场失灵是以现实中的市场普遍存在着不完全信息、不完全竞争为基础的,不再局限于存在外部效应、公共物品等狭隘的市场范围,而是无处不在的。市场失灵有以下几个主要原因。

(1) 个人自由和社会原则的矛盾。如利益最大化与社会公平可能存在不一致,即效率与公平的矛盾是市场无法自行解决的。

(2) 现实中的经济运行不能满足完全竞争假定。如独占、垄断、过度竞争等都会引起社会效率的损失。

(3) 存在外部效应。如航空公司制造了大量噪声,但一般不会因为干扰了机场附近居民的生产生活而进行补偿。

(4) 公共物品是市场无法自行保证供给的。如免费提供的国防和公共照明等。

(5) 信息不完备或信息不对称会损害正当市场交易。市场交易主体所掌握的信息是不对称的。

（6）存在不完全均衡。资源不能被充分利用，如失业等。

（7）完全市场的假定不能充分成立。如完全的风险保障市场是不存在的。

# 任务二　垄断与市场失灵

## 一、垄断的含义

垄断（monopoly）一般是指唯一的卖者在一个或多个市场，通过一个或多个阶段，面对竞争性消费者的状态。垄断者在市场上能够随意调节价格与产量（不能同时调节），通过对某种产品的生产和销售进行控制来获取高额利润。

自然垄断：指一个企业能以低于两个或者更多的企业成本为整个市场供给一种物品或者劳务，如果相关产量范围存在规模经济时自然垄断就产生了。

垄断可以分为国内垄断和国际垄断，也可以分为买方垄断和卖方垄断。

## 二、垄断导致市场失灵的表现

在垄断和其他不完全竞争市场中，因为面临的是两条向右下方倾斜的收益曲线，且平均收益曲线 AR 和需求曲线高于边际收益曲线 MR，所以按照市场经济中的利润最大化原则 MR＝MC，在均衡点时，厂商定价会大于边际成本 MC，造成低效率的资源配置状态，社会福利损失。如图 6-1 所示，垄断厂商的利润最大化产量为小于社会福利最优状态的产量 $Q^*$，价格为 $P_m>$MC，福利净损失为三角形 $ABC$ 的面积，这部分是社会的净损失，即不论是垄断厂商还是消费者，都没有办法在市场机制的作用下获得。具体来说，厂商如果按照社会福利最优状态定价，消费者原来可以实现的所有消费者剩余为大三角形。在垄断的市场结构中，实际上消费者剩余只为小三角形，垄断厂商得到的一部分垄断利润为矩形 $CBP_mP^*$，而小三角形 $ABC$ 的部分在社会福利中无法得到。

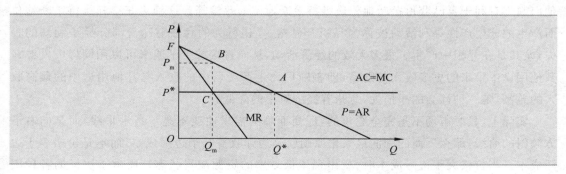

**图 6-1　垄断与市场失灵的表现**

在理论上，消费者和厂商可以通过协议将三角形 $ABC$ 进行分割，以实现双方利益的增加，即依据一定标准降低定价而增加更多产量，从而消费者可以提高消费者剩余水平，或垄断厂商可以实现更多利益,或实现双赢,甚至按照 $P = MC$ 直接定价,最终达成社会福利最优状态。但在实际生产中,一方面消费者和厂商在收益分配上很难达成一致意见;另一方面消费者之间在如何分摊支付给厂商的利润损失问题上也很难实现统一,所以选择谈判解决的难度很大。而且很多垄断者为了实现超额利润,会产生"寻租行为",增加社会的无效生产成本,造成社会更多的无谓损失。

### (一) 垄断与低效率

由于对某种产品的生产和销售的控制是通过市场实现的,造成市场垄断的主要因素有技术进步、市场扩大、企业为获得规模经济而进行的兼并等。垄断一旦形成,市场的竞争性就会被削弱,从而使市场机制配置资源的有效性受到一定限制。这主要表现在如下几个方面。

▶ 1. 价格高,产量低

垄断厂商为获得最大利润,一定会尽可能控制产量和价格,其产品的价格通常会高于完全竞争条件下的价格,产品的产量则会低于完全竞争条件下的产量,导致消费者剩余减少而生产者剩余增加,资源的配置难以达到最优状态。这意味着市场机制作用的发挥将会受到一定程度的限制,从而导致生产不足和资源配置的低效率。

▶ 2. 分配的低效率

垄断利润的存在是对消费者利益的剥夺,因此,这必然会导致分配低效率的存在,出现分配不公。即消费者用相同的收入可购买到的商品数量有所下降,从而没有实现每单位货币边际效用相等的最大化原则。在此情况下,消费者均衡就难以实现。

▶ 3. 技术的低效率

在垄断的条件下,由于垄断厂商缺乏竞争的外部压力,其经济效率必然低于竞争条件下的经济效率,即出现技术低效率。技术低效率的存在意味着垄断厂商实际上无法实现利润最大化,生产者均衡难以实现。

▶ 4. 垄断导致寻租的产生

由于垄断不仅是一种特权,也是一种无形资产,它可以给厂商带来垄断利润。因此,任何一个垄断厂商都会为获得或维持其垄断地位而付出代价,例如向政府官员或议员行贿,让他们制定有利于自己获得垄断地位或维持垄断地位的政策等。这种为获得和维持垄断地位而产生的非生产性寻利活动被称为寻租。显然,寻租行为的存在意味着部分经济利润的丧失,尤其是在寻租中产生了很多无效的经济活动,从而直接减少了原来可以用同样的资源在其他用途中带来的更多收入与财富,即垄断厂商生产经营中的收入与其他用途中的最高收入的差额,是一种社会的净损失,意味着经济效率的降低。

实际上,只要市场不是完全竞争的,厂商面临的需求曲线不是一条水平线,而是向右下方倾斜的曲线,那么厂商的利润最大化原则就是边际收益等于边际成本,而不是价格等于边际成本。当价格大于边际成本时,就出现了低效率的资源配置状态。而由于协议的各种困难,潜在的福利水平难以实现,于是整个经济便偏离了福利最优状态,处于低效率之中。由此可见,垄断的产生会在一定程度上限制市场机制的作用,使资源无法实现最优配置,从而导致市场失灵。

## （二）寻租理论

在市场竞争条件下,资源通过市场竞争实现配置,会动态地实现社会福利最优。在这一进程中,企业家通过创新来寻找、创造新的利润点,但通过竞争这些新的利润点会逐渐消失,这时企业家又不得不去寻找新的利润点。但是,市场的运作并不一定是完备的,市场的功能也可能受到各种因素的妨碍,这时政府就会介入市场。比如政府批准、同意、配额、许可证或特许等,对于资源配置都有影响。它们实际上都是在创造一个短缺的市场,谁拥有这一市场的份额就相当于拥有某种特权。政府介入市场,用权力配置资源,其结果就会产生各种各样的额外收益点,即权力导致的租金,就会诱导越来越多的寻租活动,如政治寻租、抽租等。因此,寻租活动的存在导致市场失灵,导致经济资源的扭曲配置,阻止了更有效的生产方式的实施;它耗费了社会的经济资源,使本来可以用于生产性活动的资源浪费在对社会无益的非生产性活动中;寻租还会导致政府官员的行为扭曲,他们会为了特殊利益而争夺权力。20世纪60年代后期,西方一些经济学家把分析重点从垄断结果转移到获得和维持垄断的过程,如行贿、游说等,发现厂商为此付出了一定代价。在寻租市场上,寻租者往往不止一个,单个寻租者的寻租代价只是整个寻租活动中经济损失的一部分,整个寻租活动的全部经济损失等于所有寻租者寻租活动代价的总和。而且,这个总和还将随着寻租市场竞争程度的不断加强而不断变大。可见,寻租活动是一种纯粹的资源浪费,进一步加剧了垄断的低效率。

寻租理论的分析,是要揭示存在寻租活动的情况下,有多少社会资源被运用于非生产性的寻租活动,浪费了多少资源,从而导致了资源配置的低效率。它最为重要的意义是要说明,政府行为往往导致寻租活动,导致社会资源的无效浪费,因而这样的政府行为在经济上是不必要的。

# 三、消除垄断对市场失灵影响的对策

## （一）对于垄断企业的政府管制

经济学家普遍认为垄断会导致资源配置效率低下、腐败与不公平,此外垄断利润通常也被看成是不公平的报酬。因此,这就有必要对垄断进行政府干预。政府管制是指政府为达到一定的目的,凭借其法定的权力对社会经济主体的经济活动所施加的某种限制和约束,如控制厂商的价格、销售与生产决策等。其宗旨是为市场运行及企业行为建立相应的规则,以弥补市场失灵,提高资源的配置效率,确保微观经济的有序运行,实现社会福利的最大化。政府管制属于政府的微观经济管理职能,它与旨在保证经济稳定与增长的宏观经济调控一起构成政府干预经济的两种主要方式。

政府对垄断的干预是多种多样的,主要分为经济管制与社会管制。比如,对垄断企业实行经济管制,可以对产品价格、市场进入与退出条件、产品与服务标准等进行约束,可以通过直接限定垄断企业的行为或从法制上进行管制。社会管制主要是对矫正经济活动所引起的各种派生后果和外部性问题进行管制,如规定垄断厂商生产时要保护环境以及维护劳工与消费者的健康和安全等。由于社会管制的具体手段比较复杂,其中政府对垄断价格的管制方法主要有以下几种。

▶ 1. 边际成本定价法

边际成本定价法是在市场需求曲线和厂商边际成本曲线给定的情况下,由两条曲线的交点来确定产品价格的方法。在竞争市场上,由市场需求曲线和市场供给曲线形成的均衡价格等于厂商的边际成本,从长期来看也等于厂商的最低平均成本。这样,边际成本定价一方面保证了厂商获得最大收益;另一方面又保证了消费者能够获得低价,从而获得最大效用。所以,在竞争市场上,边际成本定价是符合福利最大化条件的一种定价方法。但是,在自然垄断行业,由于厂商在平均成本递减的阶段进行生产,因此,当政府按边际成本定价时,即产品价格降为边际成本时,会给厂商带来亏损。为了避免垄断企业退出这一行业,政府通常会对企业进行补贴。

▶ 2. 平均成本定价法

平均成本定价法是在市场需求曲线和厂商平均成本曲线给定的条件下,由两条曲线的交点来确定产品价格的方法。既然边际成本定价会使企业发生亏损,从而无法实现社会福利最大化,那么至少应该限制企业的超额利润,使其盈亏相抵、收支平衡。本着这样一种思想,按平均成本确定产品的价格,即产品价格降为平均成本,厂商利润为零,使社会福利达到次优状态,就成为自然垄断条件下公共定价的又一可选方法。

▶ 3. 双重价格法

双重价格法是企业根据不同顾客、不同时间和场所来调整产品价格,实行双重定价,即对同一产品或劳务定出两种或多种价格,如对高收入者制定高价,对低收入者制定低价的定价方法。这种差别不反映成本的变化,而且前提条件是市场必须是可细分的且各个细分市场的需求强度是不同的,并且高价市场上不可能有竞争者削价竞销。

▶ 4. 控制资本回报率

资本回报率是指使用资本与相关回报(通常表现为获取的利息或分得利润)之比例,用于衡量投入资本的使用效果,是评估一个公司或其事业部门历史绩效的指标。控制资本回报率的目的是使垄断厂商的利润水平和社会中其他行业的平均水平相当,多余的部分要求上缴给国家或回馈给消费者和其他企业。

图 6-2 反映的是具有递增成本曲线的一般垄断厂商的情况。曲线 AR 为平均收益曲线,MR 是边际收益曲线。曲线 AC 和 MC 是其平均成本曲线和边际成本曲线。这里的平均成本曲线 AC 具有向右上方倾斜的部分。在没有管制的条件下,垄断厂商实现其利润最大化时,边际收益曲线上对应的水平为点 $A_1$,决定了最优产量 $Q_m$ 及最优垄断价格 $P_m$。这种垄断均衡一方面缺乏效率,因为在垄断产量上,价格高于边际成本;另一方面缺乏公平,因为在垄断产量 $Q_m$ 上,垄断厂商获得了超额垄断利润,即经济利润不等于零,或者说,全部利润大于正常利润,得到了在完全竞争市场中得不到的利润,此时政府要实行价格管制。但政府具体应当制定什么样的价格还要结合实际来具体分析。如果政府的目标是提高效率,则政府应当将价格定在恰当的水平上。当价格为 $P_e$ 时,垄断厂商面临的需求曲线上对应的水平为点 C,于是最大化产量为 $Q_e$,在该产量水平上,价格恰好等于边际成本($P_e = AR = MC$)。于是实现了福利最大化状态,即增加的成本可以从产品销售中正好得到补偿。从理论上说,这

不论对生产者还是消费者都是最好的状态。而且,当政府将价格定为 $P_e$,实现福利最大化时,垄断厂商仍然可以得到一部分经济利润,即为平均收益 $P_e=$ AR 超过平均成本 AC 的部分。如果政府试图制定一个更低的公平价格以消除经济利润,则该价格须为 $P_s$。在价格定为 $P_s$ 时,产量为 $Q_s$。此时,平均收益恰好等于平均成本($P_s=$ AR $=$ AC)。因此,$P_s$ 可称为零经济利润价格。但是,这样就出现了另一个问题,即在零经济利润价格水平上,违反了福利最大化条件,因为此时边际成本 MC 大于价格 $P_s$。因此,与福利最大化标准衡量的效率相比较,在垄断企业自行定价的情况下,厂商的最优产量太低、价格太高,而在政府管制下的零经济利润情况,均衡结果正好相反,最优价格太低、产量太高。

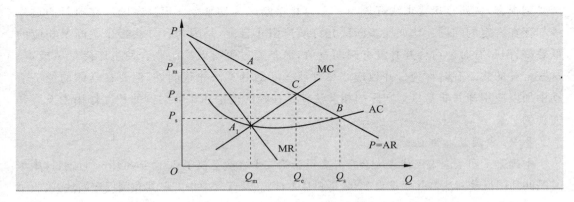

**图 6-2  对成本递增的垄断企业的管制**

福利最大化状态,即资源配置效率最佳。但是,如果要制定零经济利润价格则在这种情况下不是小于 $P_s$,而是要稍高一些。值得注意的是,在自然垄断的福利最大化价格 $P_m$ 和最优产量 $Q_m$ 上,垄断厂商的平均收益 AR 小于平均成本 AC,从而出现亏损。因此,在这种情况下,政府必须补贴垄断厂商的亏损。

### (二)反垄断法的制定和实施

反垄断法试图防止垄断或各种反竞争行为,以鼓励竞争,提高市场经济效率。

▶ 1. 美国反垄断法

(1)基本框架。美国反垄断法的基本框架主要由以下三个法律组成。

①《谢尔曼法》。《谢尔曼法》是美国反垄断法的奠基石。其第 1 条规定,限制任何企图限制贸易的合同、联合与共谋;第 2 条则禁止垄断和旨在垄断的勾结。但该法律条文本身与相关解释都没有明确垄断的概念和被禁止的行为,使得人们没有清晰的标准来判定有关的经济活动是合法还是非法,后来的一些法律越来越清楚地阐释了该法律条文的含义。

②《克莱顿法》。《克莱顿法》禁止捆绑性销售契约;规定价格歧视和排他性经营为非法;禁止通过收购竞争对手公司的普通股票进行的兼并等。这些行动本身并不一定违法,但是当这类行动实际上在明显减少竞争时,它们就违法。《克莱顿法》既强调惩罚也强调预防。

③《联邦贸易委员会法》。1914 年的《联邦贸易委员会法》授权建立联邦贸易委员会,作为负责执行各项反垄断法律的行政机构。其职责范围包括:搜集和编纂情报资料、对商业组织和商业活动进行调查、对不正当的商业活动发布命令阻止不公平竞争。从性质上看,《谢

尔曼法》兼有民法和刑法的性质,《克莱顿法》和《联邦贸易委员会法》则属于民法范畴。1938年《惠勒-利法》修改了《联邦贸易委员会法》第 5 条,规定除了不正当竞争方法外,不正当或欺骗性行为也属违法,这一修改的目的是将该法的适用范围扩大到那些直接损害消费者利益的商业行为;1950 年的《赛勒-凯弗维尔法》和 1980 年《反托拉斯诉讼程序改进法》对《联邦贸易委员会法》第 7 条做出了修正。

(2) 实施途径。美国反垄断法具体实施包括三个途径:第一是通过司法部的反垄断处。反垄断处根据政府的观点,决定对垄断者是进行刑事诉讼还是民事诉讼,或者两者同时进行。第二是通过联邦贸易委员会的行政程序。第三是个人或公司可以控制自己的经营或财产受到损害,从而直接要求法庭颁布一个停止垄断行为的禁令。但反垄断法在执行的过程中却存在一定的问题。比如反垄断法允许政府阻止合并,是因为合并会带来垄断及相应的低效率,但是有时公司合并并没有减弱竞争,而是通过更有效率的联合使生产降低了成本。这些合并的收益有时称为合并效应。尽管反垄断的基本法律很明确,但要在具体的经济活动中加以应用却并非易事。实际的相关法律是在经济理论和实际案例的相互作用中发展和完善的。

▶ 2. 中国反垄断法

中国第十届全国人民代表大会常务委员会第二十九次会议于 2007 年 8 月 30 日通过《中华人民共和国反垄断法》,并要求自 2008 年 8 月 1 日起实行。《中华人民共和国反垄断法》吸收了国际反垄断法的有益经验,在总体框架和主要内容上与大多数国家的反垄断法基本一致,确立了禁止垄断协议、禁止滥用市场支配地位及控制经营者集中三大制度。同时,《中华人民共和国反垄断法》又立足于中国国情,每一项制度都体现了鲜明的中国特色,反映了中国目前的经济发展阶段和发展水平、市场竞争状况、市场主体成熟程度等实际情况的要求。当然,反垄断工作任重道远,我们要不断调整与修正相关立法以应对新时代市场经济发展形势的变化。

### 拓展阅读

刚刚过去的这个夏天,中国反垄断执法受到了前所未有的关注,不仅因为反垄断法实施六周年,更在于对一些违法企业的重拳出击。比如对 12 家价格垄断的日本车企处罚 12.35 亿元,引发舆论对"反垄断新常态"的点赞,但也有人因此疑惑——中国反垄断为什么突然加码? 有没有内外差别? 存在"内幕"吗?

就此,笔者专访了反垄断执法的"龙头老大"——国家发改委反垄断局。从相关负责人那里了解到,"内幕"绝没有,"隐情"真不少。

先拿"内外有别"来说。事实上,中国反垄断执法是先从国有企业开刀的。从茅台、五粮液,到中国联通、中国电信,哪个案子不是依法调查、严肃处罚? 而之前,奶粉、平板电视等涉案行业中,同样不乏外企身影。案发率、处罚力度并不存在人为的歧视,压根没有什么"内幕"。最多不过是近期媒体的持续跟进、集中曝光,给人以"合成谬误"的印象罢了。

其实,不仅对国企、外企一视同仁,哪怕是胆敢"欺负"外企的行政部门,执法者也从未手软。比如,发改委近期处理的"河北省交通运输厅滥用行政权力排除限制竞争案",就来自年初韩国驻华大使馆的"告状"——反映河北对本省客运班车实行优惠,幅度达50%,而天津的一家中韩合资企业未能享受该政策。发改委调查认定这属反垄断法所列歧视性收费,目前已经发送执法建议函,责令相关部门改正。

再看"选择性执法"。反垄断法规定,举报采用书面形式并提供相关事实和证据的,反垄断执法机构应当进行必要的调查。所以,很多时候,执法者才是依举报出去的"被选择",而不是相反。据介绍,欧盟商会曾发布"对中国反垄断执法的声明",为违法的企业叫屈鸣不平,之后又发函希望与执法部门"交流",被严词拒绝。就连美国财长也坐不住,据说还给汪洋副总理写信,诉说咱们反垄断调查对美企的影响云云。甚至还有吃里爬外的,比如社科院"砖家"张昕竹,拿了高通公司每小时800美元的咨询费,替人家说话,最终还被人家出卖……

看到了吧,没有"选择性执法",却招来"选择性批评",背后还是利益的纷争,是一些境外组织有计划的联手反抗。

对内,严格执法,维护公平的竞争环境;对外,据理力争,为企业"走出去"清障、除碍,这是各国政府的共同职责。然而,反垄断执法是个技术活,不能够"空手套白狼",得有真刀真枪甩开膀子的本钱。与国外执法机构相比,我们的查处范围、力度还远远不够,执法力量薄弱且分散。拿发改委反垄断局来说,40个编制中只有一半专司反垄断,每人手头压着几个案子、数条线索。并且,因历史原因,反垄断既没有执法装束,也没有执法车辆、设备,去企业调查甚至被当作冒牌敲诈。突击高通公司,执法人员抱着大量涉密材料打出租车回来,非常危险,只好自嘲为"平民执法队"。

执法范畴有狭义、广义之分,如果说狭义执法上的困难,经过努力还好克服,更广意义上的反垄断,只能靠体制机制的改革。执法中的不少阻力,并非来自企业,而是来自监管部门。比如正在调查的陕西证券佣金案,监管部门就有"护犊子"的嫌疑,令执法处处掣肘。一些政府部门与被监管者之间,"剪不断、理还乱",少数干部的老婆孩子、七大姑八大姨,不少在被监管企业上班,如何公正执法?天下事,难就难在法之必行,反垄断法从一纸宣言到尚方宝剑,考验执行更呼唤改革,前路真是漫漫。

"中国的大门打开了,会越开越大,绝不会关上。"这扇门内,反垄断执法远未"过了头",打铁还需自身硬。只有不断增强执法的独立性,增进执法所需的人、财、物力,才能创造出更多的"拂晓行动",更多的"零点突袭"。之所以如此执着,是因为我们坚信,破除垄断,方有企业成长、技术进步、市场繁荣,活力之源,就在公平公正的充分竞争之中。

(资料来源:胡一敏.发改委:中国反垄断绝没有内幕　隐情真不少.人民日报,2014年9月18日)

# 任务三　外部效应与市场失灵

## 一、外部效应的含义

外部效应(externality)又称为溢出效应、外部影响或外差效应。外部效应是指在实际经济活动中,生产者或消费者的活动对其他生产者或消费者带来的非市场性影响。这种影响可能是有益的,也可能是有害的,有益的影响被称为外部效益、外部经济性或正外部性;有害的影响被称为外部成本、外部不经济性或负外部性。通常指厂商或个人在正常交易以外为其他厂商或个人提供的便利或施加的成本。简言之,外部效应即市场主体由于自身市场活动而给第三方造成的收益或成本。如果某个人(生产者或消费者)的一项经济活动会给社会上其他成员带来好处,但他自己却不能由此得到补偿,此时,这个人从其活动中得到的私人利益就小于该活动所带来的社会利益,这种性质的外部效应被称为外部经济。根据经济活动的主体是生产者还是消费者,外部经济可以分为生产的外部经济和消费的外部经济。如果某个人(生产者或消费者)的一项经济活动给社会上其他成员带来危害,但他自己并不为此而支付足够抵偿这种危害的成本,此时,这个人为其活动所付出的私人成本就小于该活动所造成的社会成本,这种性质的外部效应被称为外部不经济。外部不经济也可视经济活动主体的不同分为生产的外部不经济和消费的外部不经济。

(1)生产的外部经济。当一个生产者采取的经济行为对他人产生了有利的影响,而自己却不能从中得到报酬时,便产生了生产的外部经济。例如,一个企业对其雇用的工人进行培训,而这些工人可能转到其他单位去工作,该企业并不能从其他单位索回培训费用或获得其他形式的补偿。因此,该企业从培训工作中得到的私人利益就小于该活动的社会利益。

(2)消费的外部经济。当一个消费者采取的行动对他人产生了有利的影响,而自己却不能从中得到补偿时,便产生了消费的外部经济。例如,某个人对自己的房屋和草坪进行了保养,他的邻居也从中得到了不用支付报酬的好处。

(3)生产的外部不经济。当一个生产者采取的行动使他人付出了代价而又未给他人以补偿时,便产生了生产的外部不经济。例如,一个企业可能因为排出污水而污染了河流,或者因为排放烟尘而污染了空气,这种行为使附近的人们和整个社会都遭到了损失,但他却并未为此付出应有的代价。

(4)消费的外部不经济。当一个消费者采取的行动使他人付出了代价而未给他人以补偿时,便产生了消费的外部不经济。和生产者造成污染的情况类似,消费者也可能造成污染而损害他人。例如,吸烟者的行为危害了被动吸烟者的身体健康,但并未因此而支付任何代价。

上述各种外部效应可以说是无处不在、无时不有。尽管就个别生产者或消费者而言,他造成的外部经济或外部不经济对整个社会来说是微不足道的,但所有这些生产者和消费者加总起来所造成的外部经济或不经济的总的影响是巨大的。例如,生产和消费产生的空气污染和水污染的问题现在已经严重危及人类自身的生存环境。

## 二、外部效应对资源配置的影响

在微观经济理论中有一个隐含的假定:单个消费者或生产者的经济行为对社会上其他人的福利都没有影响,即不存在外部效应。这就意味着,单个经济单位从其经济行为中产生的私人成本和私人利益等于该行为所造成的社会成本和社会利益。但是,在实际经济中,这个假定往往不能成立。外部效应的存在会导致完全竞争条件下的资源配置偏离最优状态。

这意味着,即使假定整个经济是完全竞争的,但由于存在外部效应,整个经济的资源配置也不可能达到最优状态。

首先来考察外部经济的情况。假定某个人采取某项行动的私人利益为 $V_p$,该行动所产生的社会利益为 $V_m$。由于存在外部经济,故私人利益小于社会利益,即 $V_p < V_m$。如果这个人采取该行动所承担的私人成本 $C_p$ 大于私人利益而小于社会利益,即有 $V_p < C_p < V_m$,则这个人显然不会采取这项行动,尽管从社会的角度看,该行动是有利的。显然,在此情况下,最优状态没有得到实现,还存在改进的余地。如果这个人采取这项行动,则他的损失为 $(C_p - V_p)$,社会上其他人由此得到的好处为 $(V_m - V_p)$。由于 $(V_m - V_p) > (C_p - V_p)$,故可以从社会上其他人所得到的好处中拿出一部分来补偿行动者的损失,结果是使社会上某些人的状况变好而没有任何人的状况变坏。一般而言,在存在外部经济的情况下,私人活动的水平常常要低于社会所要求的最优水平。

再来考察外部不经济的情况。假定某个人采取某项活动的私人成本和社会成本分别为 $C_p$ 和 $C_m$,由于存在外部不经济,故私人成本小于社会成本:$C_p < C_m$。如果这个人采取该行动所得到的私人利益 $V_p$ 大于其私人成本而小于社会成本,即有 $C_p < V_p < C_m$,则这个人显然会采取该行动,尽管从社会的观点看,该行动是不利的。显然在这种情况下,最优状态没有得到实现,存在改进的余地。如果这个人不采取这项行动,则他放弃的好处为 $(V_p - C_p)$,但社会上其他人由此而避免的损失却为 $(C_m - C_p)$。由于 $(C_m - C_p) > (V_p - C_p)$,故如果以某种方式重新分配损失的话,就可以使每个人的损失都减少,亦即使每个人的"盈利"增大。一般而言,在存在外部不经济的情况下,私人活动的水平常常要高于社会所要求的最优水平。

图 6-3 具体说明在完全竞争条件下,生产的外部不经济是如何造成社会资源配置失当的。图中水平直线 $P = MR$ 是某完全竞争厂商的需求曲线和边际收益曲线,MR 则为其边际成本曲线。由于存在生产上的外部不经济(如生产造成的污染),故社会的边际成本高于私人的边际成本,从而社会边际成本曲线位于私人边际成本线的上方,图中用虚线 MC+ME 表示。虚线 MC+ME 与私人边际成本曲线 MC 的垂直距离,亦即 ME,可以看成边际外部不经济,即由于厂商增加一单位生产所引起的社会其他人所增加的成本。完全竞争厂商为追求利润最大化,将其产量定为价格(其边际收益)等于其边际成本处,即为 $Q^*$;但使社会利益达到最大的产量应当使社会的边际收益(可以看成价格)等于社会的边际成本,即应为 $Q^{**}$。因此,生产的外部不经济造成产量 $Q^*$ 过多,超过了所要求的水平 $Q^{**}$,资源配置失当,市场调节失灵。

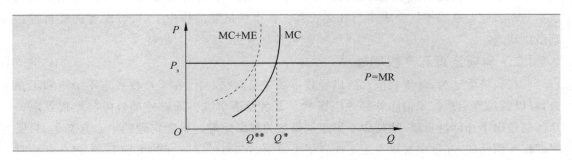

图 6-3　生产的外部不经济

### 三、消除外部效应对市场失灵影响的对策

为消除外部效应,通常要求外部效应的制造者将外部效应内部化以达到恢复资源配置效率的目的。如何使外部效应内部化,经济学家有不同的看法。以庇古为代表的一批经济学家们认为通过国家干预采取税收和津贴等方法解决外部效应问题是比较好的途径,政府的干预是必要的。但是,科斯在其经典论文《社会成本问题》中提出政府的干预并不是必须的,利用市场的方式来解决也是有可能的。

#### (一)政府干预

政府干预的方法主要有三种:使用税收和津贴杠杆、颁布污染标准和合并企业。

▶ 1. 使用税收和津贴杠杆

对造成外部不经济的企业,国家应对其征税,其数额应等于该企业给社会其他成员造成的损失从而使该企业的私人成本恰好等于社会成本。例如,在生产存在污染的情况下,政府向污染者征税,其税额等于治理污染所需要的费用。反之,对造成外部经济的企业,国家可以采取津贴的办法,使得企业的私人利益与社会利益相等。无论是何种情况,只要政府采取措施使得私人成本和私人利益与相应的社会成本和社会利益相等,则资源配置便可以达到最优状态。

▶ 2. 颁布污染标准

从理论上讲,污染程度为零即为最优。但是在一定的技术水平下,某些产业只要进行生产,就会不可避免地造成污染,要想彻底消除污染,除非该产业的企业全部停产。因此,最优的污染程度只能是较轻的污染程度。在此,把污染也看成一种产品(有害产品),其产出的最优条件也是边际社会成本等于边际社会收益。

▶ 3. 合并企业

这种办法既可能产生于外部效应制造者与受外部效应影响者之间的自愿交易,也可能产生于政府的干预。例如,一个企业的生产影响到另外一个企业,如果影响是正的外部经济,则第一个企业的生产就会低于社会最优水平;如果影响是负的外部不经济,则第一个企业的生产就会超过社会最优水平。但是如果将这两个企业合并为一个企业,此时的外部影响就消失了,即被内部化了。合并后的企业为了自己的利益将使自己的生产确定在其边际成本等于边际收益的最优水平上。而由于此时整体已不再存在外部效应,合并企业的私人成本与私人收益就等于社会成本与社会收益。在市场机制的作用下,资源配置能够自行达到最优状态。

#### (二)科斯定理和产权明晰

产权经济学认为,外部效应之所以导致市场失灵问题,关键在于产权界定不清晰和不充分,可以通过界定产权来消除外部效应影响。著名经济学家科斯对外部效应与产权界定关系问题作出了开创性贡献,他的中心思想被概括为科斯定理。科斯定理的中心含义是:只要财产权是明确的,并且交易成本为零或者很小,那么,在有外部效应的市场上,无论在开始时将财产权赋予谁,交易双方总能够通过协商谈判达到资源配置的有效率状态。因为在交易

费用为零的情况下,无论明晰的初始产权是如何界定的,外部效应所涉及的双方总会认识到与对方进行某种交易是有利的。于是他们会在市场机制的引导下通过谈判(讨价还价)寻找到使各自利益最大或损失最小的合约安排,进而实现经济资源的合理配置。

科斯定理的前提是当事人之间谈判和协商成本为零。然而,在现实世界中,科斯定理所要求的前提往往是不存在的,财产权的明确比较困难,交易成本也不可能为零,有时甚至是比较大的。如谈判需要花费时间;谈判涉及的损失和补偿在测定上存在大量信息不确定性成本;确保实施协议需要耗费人力物力等。当然,我们可以将假定条件放松到交易成本或协调成本尽量小,接近于零。运用科斯定理解决外部效应问题,在实际中并不一定真的有效,可能碰到下述难题:一是资源的财产权是否总是能够明确地加以规定。对环境与生态资源等属于共有财产的资源,不可能做到明确产权。二是已经明确的财产权是否总是能够转让,这涉及信息是否充分、交易成本高低等问题。三是财产权的转让是否能够实现资源的最优配置。

因此,科斯定理的引申意义更为重要。首先,当谈判协商等活动发生的交易成本太大时,通常需要某种非当事方的力量从外部对产权加以界定。其次,产权界定和实施方式会对经济效率发生关键影响。从效率的角度出发,产权界定的原则应是以最小社会成本解决外部效应矛盾。虽然科斯定理在实际中不一定奏效,但其毕竟提供了一种通过市场机制解决外部效应问题的新思路和新方法。在这种理论的影响下,美国和一些国家先后实现了污染物排放权或排放指样的交易。

## 任务四 公共物品与市场失灵

### 一、公共物品的含义

公共物品(public goods)是指供社会成员公共使用或消费的物品,通常不具备排他性或竞争性,一旦生产出来就不可能把某些人排除在外。因此严格意义上的公共物品具有非竞争性和非排他性的特征。一国的国防、警务、公共卫生、道路、广播电视等都属于公共物品。

按公共物品的特性可以将其分为纯公共物品与准公共物品。纯公共物品是同时具备消费非竞争性和技术上非排他性的产品,如国防、大海上的灯塔等。准公共物品处于私人物品和纯公共物品的中间区域,兼有私人物品和公共物品的特性。准公共物品又分为两类:一类是具有非竞争性和排他性的物品,称为俱乐部物品,如有线电视、社区绿化等;一类是具有非排他性和竞争性的物品,称为公共资源,如公海中的鱼类资源、拥挤的免费道路等。

## 二、公共物品导致市场失灵的表现

先回顾一下私人物品最优数量的决定。假定社会上有 A 和 B 两个消费者,他们对商品的需求曲线分别由 $D_A$ 和 $D_B$ 表示,商品的市场供给曲线为 $S$,私人物品的供求曲线如图 6-4(a)所示。根据私人物品的性质,个人的需求曲线表示在各种可能价格下的个人需求量,他们的需求量之和就是在各种可能价格下的市场需求量,故将消费者 A 和 B 的需求曲线 $D_A$ 和 $D_B$ 在水平方向上相加,即得到市场需求曲线 $D$。市场需求曲线 $D$ 与供给曲线 $S$ 的交点决定了该私人物品的均衡数量 $Q_0$ 和均衡价格 $P_0$。效用原理表明,消费者的需求曲线实际上是边际效用曲线。因为,根据 $P=MU/\lambda$,边际效用曲线上的每一点对应的经济含义都决定了消费者在每一数量水平时所愿意而且所能够支付的最高价格水平。或者说,需求曲线上的每一点都是消费者在每一商品数量水平按照货币的边际效用所衡量的商品边际效用。成本原理也表明,生产者的供给曲线实际上是边际成本曲线。因此,在衡量产量水平时,每个消费者得到的边际利益(边际效用)等于边际成本,均衡产量 $Q_0$ 是最优产量。如图 6-4(a)所示,当供给量为 $Q_0$ 时,边际成本为 $P_0$,在价格为 $P_0$ 时,消费者 A 和 B 的需求量分别为 $Q_f$ 和 $Q_g$,相应的边际利益均为 $P_0$,即每个消费者的边际利益等于边际成本。

再看公共物品的情况,公共物品的供求曲线图如图 6-4(b)所示。与私人物品的讨论一样,仍然假定每个消费者对公共物品的需求曲线是已知的,为 $D_A$ 和 $D_B$,公共物品的市场供给曲线为 $S$,如何从个人的需求曲线推导出市场的需求曲线呢?关键在于公共物品的市场需求曲线不是个人需求曲线的水平相加,而是它们的垂直相加。之所以如此,是因为公共物品具有非排他性和非竞争性的特点。每个消费者消费的都是同一个商品总量,因而每一个消费者的消费量都与总消费量相等;另外,对这个总消费量所支付的全部价格,却是所有消费者支付的价格总和。

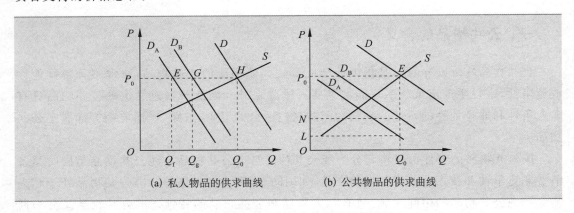

(a) 私人物品的供求曲线　　　　(b) 公共物品的供求曲线

**图 6-4　私人物品与公共物品的最优数量**

在图 6-4(b) 中,把消费者 A 的需求曲线 $D_a$ 和消费者 B 的需求曲线 $D_b$ 在垂直方向上相加,即得到了某公共物品市场的需求曲线 $D$,它与供给曲线 $S$ 的交点 $E$ 决定了均衡的产量和均衡价格。这里的均衡产量 $Q_0$,也是最优产量。在这个产量水平上,社会的边际利益(消费者 A 和 B 的边际利益之和)等于社会的边际成本。显然,公共物品的提供数量与消费者的具体选择无关,也不完全能够满足单个消费市场的均衡。所以,市场机制不能充分发挥其配置资源的作用。

### 拓展阅读

经济学家对灯塔一直情有独钟。19世纪英国经济学家 J. S. 穆勒指出,虽然海中的船只可以从灯塔的指引而得益,但若要向他们收取费用,就办不到。除非政府用强迫抽税的方法,否则灯塔就会因无利可图,以致无人建造。稍后一点的另一位英国经济学家西奇维克发展了穆勒的观点,认为在像灯塔这种情况下,以市场收费来鼓励提供服务的观点是大错特错的,因为这些服务为社会需要而又无法收费。20世纪剑桥学派最后一位代表 A. C. 庇古则以灯塔说明了市场失灵。萨缪尔森也有类似观点。灯塔之所以为经济学家津津乐道,就在于它是一种不同于一般物品的公共物品。我们所用的一般物品属于私人物品,其特征是具有消费的排他性和竞争性。排他性指可以有效地禁止别人消费,竞争性是一个人消费了其他人就不能消费或要少消费。例如,一个苹果如果是你的,法律就保证了你的所有权,不得到你的允许,别人无法享用,这就是排他性。你吃了这个苹果,别人就无法吃,或者要少吃这一个,这就是竞争性。公共物品则具有非排他性和非竞争性。例如灯塔,你无法排除没有为灯塔交钱的人利用它导航,这就是非排他性,同时一个人利用灯塔也不会减少其他人的利用,这就是非竞争性。像立法、国防、基础科学研究这类东西都属于公共物品。具有排他性和竞争性的私人物品,消费者通过购买而获得,从而有市场价格,生产者提供这类物品有利可图,价格调节可以实现供求双方都有利的市场均衡。市场经济可以提供充分的私人物品。但公共物品具有非排他性和非竞争性,不用购买也可以消费。这种不用购买也可消费的行为被经济学家称为“搭便车”。因此,公共物品没有市场价格,生产者提供这种物品无利可图。市场经济无法提供充分的公共物品。这就是庇古所说的市场失灵,即市场机制在解决公共物品的“搭便车”问题时是无能为力的。

像立法、国防、基础科学研究这类公共物品是任何一个经济都不能缺少的,是社会维持正常运行和经济发展所必需的。所以,庇古从市场失灵中得出的一个重要结论就是需要政府干预。这也是经济学家谈论灯塔问题的第一个结论。政府解决公共物品的方法是向居民强制征税,并用这些税收来购买公共物品。对整个社会来说,公共物品并不是免费午餐,因为是用公民交纳的税收来购买并提供的。对那些交不起税的低收入者和逃税的违法者而言,他们是享受了免费午餐,但他们的午餐费实际是由别人代交的。这正如别人请你吃饭不用你拿钱,但这顿饭本身并非免费午餐一样。

穆勒、西奇维克、庇古这些经济学家谈论灯塔是要说明市场失灵及市场经济离不开政府,即使是在亚当·斯密古典式自由市场经济中,市场也不是万能的,公共物品只能由政府来提供;当然,庇古等人并没有明确提出公共物品的概念,这个概念是由美国经济学家萨缪尔森提出来的。

萨缪尔森指出,公共物品有利于整个社会,作为一种公共事业就不应该收费。维持这种公共事业的费用来自税收。还有一些经济学家以此为基础说明了,向不同收入的人征收不同的税收,即实行累进税制,是合理的。从某种意义上说,富人享受的公共物品多,从中获益大,应该多纳税。例如,对一个百万富翁来说,国防保护了他的性命与全部家产,对一个一无所有的穷人来说,国防仅仅保护了他一条命而已。富人从国防中受益大,应该纳税多,这是税收的受益原则。从某种意义上说,富人的财富来自社会,也应该多作贡献,请穷人吃一顿国防的免费午餐,这也是税收的能力原则。

但是,政府提供公共物品往往引起低效率,于是有一些经济学家从另一个角度谈论灯塔。

产权理论的奠基人美国经济学家科斯在 1974 年发表的《经济学上的灯塔》中,根据对英国早期灯塔制度的研究反驳了私营灯塔无法收费的观点。他证明了,即使是灯塔这样的公共物品也是可以实现私有化成为私人物品的。这样就可以消除政府提供灯塔这类公共物品的低效率。中国香港的经济学家张五常也发挥了这一观点。当然,并非所有公共物品都可以私有化,但对于那些在一定条件下可以具有排他性的公共物品(如设收费站的高速公路就有排他性),通过产权明确由私人提供也未必不是一种思路。灯塔这种物品引起了经济学家关于公共物品的一系列争论。到现在为止,公共物品问题也没有得到完全解决,所以,有关灯塔的话题还会继续下去。

(资料来源:圣才学习网.灯塔经济学——公共物品的私人提供与政府提供. http://www.100xuexi.com/SubItem/ExtendDetail.aspx? id=abd225e8-01cb-4dad-b707-c5ad5a9288c5. 2010-6-5)

## 三、消除公共物品对市场失灵影响的对策

市场机制是一种利益调节机制,因此,市场机制对具有竞争性和排他性的私人物品能够起到调节作用。对于公共物品来说,非竞争性要求尽可能多的人消费物品,增加消费并不会导致成本的增加,消费者对其支付的价格往往是不完全的,甚至根本无须付费,在此情况下,市场机制对公共物品的调节作用就是有限的,甚至是无效的。非排他性决定市场中存在"免费乘车者",即无法避免"搭便车"的情况,这种不用购买也可消费的行为直接造成市场失灵。由于市场机制对公共物品生产的调节作用具有局限性,因此,如果单纯依靠市场机制来调节该类产品的生产,其产出可能为零。至少,市场所提供的公共物品将无法满足社会的需求,即市场机制分配给公共物品生产的资源将是不足的,资源因此不能得到有效的配置,最优状态也就无法实现。

市场经济不能自动解决公共物品的供求均衡问题,许多由社会消费的公共物品难以通过正常的市场价格机制加以分配,公共部门和公共物品的生产和经营需要政府按照社会的需要适当进行直接的调节和管理。

### (一) 政府引导生产

首先,政府要承担起那些投资规模大、资金回收期长而又对经济发展起重大作用的项目,以解决市场本身不能提供公共物品有效供给的问题,保证国民经济正常运行。其次,政府可以借鉴私人物品中的成本—收益衡量标准,有效地计算出公共物品的成本构成,并在此基础上用市场定价机制引导私人经济主体对公共物品生产的投资,避免因"免费乘车

者"的出现而影响到经济收益。只要这些私人经济主体也能在合理的定价中获得与其他行业相当的利润,则可以在一定程度上避免因市场失灵导致的公共物品生产的被动局面。当然,政府也可以适当地采用资金补贴、政策倾斜等有效激励措施保障公共物品持续有效地生产。

### (二)公共物品的公共选择

由于公共物品具有非竞争性和非排他性的特点,因此无法通过竞争性市场来确定其适当的供给。在大多数情况下,公共物品只能由政府提供。那么,政府如何确定公共物品的供给量呢?在西方各国,公共物品的供给量是通过投票方式来确定的。就像人们通过支付价格来表示自己对某种私人物品的偏好一样,在公共物品市场中人们通过投票来表示自己的偏好。

这种根据人们的投票结果来作出决策的行为,称为公共选择。在现代西方经济学中,公共选择理论已成为经济理论的一个重要分支,其内容延伸到非经济的政治和社会领域。这里只简单地讨论有关公共物品的公共选择这一主题。

选民投票对某一公共物品进行选择时,首先要确立投票的规则。现代公共选择理论提出了许多可供选择的投票规则,下面择其要点做一些简单介绍。

#### ▶ 1. 一致同意规则

一致同意规则又称一票否决制,是指在公共选择的表决过程中,针对某项制度的决策或议案,必须经由全体投票人一致赞同,才可能获得通过的一种投票表决方法。在直接民主制或特定的集体决策方法下,每个投票人都拥有否决权,而根据这一规则作出的集体决策,将满足所有投票人的偏好。因为如果该决策导致任何一个人的利益受损,都会招致反对票,进而不能通过。因此,一致同意规则从资源配置的角度看恰好对应最优状态。但是,这一规则有两个缺点:一是决策成本过高,方案要获得一致同意,必然要耗费大量时间、人力和物力;二是为使方案一致通过,一些投票人会招致威胁恫吓,被迫投赞成票,不能真实表达偏好与愿望。因此,一致同意规则不具有现实的应用性。

#### ▶ 2. 多数规则

多数规则又称为多数投票规则,是指候选人或一项决策须经半数以上人赞成才能当选或通过的一种投票规则。多数投票规则的实质是少数服从多数。由于一致同意规则具有很高的决策成本,从而使得多数规则成为在实践中普遍运用的投票规则。多数规则又分为简单多数规则和比例多数规则,最基本、最常用的规则是简单多数规则。简单多数规则规定,赞成票过半数方案就算通过,如美国国会、州和地方的立法经常采用这种办法。比例多数规则要求赞成票占应投票的一个相当大的比例,如必须占 2/3 才算有效。美国弹劾和罢免总统、修改宪法等一般采用这种规则。西方经济学家认为,多数规则具有强制性,多数派可以把意愿强加给少数派,依照这种规则往往只能改善多数利益相关者的福利而损害少数利益相关者的福利,多数规则下作出的决策是投赞成票的多数给投反对票的少数施加的一种负担。虽然所有投票者都能从一项方案的实施中获得利益,并为方案的实施付出代价,但是,赞成者获得的利益超过付出的代价,净福利增加;反对者获得的利益小于付出的代价,净福利减少。

▶ 3. 加权规则

一个集体行动方案对不同的参加者会有不同的重要性,于是,可以按照重要性的不同,对参加者的意愿加权,即分配选举的票数。相对越重要的参与者拥有的票数越多,否则就越少。所谓加权规则,实质就是按照实际得到的赞成票数(而非人数)的多少来决定集体行动方案。如联合国安理会模式就是加权表决制,即根据一定标准给予国际组织成员国以不同票数或不等值的投票权进行表决,分配表决权所依据的标准包括成员国的人口,对组织的出资金额、贡献、责任、利害关系等,这主要适用于国际经济组织中,与一国一票的制度是相反的。

▶ 4. 否决规则

这一规则的具体做法是,首先将所有参与者自己提出的可供选择的方案加以汇总,然后每位参与者从汇总的所有方案中否决掉自己所反对的方案,最后剩下的没有被否决的方案便成为参与者可以接受的方案。如果不止一个方案留下来,就再借助其他投票规则来进行选择。当然,如果否决后没有留下任何方案,则再从头开始实施新一轮的否决规则。这种规则的优点是显而易见的,因为经过筛选之后留下来的集体行动方案将是最优结果。其局限性在于它要求参与集体行动的个体必须在利益和兴趣上有共同性,否则,就无法作出最终选择。而且,参与决策的人数越多,各方的利益冲突越大,结成联盟或相互勾结的存在等都将使这种方法失效。

# 任务五 信息不对称与市场失灵

## 一、信息不对称的含义

信息不对称是指交易双方中的一方比另一方掌握更多的信息。在社会政治、经济等活动中,一些成员拥有其他成员无法拥有的信息,由此可能产生交易关系和契约安排的不公平或市场效率降低等问题。

## 二、信息不对称导致市场失灵的成因

信息不对称可以发生在事先,也可以发生在事后。交易双方事先信息不对称的例子称为"柠檬市场","柠檬市场"也称次品市场,是指信息不对称的市场,即产品的卖方对产品的质量拥有比买方更多信息的市场,所产生的后果是逆向选择。事后信息不对称的例子是委托和代理问题,所产生的后果称为道德风险。

### (一) 逆向选择

逆向选择是指由于交易双方信息不对称和市场价格下降产生的劣质品驱逐优质品,进而出现市场交易产品平均质量下降的现象。与货币流通中"劣币驱逐良币"的现象类似,也称"柠檬现象"。

例如车险赔偿。随着个人购买家庭轿车的数量逐渐增多,汽车保险业务近年增长得很快。可是由于车多路窄,新手又多,汽车交通事故比原来增加很多。这些购买了汽车保险的人由于有了保险,开起车来跟开坦克似的,横冲直撞,反正汽车坏了有保险公司负责修理。更有人经常酒后开车,把握不住;还有的是开车精力不集中,甚至打瞌睡。结果就是汽车交通事故频繁发生,致使保险公司收取的保险费不够赔付汽车修理公司的汽车修理费。两年下来,某保险公司已经在汽车保险项目上赔了几百万元。为此该保险公司召开公司董事会,讨论汽车保险业务的问题。通过分析,大家一致认为,汽车保险业务亏损的主要原因是保险费收取得比较低,结果就造成了收入不抵支出。要解决这一问题,唯一的办法是提高保费的额度,否则会一直亏损下去。最后的决议是提高保险费。该保险公司的这一决策不仅没有收到预期的效果,反而使汽车保险的保费收入开始出现下降。这是他们的决策者们所始料不及的。他们不知道在经济行为中存在着逆向选择。这种逆向选择告诉我们,愿意购买保险的人常常是最具有风险的人,而收取较高保险价格会阻止具有较低风险的人购买保险。保险公司的保费收得高,较低风险的人出险率低,保险公司进一步提高保险价格,低风险的人干脆不买保险了。这种逆向选择效应的根源在于保险公司所掌握的信息是不完全的。尽管保险公司也知道,在它的顾客中有些肯定比其他人具有更低的风险,但它不能确切知道谁是风险低的人。也就是说,保险公司知道个人之间肯定存在差别,应该努力把他们划分为较好的和较差的风险类别,并征收不同的保险费。但是它做不到,因为它不能知道哪些人是高风险的,哪些人是低风险的。凡是那些积极买保险的人都是容易出险的人,因为他们容易出事故,所以常常渴望购买保险,以便出险之后有保险公司为他们付费。而出险概率较低的人则往往犹豫不决,如果保险价格提高了,反而会把他们首先拒之门外。

这就是典型的逆向选择效应。提高保险价格导致那些事故倾向较小的人退出了保险市场,而高风险顾客比例的上升直接影响的是保险赔付的上升。

## (二)道德风险

根据科斯的契约理论,企业是一个在其框架中由相互合作的大量生产要素所有者达成的书面或非书面的契约组织。企业的委托代理理论实际上是对企业的契约组合理论的具体化。契约的一方当事人为资产的所有者,即委托人;另一方当事人为资产的使用者,即代理人。由于所有权和经营权分开,代理人以企业法定代表人的身份独立自主地对企业资产进行经营活动,代理人成为企业的"内部人";而股东则由于没有任何权利与那些已成公司资产的东西发生实际联系,成为"外部人"。委托人和代理人之间因而不可避免地存在信息不对称的情况,这种不对称既有时间上的,也有内容上的。

道德风险亦称道德危机或败德行为,是指从事经济活动的某一方在最大限度地增进自身效用的同时做出不利于他人的行动,这种损人利己的活动也叫机会主义。风险的一种定义强调了结果的不确定性,风险可能带来损失、获利或是无损失也无获利,属于广义风险,如金融风险等;另一种则强调损失的不确定性,说明风险只能表现出损失,没有从风险中获利的可能性,属于狭义风险。道德风险主要指由于信息不对称所导致的经济活动中的不确定情况,这种不确定性是指多种结局或事件都有可能出现但不知道出现哪种结局的状态。

由于不确定性与不完全信息的原因,交易合同常常是有缺陷的或是不完全的,从而导致经济主体不能承担自己行为所产生的全部损失。如果某个百货公司的老板对所雇用的售货员支付固定的工资,那么就会遇到道德风险:售货员有付出最小努力不积极工作的激励,这必然减少百货公司的利润。由于这一原因,通常售货员的工资收入分成两个部分:一部分是基本工资,与售货量无关;另一部分工资与售货量挂钩,售货量越多这部分工资也越多。道德风险在很多经济活动中都会出现,如买了家庭财产保险的人,就不想投资安装各种防盗装置了,这在客观上增加了保险公司的风险,损失了社会的经济效率。

### 三、消除信息不对称对市场失灵影响的对策

#### (一)政府干预

在某些领域,生产者因为拥有更多的信息而占据强势地位。同时需求者完全依赖于供给者,因此政府必须干预。比如在医疗市场或维修市场等专业化程度比较高的市场,消费者不可能完全学习并了解与生产者或供给方同样多的信息,所以需要政府或相应的专业协会介入,规范市场交易制度、整顿市场交易秩序并尽量使信息公开透明化,从而减少不必要的交易成本,提高交易数量和质量。

#### (二)设计有效的激励机制

根据委托代理理论或激励理论,道德风险是在契约签订之后出现的。为了减少道德风险对委托人可能造成的损失,契约中就要包括一些鼓励或激励代理人的条款和内容,或者说契约就应该是一种鼓励或激励代理人的规则和制度。尽管激励机制的形式是多样的,比如承包制、租赁制、股份制、绩效工资、奖金及期权等,都是不同的激励机制。但是有效的机制设计的基本思路就是既要使代理人的效用最大化,同时代理人为自己效用最大化的努力水平,又恰好使委托人的利益达到最大。简言之,机制设计的基本思想就是使代理人的最大利益与委托人的最大利益协调统一起来,使代理人主观上为了自己的选择,客观上也为了委托人。这种机制设计思想实际上就是亚当·斯密的"看不见的手"的原理,即市场机制原理。

#### (三)将隐形信息明示化

对于逆向选择与道德风险所产生的低效率,可以采取做记号等方法来避免。例如在二手车市场上,做记号的方法是高质量车的卖主或第三者向买主担保,一定时期内所购车辆免费修理。显然,消费者会相信,有这种担保的车一定是好车,否则就是质量不好的车。这是因为做虚假记号的代价是高昂的,不仅会导致昂贵的维修费用,而且自己的信誉也会受到损害。事实上,这也是一种博弈行为,借助一些外部条件来看透隐含信息,减少信息的不对称性。例如,学历与文凭在某种程度上也是雇工向雇主做的记号或发送的信息。文凭作为一种教育信号,既是一种人力资本的反映,也是一种有效的市场筛选手段,因此文凭常被公司或政府部门作为招聘人员的一个基本要求和条件,并以此来选择所需要的人才。从市场信号来看,便宜无好货,好货不便宜。商品和要素的高价格折射出其高质量,而低价格则反映了商品和要素的低质量。市场价格信号有助于克服商品和要素市场上隐藏信息所导致的逆向选择。此外,信誉和信用记录也被认为是克服不对称信息的有效信号。从市场组织来看,

大量的社会化、市场化的中间组织也是克服不对称信息的有效机构,这些中间组织除了包括通常意义上的中介机构,还包括商业银行、保险公司、证券机构,甚至还包括一般意义上的企业。由于从大量杂乱的、包含虚假信息的诸多信号中找出真实有效的信息是一种费时费力、具有很强专业性的工作,这就出现了专门从事搜集、分析信息的机构。这些机构为许多人进行相同的信息搜集工作,实现了专业化和规模经济,使搜集私人信息的成本下降。同时,它们要在市场上生存下去,并从这种工作中获得利益,必须取信于信息的消费者,即提供真实有效的信息。依靠市场分工和市场信用,不对称信息市场上的交易行为就可以正常进行了。

## 课堂案例

### 反垄断法的几个典型重组案例

如何在并购案例分析中运用反垄断法的原则和并购准则,往往需要对具体情况进行具体分析。下面是几个典型案例的分析和处理。

(一)AT&T与柯达胶片冲印一体化案的比较

如何区别反竞争的一体化和竞争性一体化,AT&T与柯达公司的案例是一个很好的说明。在1982年AT&T解体以前,AT&T公司实行包括提供长途、市话服务,以及通信设备制造和研究开发在内的一体化经营。AT&T通过设计专门的技术标准,并保守网络标准信息,以排除其他制造企业。当司法部反垄断处受理此案时,AT&T在申述中举出柯达公司的例子。柯达公司开发出一种新的胶卷,这种胶卷只能用柯达公司自己制造的设备才能冲印,而且柯达公司对冲印照片使用的化学试剂进行保密,从而形成胶卷生产和冲洗上下游一体化。最终,司法部判AT&T的行为是反竞争的,并未判柯达的行为是反竞争。

AT&T和柯达的一体化的主要区别:一是行业特点不同。1982年以前的电讯设备下游市场几乎都被AT&T垄断,可以说AT&T是电讯设备的垄断买主。而胶卷行业的用户是分散的竞争性买主。二是柯达公司开发了一个新的产品,尽管柯达产品的开发导致其他厂商(主要是Berkey)的成本增加,但是他们仍然可以生产新的产品。实际上,柯达的行为促进了其他胶片生产厂商的进一步研究开发和技术进步;而AT&T是按其设备标准设计公共网络的标准,如果其他制造商不采用AT&T的标准,其设备就无法与公共网络连接。

因此,可以说柯达公司是利用竞争优势,而AT&T公司是滥用市场力量,其一体化和保密是反竞争的。由此可见,一体化行为是否违反反垄断法,主要判据是一体化企业是否滥用市场力量,关键要分清滥用市场力量和发挥竞争优势的区别。

(二)波音与麦道的合并案

波音和麦道公司分别是美国航空制造业的老大和老二,是世界航空制造业的第1位和第3位。1996年年底,波音公司用166亿美元兼并了麦道公司。在干线客机市场上,合并后的波音不仅成为全球最大的制造商,而且成为美国市场唯一的供应商,占美国国内市场的份额几乎达百分之百。但是,美国政府不仅没有阻止波音兼并麦道,而且利用政府采购等措施促成了这一兼并活动。其主要原因是:首先,民用干线飞机制造业是全球性寡占垄断行业,虽然波音公司在美国国内市场保持垄断,但在全球市场上受到来自欧洲空中客车公司的越来越强劲的挑战。面对空中客车公司的激烈竞争,波音与麦道的合并有利于维护美国的航空工业大国地位;其次,尽管美国只有波音公司一家干线民用飞机制造企业,但由于存在来自势均力敌的欧洲空中客车的竞争,波音公司不可能在开放的美国和世界市场上形成绝对垄断地位。如果波音滥用市场地位提高价格,就相当于把市场拱手让给空中客车。

由此可见,美国政府在监管企业购并时,不仅仅根据国内市场占有率来判断是否垄断,还要考虑在整个市场范围内是否能够形成垄断。对全球寡占垄断行业,需要分析全球市场的条件,而不局限于本国市场范围。同时,还要考虑国家整体产业竞争力。因此,在执行反垄断法时,美国政府还是以国家利益为重,为了提高美国企业在全球的竞争力,支持大型企业的重组和并购。

### (三)家具连锁店的合并案

在进行并购案分析中,市场集中度只是一个参考指标,关键要看合并后企业对市场的纵能力。1998年美国两大办公家具连锁店(STAPLES 与 OFFICE DEPOT)的合并案就是一个很好的说明。家具市场是一个极具竞争性的市场,其中有成千上万的零售商。如果按照传统观点,监管机构对家具商店的合并不应存在疑问。但是,联邦贸易委员会的经济学家通过对这两个销售商的每一种商品的销售价格和销售数量进行非常细致的观测,发现在同一城市中,STAPLES 的价格要比 OFFICE DEPOT 的价格低,但是,在没有OFFICE DEPOT 的城市里,STAPLES 的价格要贵一些。经济学家由此得到一个充分的证据:STAPLES 与 OFFICE DEPOT 并购后,很可能提高价格。因此,法院没有批准这个合并案。美国司法部的一些人认为如果能够得到有关市场价格等类似的数据和信息,没有必要去定义市场,可以直接通过这些数据分析和预测并购行为可能对市场产生的影响。法院也接受了这个观点。

### (四)对分解微软的不同意见

微软公司是世界上最大的软件公司,占世界软件市场的80%以上。去年以来,有19个州和哥伦比亚地区法院指控微软公司利用其市场力量非法挤垮竞争对手。地区司法部提出了把微软分解为两个企业的方案,而一些经济学家则从市场效率的角度出发,对司法部的设想提出不同意见。

哥伦比亚地区法院的法官认为微软的行为在一定程度上是反竞争的,不仅侵害了消费者的利益,更重要的是打击了竞争对手。一是微软占有巨大的稳定的市场份额;二是微软公司把浏览器捆绑在视窗操作系统上,把软件系统固化到芯片上,从而阻止竞争对手进入市场;三是微软的操作系统到目前为止还没有真正的竞争对手。

而一些经济学家认为,如果把微软的操作系统和"办公室"应用软件分离开,将有以下几个主要问题。一是如果垂直分解微软公司,微软的操作系统仍将占市场的85%以上,办公室应用软件也将占据美国市场的90%以上,因此,两个企业都可以分别在各自的市场区划中占垄断地位,很可能两个公司都提价,危害消费者利益;二是如果水平分解微软公司,那么小型公司在销售视窗软件时,可能竞相压价,不利于维护知识产权;三是分解微软公司的目的是为了促进竞争和技术创新,希望其他企业能开发出与微软竞争的软件。但是靠分解微软达到这一目的希望较小。

比较微软和波音两个案例,尽管微软在操作系统市场上的垄断程度还不如合并后的波音公司对美国国内干线飞机市场的垄断程度高,但监管机构没有制止波音和麦道的合并,却要分解微软。微软与波音的不同境遇,充分反映了全球化背景下美国的反垄断战略:为了保持市场竞争,促进技术进步,反垄断是要继续坚持的,但是,对一个企业是否采取反垄断措施,则要从全球竞争而不仅是国内市场竞争着眼。波音与微软案的最大不同在于,微软在操作系统市场上还没有一个像样的竞争对手,再加上美国计算机产业在世界上的优势地位,即使分解微软也不会影响美国在这一市场上的垄断地位。而波音有空中客车这样强劲的竞争对手,如果波音不与麦道合并,美国航空工业的整体优势就不能充分发挥,最终可能损害美国的国家利益。

从上述案例分析中可以看出,尽管美国反垄断部门在执行反垄断法的过程中采取了灵活处理办法,但遵循了几个主要原则。一是反垄断的目的是保护市场的有效竞争性和消费者的利益。美国政府在批准并购案时,不仅仅是根据市场集中度指标,还要看兼并后的市场效率。例如,家具公司的市场占有率并不高,但是兼并后消除了竞争对手,可能导致提价。因此,这种兼并不能得到批准。二是判断垄断的标准不是以企业规模大小来决定的,关键要看是否滥用了市场力量。具有市场力量的企业不一定是垄断,只有利用市场力量采取了不正当手段才被判为垄断。例如,分解 AT&T 是因为它利用垄断地位排斥其他竞争者,影响了竞争。三是考虑国家整体利益。由于美国的计算机行业在世界已经占据明显的优势地位,而微软的软件和硬件一体化严重影响了行业竞争和技术创新,解体微软不会影响美国计算机行业在世界的竞争力,相反,加大国内竞争,促进创新将进一步提高其产业竞争力。这充分说明,美国的反垄断政策还考虑到企业行为对整个国民经济的影响。

(资料来源:https://wenku.baidu.com/view/ecfda7d66037ee06eff9aef8941ea76e59fa4a53.html? from＝search)

## 导入案例分析

铁路交通行业总是被作为政府管制性行业,其经营权只有在政府许可下才能获得,对经营权的控制本来是为了使其在规模上受到约束,在服务质量上得到保障,从而形成在一个区域内的有效有利的供应。然而,这种管理方式又为少数获得经营权的人提供了获取垄断收益的机会,而这种收益又必然是以增大他人的成本为代价的,上述案例就反映了这一状况,这就是经济上所称的"市场失灵"。由于政府管制导致垄断的存在,"市场"这只看不见的手发挥不了正常的作用,导致行业缺乏公平竞争,资源配置效率低下,这时,政府应该出台一些政策比如行业重新组合、严格监管制度等规范行业的发展。

## 项目小结

　　市场失灵是市场扭曲。它表现为市场价格既不等于该商品的边际社会收益又不等于该商品的边际社会成本。它是一种市场中私人理性无法导致社会理性的情形。市场失灵的主要原因是公共物品、垄断、外部效应以及信息不对称。一旦市场处于无效率的状态,政府就成为弥补的重要手段。在"一只看不见的手"难以有效发挥作用的情况下,就需要发挥好"一只看得见的手"即政府干预经济的作用。具有非排他性和非竞争性的物品是公共物品。公共物品的非排他性指人们不管付费与否,都不能排除他们对该物品的消费;公共物品的非竞争性指人对该物品的消费并不影响他人对该物品的消费。在公共物品最优供给数量的决定上,最优标准则是所有消费者的边际利益之和等于边际成本。一般而言,公共物品要由政府提供。但在这里应注意"政府提供"不同于"政府生产"。政府生产是指政府建立企业来直接生产公共物品;政府提供则是指政府通过预算安排或政策安排等某种适当方式将公共物品委托给私人企业进行间接生产。在发达的市场经济国家,公共物品除了"国营"或"公营"以外,还大量地选择了"私营"的方式。只要能避免"免费搭车"现象,有些通常由政府提供的服务私人企业也会提供。垄断的存在产生了一系列弊病,给社会带来损失,主要表现为资源浪费和社会福利的损失。反垄断措施有对垄断的政府管制和反垄断法。对垄断的管制主要是指政府对垄断行业价格和产量的管制。外部效应是指人们的经济活动对他人造成的影响而未将这些影响计入市场交易的成本与价格之中。从外部效应带来的结果来看,可以分为外部经济和外部不经济;从外部效应产生的领域来看,可以分为生产的外部效应和消费的外部效应。外部效应表现为个人成本与社会成本或个人收益与社会收益存在的差异。政府解决外部效应的有关措施有行政措施、经济措施、法律措施。科斯认为政府通过税收或补贴解决生产和消费的外部效应会导致成本增加、社会福利减少。而由私人解决外部效应问题与政府介入的征税和补贴相比同样有效,其理论核心被称为科斯定理。

## 知识测试与能力训练

**一、名词解释**

市场失灵　垄断　反垄断法　公共物品　外部效应　信息不对称　寻租理论　逆向选择　道德风险

**二、单项选择题**

1. 不完全竞争市场中出现低效率的资源配置是因为产品价格(　　)边际成本。

　　A. 大于　　　　　　B. 小于　　　　　　C. 等于　　　　　　D. 可能不等于

2. 某一经济活动存在外部不经济是指该活动的(　　)。

    A. 私人成本大于社会成本　　　　　　B. 私人成本小于社会成本

    C. 私人利益小于社会利益　　　　　　D. 私人利益大于社会利益

3. 某一经济活动存在外部经济是指该活动的(　　)。

    A. 私人成本大于社会成本　　　　　　B. 私人利益大于社会利益

    C. 私人成本小于社会成本　　　　　　D. 私人利益小于社会利益

4. 科斯定理指的是(　　)。

    A. 若交易成本为零,则只要财产权明确,市场交易的结果都是有效率的

    B. 交易成本为零,财产权明确与否并不影响市场交易的效率

    C. 只有当交易成本为零时,市场交易才是有效率的

    D. 以上各项都对

5. 某项生产活动存在外部不经济时,其产量(　　)福利最优产量。

    A. 大于　　　　　　　　　　　　　　B. 小于

    C. 等于　　　　　　　　　　　　　　D. 以上三种情况可能都有

6. 公共物品的市场需求曲线是消费者个人需求曲线的(　　)。

    A. 水平相加　　　B. 垂直相加　　　C. 算术平均数　　　D. 加权平均数

7. 市场失灵是指(　　)。

    A. 市场没有达到可以达到的最佳效果

    B. 市场没能使社会资源分配达到最优效率的状态

    C. 市场未能达到社会收入的公平分配

    D. 以上三种都是

8. 汽车排放废气导致的对健康的影响属于(　　)。

    A. 私人成本　　　　　　　　　　　　B. 外部成本

    C. 内部成本　　　　　　　　　　　　D. 不属于上述任何一种情况

9. 面对不对称信息,(　　)不能为消费者提供质量保证。

    A. 品牌　　　　　　　　　　　　　　B. 低价格

    C. 长期质量保证书　　　　　　　　　D. 气派的商品零售处

10. (　　)是寻租行为发生的例子。

    A. 一家公司设法增加自己所有财产上收取的租金

    B. 公司投入资源去劝说政府阻止新公司进入它的行业

    C. 政府设法找出一家公司的垄断租金

    D. 政府设法剥夺一家公司的垄断租金

### 三、多项选择题

1. 形成市场失灵的原因主要有(　　)。

    A. 垄断　　　　　B. 公共物品　　　　C. 信息不对称

    D. 外部效应　　　E. 政府管制

2. 某种经济活动存在外部经济是指该活动的(　　)。

　　A. 私人成本大于社会成本　　　　B. 私人成本小于社会成本

　　C. 私人利益大于社会利益　　　　D. 私人利益小于社会利益

　　E. 私人利益大于私人成本

3. 下面(　　)的活动会引起正的外部效应。

　　A. 消费比萨　　　　　　　　　　B. 在课堂上教育学生

　　C. 公共场所吸烟　　　　　　　　D. 注射麻疹疫苗

　　E. 植树造林

4. 科斯定理说明(　　)。

　　A. 政府应该对引起外部不经济问题的厂商征税

　　B. 在一定条件下私人之间的协商能够消除外部效应问题的影响

　　C. 政府不应该对引起外部不经济问题的厂商征税

　　D. 通过协商解决外部效应问题一定有助于提高效率

　　E. 政府参与是解决外部效应问题的唯一途径

5. 认为市场不能提供纯粹公共物品的理由是(　　)。

　　A. 纯粹公共物品不具有排他性　　B. 纯粹公共物品不具有竞争性

　　C. 消费者"搭便车"　　　　　　　D. 存在市场失灵问题

　　E. 市场以追求经济利益为目的

6. 市场不能提供有效信息的理由是(　　)。

　　A. 信息是稀缺的　　　　　　　　B. 信息的生产需要成本

　　C. 有些信息是公共物品　　　　　D. 获得信息的过程存在悖论

　　E. 信息传递的途径具有多样化的特点

7. 买卖双方存在信息不对称是指(　　)。

　　A. 卖方故意隐瞒有用信息　　　　B. 买方的认知能力有限

　　C. 完全掌握信息的成本昂贵　　　D. 信息本身存在不完整性

　　E. 以上都有可能

8. 公共物品的基本特征是(　　)。

　　A. 竞争性　　　　　B. 排他性　　　　　C. 非竞争性

　　D. 非排他性　　　　E. 垄断性

9. 垄断存在的缺点是(　　)。

　　A. 缺乏效率

　　B. 缺乏公平

　　C. 与完全竞争和垄断竞争相比,产品价格高,产量低

　　D. 利润低

　　E. 破坏市场公平竞争

10. 公共选择的特点是(　　)

　　A. 建立在对消费者偏好充分了解的基础上

B. 建立在对生产者偏好充分了解的基础上

C. 关于公共物品的决策是集中作出的

D. 适应于任何物品

E. 有利于对公共物品作出正确的选择

## 四、判断题

1. 市场失灵的存在要求由政府来取代市场价格机制。（　　）

2. 政府可以采取经济、行政以及法律的手段限制垄断。（　　）

3. 可以通过物品分割的方式解决公共物品问题。（　　）

4. 污染具有外部不经济，所以政府只能通过行政手段禁止这种行为。（　　）

5. 交易费用都是事前的费用。（　　）

6. 保险市场和二手商品市场上存在事后的信息不对称，将导致逆向选择。（　　）

7. 由于不完全信息，物品的需求曲线可能向上倾斜。（　　）

8. 医生和病人的关系具有委托—代理问题。（　　）

9. 激励约束机制设计可以彻底解决委托—代理问题。（　　）

10. 寻租活动是最腐败的经济学原因。（　　）

## 五、分析讨论题

1. 为什么有的经济学者认为，垄断也有可能促进经济效率？

2. 能否认为，由于公共物品不存在市场交换价格因而可以任意定价？

## 六、案例分析题

国家统计局中国经济景气监测中心日前会同中央电视台《中国财经报道》对北京、上海、广州三个城市的 700 余位居民进行了调查。电信、邮政、铁路和电力等行业中哪些行业应破除垄断呢？79.9% 的居民认为是电信行业，52.8% 的居民认为是铁路部门，47.5% 的居民认为是邮电行业，45.8% 的居民认为是电力部门。另外，认为是公交、航空、金融、保险的居民分别占 37.9%、29.6%、24.1% 和 14.6%。国家统计局有关专家表示，必须坚定不移地对电信、铁路、邮政、电力等垄断行业进行改革和重组，通过使同一业务经营主体的多元化，非国有资本包括外国资本进入基础设施和公用事业领域，企业财产组织形式的改造与现代企业制度的建设等，创造开放和竞争格局，以适应我国社会主义市场经济迅速发展的要求，应对加入 WTO 后的严峻挑战。多数居民认为现在的电力价格偏高。电力是不是一种商品？调查显示，85.8% 的居民认为电力也是一种商品，只有 11.1% 和 3.2% 的居民分别表示不是和不清楚。同时，相对于自己的收入水平，55.8% 的居民认为现在的电力价格偏高，41.6% 的居民认为合适，只有 1.6% 的居民认为偏低。既然电力也是一种商品，作为这种商品生产者的电力部门就必须遵守和适应市场经济的发展规律，在提高产品质量和服务水平的同时，根据市场的变化和信息，灵活地制定和调整其价格，这样才能使电力资源得到有效的配置。否则改革滞后，使其价格偏离电力价值、服务水平和人民的收入状况，不仅不利于保障消费者的利益，也不利于电力行业竞争力的提高和长远的发展。绝大多数居民赞成采取价格听证会制度。现在，多数群众对电力行业垄断和电力价格不满的重要原因，是电力部门的电力生产成本和定价规则缺乏公开性。电力价格听证会的宗旨是让群众了解电力成本构成情况，其目的是增加电力价格的透明度,提高电力部门定价的科学性和合理性。据调查,74.2%的消费者赞成对电力定价采取价格听证会,只有21.6%和3.7%的居民分别表示无所谓和反对。

(资料来源:我国哪些行业应破除垄断?．中国经济时报,2001年4月3日)

**问题:**

1. 电力部门如何通过听证会制度科学合理地定价?
2. 应采取哪些措施避免电力行业的垄断行为?

# C 项目7
## Chapter 7 探析国民收入理论

## 知识目标

1. 掌握国内生产总值的内涵；
2. 理解国民收入核算恒等关系；
3. 了解国民生产总值等各类经济总量指标的含义。

## 能力目标

1. 初步建立起学生分析经济问题的宏观思维能力；
2. 培养学生通过假设简化经济问题的分析技巧。

## 案例导入

2017 年,我国"十二五"规划圆满完成,"十三五"规划顺利实施,经济社会发展取得历史性成就、发生历史性变革。五年来,经济实力跃上新台阶。国内生产总值从 2012 年的 54 万亿元增加到 82.7 万亿元,年均增长 7.1%,占世界经济比重从 11.4% 提高到 15% 左右,对世界经济增长贡献率超过 30%。经济结构出现重大变革。消费贡献率由 54.9% 提高到 58.8%,服务业比重从 45.3% 上升到 51.6%,成为经济增长主动力。

2017 年全年国内生产总值 827 122 亿元,比上年增长 6.9%。其中,第一产业增加值 65 468 亿元,增长 3.9%;第二产业增加值 334 623 亿元,增长 6.1%;第三产业增加值 427 032 亿元,增长 8.0%。第一产业增加值占国内生产总值的比重为 7.9%,第二产业增加值比重为 40.5%,第三产业增加值比重为 51.6%。全年最终消费支出对国内生产总值增长的贡献率为 58.8%,资本形成总额贡献率为 32.1%,货物和服务净出口贡献率为 9.1%。全年人均国内生产总值 59 660 元,比上年增长 6.3%。全年国民总收入 825 016 亿元,比上年增长 7.0%。

如图 7-1 所示,2013—2017 年国内生产总值及其增长速度比较。

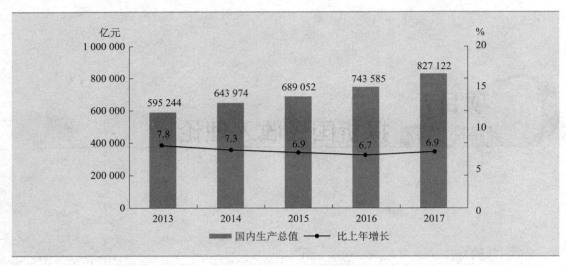

图 7-1　2013—2017 年国内生产总值及其增长速度比较

(资料来源:中国统计信息网.《中华人民共和国 2017 年国民经济和社会发展统计公报》.2018 年 2 月 28 日,http://www.stats.gov.cn//tjsj/zxfb/201402/t20140224_514970.html)

**思考与讨论:**

1. 国内生产总值是什么概念? 827 122 亿元很多吗? 6.9%的增长速度在国际上居于什么水平?

2. "第三产业增加值比重为 51.6%"和"全年最终消费支出对国内生产总值增长的贡献率为 58.8%"两项数据,意味着什么?

3. 国内生产总值是如何计算出来的? 和我们的生活有什么关系? 为什么要计算国内生产总值?

# 任务一　探讨国民收入核算

## 一、国内生产总值(GDP)

### (一) 国内生产总值的内涵

如果要判断一个人在经济上是否成功,我们首先要看他的收入。高收入者负担得起生活必需品和奢侈品。毫不奇怪,高收入者享有较高的生活水平——更好的住房、更好的医疗、更豪华的汽车、更充分的休假等。同样的逻辑也适用于一国的整体经济。当判断一国经济是富裕还是贫穷时,自然就会考察经济中所有人赚到的总收入,这正是国内生产总值(GDP)的作用。

▶ 1. 国内生产总值的含义

国内生产总值(gross domestic product,GDP)是指在某一既定时期内(通常为一年,但也可视研究的需要规定为一个季度),在一个国家(或地区)之内生产的所有最终产品与劳务的市场价值的总和,或是这一国家(或地区)所有单位所创造的附加价值的总和。国内生产总值是衡量一个国家经济运行水平时最常使用的指标之一,因此对国内生产总值的计算便成为国民收入核算中的重要问题。GDP是最受瞩目的经济统计数字,它被认为是衡量社会经济福利最好的一个指标。

GDP同时衡量两件事:经济中所有人的总收入和用于经济中物品与劳务产出的总支出。由于这两件事实际上是相同的,所以GDP既衡量总收入又衡量总支出。对一个整体经济而言,收入必定等于支出。因为一个经济的收入和其支出相同的原因就是每一次交易都有两方,买者和卖者。因此,交易对经济的收入和支出作出了相同的贡献。无论作为总收入来衡量还是作为总支出来衡量,GDP都增加了相同的金额。

▶ 2. 计算国内生产总值时应注意的几个问题

为了准确把握国内生产总值的本质特征,在理解、计算国内生产总值时应注意以下几个问题:

(1) GDP是一个市场价值的概念。GDP要把许多种不同物品加总为一个经济活动价值的衡量指标。为了这样做,它使用了市场价格。由于市场价格衡量人们愿意为各种不同物品支付的量,所以市场价格反映了这些物品的价值。产品的市场价值就是用这些最终产品的单位价格乘以产量获得的。

(2) GDP衡量的是所有东西的市场价值。GDP要成为全面的衡量,它包括在经济中生产并在市场上合法出售的所有东西,还包括由经济中住房存量提供的住房服务的市场价值。

就租赁住房而言,这种价值很容易计算——租金既等于房客的支出,又等于房东的收入。但许多人对自己所住的房子有所有权,因此并不付租金。政府通过估算租金价值而把这种自有房产包括在GDP中。实际上,GDP是基于这样一个假设:所有者将房屋出租给自己,隐含的租金既包括在房东的支出中,又包括在其收入中,因此,它计入GDP。

但是,还有一些物品没有纳入GDP中,因此衡量这些物品十分困难。GDP不包括非法生产与销售的东西,如非法的毒品。GDP也不包括在家庭内生产和消费的物品,比如没有进入市场的东西。你在菜市场买的蔬菜是GDP的一部分,而你在自己院子里种植的蔬菜却不是。由于某些产品和劳务不在市场上进行交易,所以总有一些产品与劳务的价值未能被纳入GDP中,使GDP的计量不够准确。

(3) GDP测度的是最终产品的价值。计算GDP时,应避免对中间产品价值的计算,否则会造成重复计算。最终产品是指在一定时期内生产的并由其最后使用者购买的产品和劳务。中间产品是指用于再出售而供生产别种产品用的产品。这里所说的最终产品是与中间产品相对的一个概念,其划分并不在于产品物质形态上存在的差别,而在于购买者购买产品的目的。如果购买者对产品的购买是为了自己消费的需要,这种产品便是最终产品;反之,若购买者是要将购买的产品投入生产过程之中生产其他产品或用来转卖,这种产品便是中间产品。可见,在现实中有众多的产品既可能是最终产品,也可能充当中间产品。如果在计算最终产品时不能有效地将中间产品剔除在外,就会造成中间产品的价值在 GDP 中的多次重复计算。例如,农民种植小麦,在市场上出售给面粉厂,得到 100 元的收入;面粉厂将小麦磨成面粉,以 200 元的价格出售给食品厂;食品厂用这批面粉制成糕点出售给消费者,得到 300 元,则这 300 元中已经包括了小麦和面粉的价值。若以最终产品的角度来计算 GDP,显然数额应为 300 元;但如果不能剔除中间产品,而将小麦与面粉的价值也计入 GDP,其数额应达到 600 元。可见,计入中间产品的价值会造成 GDP 的虚增,难以真实地反映出一国的经济运行水平。由于多数产品既可充当最终产品,也可充当中间产品,因此若要在核算 GDP 时准确将其加以区分是非常困难的。在实践中,往往不计算最终产品的价值,而是通过对各单位生产的附加价值(value-added)加总求和来计算 GDP,以此避免对中间产品价值的重复计算。采用这种方法,只把每个生产阶段产品增加的价值计入 GDP。如在上例中,若假定农民种植小麦的投入品价格可以忽略不计,则小麦的售价 100 元便可以被认为是在小麦生产阶段中农民创造的附加价值;而在面粉生产阶段,面粉厂以 100 元购进小麦,以 200 元出售面粉,其间创造的附加价值也是 100 元(200 元－100 元),而食品厂创造的附加价值也是 100 元(300 元－200 元)。将整个生产过程三个生产阶段创造的附加价值相加,得出 GDP 为 300 元(100 元＋100 元＋100 元),与这一生产过程的最终产品——糕点的市场价值相等。

需要注意的是,如果某种中间产品在生产中暂时未被使用,从而成为企业的存货时,该中间产品可以暂时被当作最终产品,其价值核计入 GDP。在日后该中间产品被投入使用时,再将其价值从真正的最终产品价值中扣除。

(4) GDP 中包括劳务的价值。GDP 不仅包括各类有形物品(服装、汽车、食物)的市场价值,还包括各种无形的劳务(如理发、打扫房屋、看病等)的市场价值。比如,当你购买了你最喜欢的歌手的 CD 时,你购买的是一种物品,购买价格是 GDP 的一部分;当你购买了歌手演唱会的门票时,此时购买的是劳务,票价也是 GDP 的一部分。在劳务中,有些内容的计算是比较直接的,但也有些劳务因难以计算而成为当期 GDP 中被遗漏的部分,如医生、律师为自己或家人提供服务、家庭主妇在家庭中的劳动等。对这个问题,目前还没有很好的解决方法,因此计算 GDP 时只能尽可能地将劳务包含于其中,但却不可能做到百分之百的全面、准确。

(5) GDP 中只应包括本期产出的市场价值。GDP 有特定的考察期间,它应由该期间内一国各单位所创造的附加价值构成。应该注意的是,有一些交易是在当期完成的,但交易的产品却是在以前生产的,诸如过去积压的产品在当期出售、已故著名书画家的作品在当期拍卖等都属于这种情况。不论这类交易在总交易量中占有多大的比重,其交易的产品本身的价值都不能计入本期 GDP。只有交易过程所创造的新增价值——如出售产品得到的商业利润、拍卖行因提供了拍卖服务所收取的费用等才可以计入本期的 GDP。再如,汽车生产商生产并销售一辆新汽车时,这辆汽车的价值包括在 GDP 中。当一个人把一辆二手车出售给另一个人时,二手车的价值不包括在 GDP 中,但另外支付的佣金则应计入 GDP。

(6) GDP 衡量的价值是在一定国家(或地区)的地理范围之内。凡是在本国领土上创造的收入,不管是否本国国民创造的,都计入 GDP,这就是所谓的国土原则。例如,一个中国企业在美国进行投资,则该企业在美国所创造的价值要计入美国的 GDP,而不能计入中国的 GDP;反之,国外资本在中国进行投资所创造的价值则要计入中国的 GDP,而不能计入其母国的 GDP。

### ▶ 3. 国内生产总值的局限性

GDP 虽然可以反映一国的经济水平发展状况,但 GDP 也具有很多的局限。

(1) GDP 无法反映一定时期内社会财富总量的积累,仅是计算一定时期内生产的最终产品价值。例如,第一年拆除旧房第二年盖新房,一拆一建都分别增加了两年的 GDP 总量。虽然每个时期的 GDP 都有增加,但是没有实质性的财富积累。近几年来,我国的 GDP 一路飙升,位居世界第二。而这个 GDP 却反映不了我国财富的积累。

(2) GDP 无法反映社会产品的品质和种类。比如,GDP 无法反映一国或地区的经济活动中是否包含了一些非法的地下经济活动和不适当的经济活动在内。未被纳入正式经济统计项目的经济活动包括毒品、无许可营业、走私、逃税等非法经济活动以及物物交换、劳务交易等。据一项调查结果显示,2008 年欧盟地区地下经济占 GDP 的 16%,约为 2.1 万亿欧元,上述数据未将塞浦路斯、卢森堡和马耳他考虑在内,但是包括了挪威、瑞士以及即将入盟国家的数据。2008 年保加利亚国内生产值为 340 亿欧元,地下经济为 120 亿欧元,占 GDP 的 36%。拉脱维亚地下经济占 GDP 的 36%,爱沙尼亚和克罗地亚地下经济占 GDP 的 35%。2008 年罗马尼亚国内生产总值为 1390 亿欧元,地下经济为 460 亿欧元,占 GDP 的 33%。奥地利和瑞士是欧洲国家中地下经济比重最低的,约占 GDP 的 8%。

(3) GDP 不能反映社会上大量的非市场化经济活动,比如一些家务劳动、自给自足的经济活动等。GDP 作为反映国民经济总产出的指标,未能包括自己生产、自己消费的产品或劳务的这部分产出,对总产出反映得不够全面。例如,城市居民在自己家房前屋后种植的蔬菜和水果,且这些产品只供自己享用;农民自己生产且自己消费的农产品;此外,居民在自己的家庭中从事的家务劳动如做饭、拖地板以及自己维修家用电器等活动都有实实在在的经济产出,是国民经济产出的一部分,只是因为没有经过市场交换,都未能计入 GDP 当中去。

(4) GDP 不能说明商品和服务在其中的比例和结构,无法反映社会产出的性质。这就是说,仅仅依靠 GDP 是无法看出一个国家或地区的经济性质究竟是以物质生产为主,还是以服务业为主,也看不出这方面的相应变化。因为 GDP 是一个国家总的生产水平的衡量,没有详细地分析各个不同领域在 GDP 中所占的比重以及该领域的投资和发展情况。

(5) GDP 无法反映社会经济活动中所生产的环境污染、人口增长等问题。在一些人的观念中,认为有利于增加国内生产总值就一定有利于国民经济增长和社会发展,社会财富也会随着国内生产总值的增长而增长。近年来我国经济发展的步伐令世界瞩目,但是,生态环境也为此付出了巨大代价。改革开放以来,我国经济以 9.5% 的发展速度取得了巨大成就,但同时也有消耗太多原材料的隐患。比如,创造 1 万美元价值所需的原料是日本的 7 倍,是美国的近 6 倍,更令人尴尬的是,比印度还多 3 倍。能源过多地消耗,加重了对环境的破坏。但是,这种现状并未引起人们的足够重视。目前我国已经有 13 亿人口,到 2020 年,我国人口将达到 15 亿。城市化进程伴随着沙漠化,可居住及利用的土地越来越少。据了解,1/3 的国土都遭遇过酸雨的袭击,7 条大河中一半的水资源被污染,另有 1/4 的人没有洁净的饮用水；城市中只有不到 20% 的垃圾是按照环保的方式处理；世界上 10 个污染最严重的城市中国占了 5 个，1/3 的城市人口不得不呼吸被污染的空气。如果一味追求 GDP 的增长，就会加剧对环境的污染、破坏和对自然资源的过分消耗等，而治理污染、保护环境的投入，反过来又增加 GDP，从而造成 GDP 增加，实际社会财富和福利水平反而下降、劳民伤财的结果。

(6) GDP 无法在世界各国之间对经济活动和水平作出真正准确的比较。因为在按照统一的美元计价标准去衡量和比较各国的 GDP 时，要涉及该体系所无法包括的汇率换算问题。由于近年来主要经济体货币汇率波动频繁，因此在各国综合实力比较中，用汇率换算 GDP 存在的失真问题越来越突出，需要计算另一种较合理的 GDP。因此亟须提高发展中国家的统计能力，改善宏观经济数据的可比性。

通过上面的分析，可以看出 GDP 可以毫无疑问地反映一个国家的经济发展情况，尽管 GDP 作为衡量一国的经济增长的尺度存在种种缺陷，但仍然有很大的优点：它能够把一国经济的全部活动概括在极为简明的统计数字之中，从而可以形成为表明各国经济增长的通用指标。但对于 GDP 不能过度迷恋，它只是一个衡量标准，对于一些问题 GDP 是不能反映的。

### (二) 与 GDP 相关的几个概念

▶ 1. 国内生产净值(NDP)

国内生产净值(net domestic product，NDP)，是指一个国家一年内新增加的产值，即从 GDP 中扣除了折旧之后的产值。

$$NDP=GDP-折旧 \tag{7-1}$$

▶ 2. 国民生产总值(GNP)

国民生产总值(gross national product，GNP)即国民总产品，一般是指一个国家(或地区)在一定时期中(如一个季度，但通常是一年)所生产的最终产品(包括劳务)价值的总和，或是该国所有单位所创造的附加价值的总和。它曾经是衡量各国(或地区)经济发展状况的常用指标，但现在越来越多的国家和地区被 GDP 所取代。

在使用 GNP 作为衡量总体经济运行水平的指标时，要注意区分名义 GNP 与实际 GNP，注意避免对中间产品价值的重复计算，注意要将考察期内所生产的所有最终产品和劳务尽可能完全地计入 GNP。另外，如果考察该国(或地区)的富裕程度，也可以使用人均 GNP 作为分析的指标。

▶ 3. 国民生产净值(NNP)

GNP 包含了资本折旧的部分，即在一年期间的经济活动中固定资本的消耗情况。将折旧从 GNP 中扣除就得出了另一个国民收入衡量指标——国民生产净值(net national product，NNP)，指一个国家在一定时期内，国民经济各部门生产的最终产品和劳务价值的净值。

$$NNP=GNP-折旧 \tag{7-2}$$

▶ 4. 国民收入(NI)

消费者购买消费品时付出的价格与企业得到的价格间往往存在一定的差额，这主要是因为受到了企业间接税如消费税的影响。需要明确的是，这部分差额被包含在 NNP 中，但是企业从未得到过这一差额。具有类似影响的还有企业的转移支出、政府对企业的补贴等因素。在考虑这些因素后,得到了另一个国民收入衡量指标——国民收入(national income, NI),指物质生产部门劳动者在一定时期所创造的价值。

$$NI = NNP - 企业间接税和转移支出 + 政府对企业的补贴 \qquad (7\text{-}3)$$

▶ 5. 个人收入(PI)

NI 衡量的是经济活动中所有人赚到的钱;衡量一个国家或地区一年内个人得到的全部收入的指标被称为个人收入(personal income, PI)。由于个人收入衡量的是个人从各个途径获取的收入的总和,因此需要从国民收入中扣除个人没有获取的公司收入,增加政府以转移支出的形式对个人的支付以及个人获得且不由企业支付的利息。

$$PI = NI - 公司利润 - 社会保险税 - 净利润 + 股息 + 政府对个人转移支出 + 个人利息收入$$
$$(7\text{-}4)$$

▶ 6. 个人可支配收入(PDI)

在个人收入中,存在一部分是个人无法支配的——个人对政府的税收和非税收支付,将个人收入中的税收和非税收支付从个人收入中扣除后,剩下的才是个人可以用于消费或者储蓄的收入,即个人可支配收入(personal disposable income, PDI)。

$$PDI = PI - 个人税收和非税收支付 \qquad (7\text{-}5)$$

虽然各种收入衡量指标在细节上不同,但是它们几乎总是说明了相同的经济状况。当GDP 迅速增长时,这些收入衡量指标通常也会表现出迅速增长的趋势;而当 GDP 出现下滑时,这些收入衡量指标也会出现几乎同样的下滑现象。就监测整体经济的波动而言,我们用哪一种收入衡量指标无关紧要。

## (三) GDP 与 GNP

在对 GNP 进行统计时,遵循的是人口标准。即使这个国家的部分居民在这一时期之内是在别国从事生产或提供劳务并取得相应报酬的,其收入也可计入该国的 GNP。GDP 在统计时遵循的是地域标准,也包括了这一时期内外国人在这个国家提供产品或劳务所得到的收入。一般情况下,GNP 与 GDP 在数额上的差额应该与所有外国人在该国取得的净收入相等。若 GNP 大于 GDP,说明本国人在外国取得的收入大于外国人在本国取得的收入,在一些经济发达国家(如美国),这种情况很容易出现。反之,如果 GNP 小于 GDP,则外国人在本国取得的收入高于本国人在外国得到的收入;从另一个角度来看,这也可以说明来自国外的投资为本国带来了更多的就业机会,带动了本国经济的增长。

尽管有所区别,但 GNP 与 GDP 的差别很小。因此,如果仅仅是出于观察宏观经济总体波动的目的,使用 GDP 还是 GNP 作为国民收入的衡量指标实际上无关紧要;只是由于本国居民在国外的收入统计起来比较困难,以及一些其他原因,近年来使用 GDP 的国家越来越多。

$$GNP = GDP + 来自国外的要素收入 - 对国外的要素支出 \qquad (7\text{-}6)$$

## (四) 实际 GDP 与名义 GDP

正如我们已经说明的,GDP 衡量经济中所有市场上用于物品与劳务的总支出。因此,一国 GDP 的变动由两个因素造成:一是所生产的物品和劳务的数量的变动;二是物品和劳务的价格的变动。当然,二者也常常会同时变动。为弄清国内生产总值变动空间是由产量还是由价格变动引起的,需要区分名义国内生产总值(名义 GDP)和实际国内生产总值(实际 GDP)。

名义 GDP(或货币 GDP)是用生产物品和劳务的当年价格计算的全部最终产品的市场价值。实际 GDP 是用从前某一年的价格作为基期价格计算出来的全部最终产品的市场价值。

在对不同时期的 GDP 进行比较时可以看到,GDP 的数值通常会发生比较大的变动,这一方面是由于不同时期产出的最终产品和劳务数量有所不同;另一方面则是因为产品和劳务的价格会随着时间的推移而发生变化。其结果,即使产出数量保持不变,以货币表示的GDP 的数额也会出现明显变化。因此,对不同时期名义 GDP 的比较不能反映一国经济状况变动的真实情况,需要以某个期间作为基期,并用基期的价格对考察期间(即报告期)商品、劳务的价值进行调整,得出各期的实际 GDP,从中找出经济运行变化的真实情况。本项目"案例导入"中我国 2013 年统计公报 GDP 总量绝对数就是按现价计算的,增长速度则按不变价格计算。

实际 GDP 就是消除了价格变动的影响后的 GDP。在计算实际 GDP 时,首先要确定某一个时期为基期,基期的价格便是"不变价格"。用不变价格乘以各个时期的产量,可以得出各时期的实际 GDP。通过对不同时期实际 GDP 进行比较,可以较为真实地反映各个时期物质产品产量的增加情况:如果一段时期中,实际 GDP 持续明显增加,那么这个国家的经济运行就处在扩张时期;而一旦实际 GDP 增幅很小,甚至出现下降,则这个国家的经济就正处于衰退时期。

假定一个经济只生产两种产品——面包和牛奶,这两种产品 2011 年、2012 年和 2013 年的价格和产量如表 7-1 所示。

**表 7-1 产品价格产量表**

| 年份 | 面包产量/个 | 面包价格/元 | 牛奶产量/吨 | 牛奶价格/元 |
|------|------------|------------|------------|------------|
| 2011 | 100 | 1 | 50 | 2 |
| 2012 | 150 | 2 | 100 | 3 |
| 2013 | 200 | 3 | 150 | 4 |

为了计算这个经济的总支出,分别计算 2011 年、2012 年、2013 年面包和牛奶的名义GDP 和实际 GDP。

$$2011 年名义 GDP = 100 \times 1 + 50 \times 2 = 200(元)$$
$$2012 年名义 GDP = 150 \times 2 + 100 \times 3 = 600(元)$$
$$2013 年名义 GDP = 200 \times 3 + 150 \times 4 = 1200(元)$$

这个量是按现期价格评价的物品与劳务的生产,三年名义 GDP 分别从 2011 年的 200元增加到 2012 年的 600 元,然后增加到 2013 年的 1200 元。

然而,为了得到不受价格变动影响的产量的衡量指标,我们使用实际 GDP。这个例子中我们选择 2011 年作为基年,采用 2011 年的价格和每年的产量计算实际 GDP,具体如下:

$$2011 年实际 GDP = 100 \times 1 + 50 \times 2 = 200(元)$$

$$2012 年实际 GDP = 100 \times 2 + 50 \times 3 = 350(元)$$
$$2013 年实际 GDP = 100 \times 3 + 50 \times 4 = 500(元)$$

通过计算,我们发现实际 GDP 从 2011 年的 200 元增加到 2012 年的 350 元,然后又增加到 2013 年的 500 元。

可见,未经价格调整的名义 GDP 将经济增长的成果放大,而消除了价格上涨因素的实际 GDP,则能更好地说明主要由可利用的生产要素的增加和生产要素使用效率提高所带来的真实的经济增长状况。

在考察一个国家名义 GDP 和实际 GDP 的基础上,还可以计算出 GDP 平减指数(GDP deflator)。

$$GDP 平减指数 = (某一时期名义 GDP/该时期实际 GDP) \times 100\% \qquad (7\text{-}7)$$

还以上面的面包和牛奶为例,可以按照式(7-7)计算出 2011 年、2012 年、2013 年的 GDP 平减指数。

$$2011 年 GDP 平减指数 = (200 \div 200) \times 100\% = 100\%$$
$$2012 年 GDP 平减指数 = (600 \div 350) \times 100\% = 171\%$$
$$2013 年 GDP 平减指数 = (1200 \div 500) \times 100\% = 240\%$$

GDP 平减指数是经济学家用来监测经济中平均物价水平,从而监测通货膨胀率的一个衡量指标。GDP 平减指数的得名是因为它可以用来从名义 GDP 中剔除通货膨胀——也就是说,"平减"名义 GDP 中由于物价上升而引起的上升。它与生产者价格指数、消费者价格指数一样,是衡量国家平均物价水平变化时常用的一个指标。

### (五) GDP 与人均 GDP

前面所介绍的都是衡量一国(或地区)经济运行水平的总量指标,可以说明一个国家(或地区)的经济实力或综合国力,但使用人均 GDP 更能说明一个国家居民的生活水平。人均 GDP 指在一定时期之内一个国家(或地区)平均每个居民所创造的最终产品的总价值,这个指标的数值越大,说明这个国家居民的生产能力越高,则每个居民取得的收入越多,国家经济发展水平也就越高。

### 知识链接

在本项目的开始,GDP 被称为衡量社会经济福利最好的指标。现在我们知道了 GDP 是什么,那么我们就可以评价这种说法了。

正如我们已经说明的,GDP 既衡量经济的总收入,又衡量经济用于物品与劳务的总支出。因此,人均 GDP 能够告诉我们经济中每个人的平均收入与支出。由于大多数人喜欢得到更高的收入并有更高的支出,所以人均 GDP 似乎自然就成为平均经济福利的衡量指标。

但一些人对 GDP 作为福利衡量指标的正确性持有异议。他们认为 GDP"并没有考虑到我们孩子的健康、他们的教育质量,或者他们做游戏的快乐。它也没有包括我们的诗歌之美和婚姻的稳定,以及我们关于公共问题争论的智慧和我们公务员的廉政。它既没有衡量我们的勇气、我们的智慧,也没有衡量我们对祖国的热爱。简言之,它衡量一切,但并不包括使我们的生活有意义的东西。"

这段话大部分是正确的。那么为什么我们还要关注 GDP 呢?

答案是 GDP 高实际上有助于我们过上好生活。GDP 没有衡量我们孩子的健康,但 GDP 高的国家能够为孩子提供更好的医疗;GDP 没有衡量孩子们的教育质量,但 GDP 高的国家能够提供更好的教育体系;GDP 没有衡量我们的诗歌之美,但 GDP 高的国家可以教育更多公民去阅读和欣赏诗歌;GDP 没有考虑到我们的知识、廉正、勇气、智慧和对国家的热爱,但当人们不用过多关心是否能够提供生活的物质必需品时,这一切美好的品行也容易养成。简言之,GDP 没有直接衡量这些使生活有意义的东西,但它确实衡量了我们获得过上这份有意义生活的许多投入的能力。

然而,GDP 并不是衡量福利的完美指标。对美好生活作出贡献的某些东西并没有包括在 GDP 中。一种是闲暇。例如,假设经济中的每个人突然开始每天都工作,而不是在周末享受闲暇。这将生产更多的物品和劳务,GDP 肯定增加。然而,尽管 GDP 增加了,但我们不应该得出每个人状况更好的结论。减少闲暇引起的福利损失抵消了人们从生产并消费更多的物品和劳务中所获得的福利利益。

由于 GDP 用市场价格来评价物品与劳务,所以它几乎未包括所有在市场之外进行的活动的价值。特别是,GDP 漏掉了在家庭中生产的物品与劳务的价值。当厨师做出美味佳肴并将其在餐馆出售时,这顿饭的价值是 GDP 的一部分。但是,如果厨师为他的家人做一顿同样的饭,那么他增加到原材料中的价值并不属于 GDP。同样,托儿所提供的对孩子的照顾是 GDP 的一部分,而父母在家照料孩子就不是。义工也为社会福利作出了贡献,但 GDP 并不反映这些贡献。

GDP 没有包括的另一种东西是环境质量。设想政府取消了所有环境管制,那么企业就可以不考虑它们引起的污染而生产物品与劳务,GDP 会增加,但福利很可能会下降。空气和水质量的恶化要大于更多生产所带来的福利利益。

GDP 也没有涉及收入分配。一个由 100 个每年收入为 5 万美元的人组成的社会,GDP 为 500 万美元,毫不奇怪,人均 GDP 是 5 万美元。一个有 10 个人赚到 50 万美元而 90 个人因一无所有而受苦的社会,其 GDP 也为 500 万美元。很少有人在考虑这两种情况时认为它们是相同的。人均 GDP 告诉我们平均每个人的情况,但平均量的背后是个人经历的巨大差异。

最后,我们可以得出这样一个结论:就大多数情况但不是所有情况而言,GDP 是衡量经济福利的一个好指标。重要的是,要记住 GDP 包括了什么,而又遗漏了什么。

(资料来源:[美]曼昆(N. Gregory Mankiw). 经济学基础.6 版. 梁小民,梁砾,译. 北京:北京大学出版社,2014)

## 二、国民收入核算的三种方法

### (一) 支出法

支出法又被称为产品支出法、产品流动法、最终产品法。它根据最终产品和劳务的不同流向,从社会对产品使用的角度出发,将当期购买最终产品和劳务所支出的货币加总,得出当期最终产品和劳务流动的总和,并将其作为当期生产的最终产品和劳务价值的总和,即当期的 GDP。

支出法通常被作为宏观经济研究中计算 GDP 的最有用的方法,在进行实际计算时,它一般要将以下几类支出相加在一起。

### ▶ 1. 个人消费支出

这个项目包括了个人或家庭对所有商品和劳务的支出,它又可以分为三部分内容:居民户对耐用消费品的购买、对非耐用消费品的购买以及对包括房屋租金与教育在内的劳务的支出。

一般认为,耐用消费品与非耐用消费品的划分标准应体现在使用时间是否超过一年上,然而有些商品在划分时确实存在困难,此时只能加以硬性规定。例如,服装鞋帽类商品一律被视为非耐用消费品,而房屋、汽车、家电等则被视为耐用消费品。

需要注意的是,在个人消费支出中,极易被忽略的是那些并非以货币直接从市场上购买的最终产品和劳务,如农民所消费的、由自己生产的各种农用品。

### ▶ 2. 私人国内总投资

投资通常被理解为资本形成,指对能在将来生产更多物品和劳务的物品的购买,表现为一个国家(或地区)当期发生在厂房、设备及各种存货(包括半成品的存货)等方面的数量变动。私人国内总投资一般就是指这种物质资本存量的变动,它不包括对债券、股票等的购买。在此,还应注意以下三个问题:

(1)私人国内总投资包括净投资与重置投资两部分。重置投资即折旧,是为更换磨损、报废的存量资本而发生的投资;净投资则是总投资减去重置投资后的部分,它可以被视为新的生产能力的形成。

(2)一些学者提出,如果更广义地将投资理解为使经济的生产能力有所提高的所有当前活动,那么,包括教育在内的人力资本投资也应包含在这部分内容之内。

(3)尽管个人、家庭对房屋、汽车等使用期相当长的商品的购买被相当多的人当作投资,但一般情况下,我们仍将居民户的全部开支部分当作是消费支出的组成部分,同时认为投资是与企业部门的物质资本存量的增加联系在一起的,其中包括了存货增加的部分。

### ▶ 3. 政府购买

这部分内容中应包括各级政府对产品和劳务进行购买所发生的全部货币支出,诸如政府对各种办公用品的购买,对各种国防物资的采购,对道路、桥梁、医院、学校等公共工程项目的建设,对政府雇员的薪金支出及各种用于公务的支出等都应包括在内。

需要指出的是,除这些项目之外,政府总支出中还有相当数额的支出属于转移性支出,如社会保险救济金、失业救济金等。它们不能作为政府购买而计入 GDP,原因是接受这笔支出的居民并没有对政府提供价值相当的最终产品或劳务,这一转移过程本身也没有发生产品的消耗。转移支出的发生相当于政府将自己持有的购买力转移给了一些特定的居民户,它改变了某些家庭的家庭收入状况,但生产并没有相应的变化。实际上,这部分转移支出被居民户用于各种商品和劳务的消费,它已被包括在个人消费支出之中。

#### ▶ 4. 净出口

净出口即一个国家在一定时期中所发生的进出口净额,即以当期外国人购买的本国国内生产的物品的价值减去当期国内购买的外国物品的价值。

GDP 需要说明的是,考察期内一个国家所生产的最终产品及劳务价值的总和,其总产品除了在国内被用于个人消费、投资或被政府购买外,还有一部分被国外购买,在前三个项目中得不到体现,因此应在前三项的基础上加上出口额。同时,由于在前三项中本国经济单位购买的产品里都有部分进口产品包含在内,所以必须将这些由国外所创造的价值扣除在外,以准确计算出本国所创造的价值。由此可以得出按支出法计算 GDP 的第四部分内容:加上出口,减去进口,即为净出口。

综上所述,若以 $C$ 表示个人消费支出,$I$ 表示私人国内总投资,$G$ 表示政府购买,$X$ 表示出口,$M$ 表示进口,$(X-M)$ 表示净出口,则从社会消费的角度可以得出以下公式:

$$GDP = C + I + G + (X - M) \tag{7-8}$$

### (二) 收入法

收入法又被称为成本法、生产要素法、要素收入法或要素支付法。它从商品与劳务的市场价值应与生产这些商品与劳务所使用的生产要素的报酬之和相等的角度,将经济系统内各生产要素取得的收入相加,从而计算出考察期内一个国家的最终产品和劳务的价值总和。在采用收入法计算 GDP 时,一般包括以下项目。

(1) 工资。工资指税前工资,是因工作而取得的酬劳的总和,既包括工资、薪水,也包括各种补助或福利项目,如雇主依法支付的雇员的社会保险金、养老金等内容。这是 GDP 中数额最大的组成部分。

(2) 租金。在租金收入中,既包括个人的出租房屋、土地而得到的租金收入,专利所有人的专利使用费收入,还包括使用自有房屋、土地等的估计租价。

(3) 净利息。净利息是个人及企业因进行储蓄而在本期内发生的利息收入与因使用由他人提供的贷款而在本期发生的利息支出之间的差额,不包括在以前发生但在本期收入或支付的利息,也不包括政府公债利息等转移性支出。

(4) 非公司企业收入与公司税前利润。因为国家对公司与非公司企业在税收等方面有不同的规定,因此,必须对这两类企业的利润收入分别进行考察。非公司企业是独资企业与合伙企业的总称,其收入就是企业所有人的个人收入。公司利润是公司经营所取得的全部收入,其中包括即将向国家缴纳的公司所得税、将要分配给股东的股息、以企业存款形式留存的企业未分配利润、对存货及折旧要进行的调整。

以上四大项目分别是针对劳动、土地、资本、企业家才能四类生产要素所支付的报酬,即生产要素收入的总和,但它与一个国家最终产品和劳务的市场价值在金额上仍存在差别。其中最主要的原因是在商品与劳务的价格中,除包括生产要素报酬之外,还包括了其他一些费用。所以,若要准确核算 GDP,就要在要素收入的基础上再加上企业间接税和折旧。

(5) 企业间接税。企业间接税包括营业税、消费税、进口关税等多个税种,其共同特征是生产企业可以在向政府缴纳税金的同时,通过对商品或劳务加价的方式,将税负转给消费者。因此,商品与劳务的价格中已含有企业的间接税,若要准确计算商品与劳务的市场价值,就必须将这部分税额与要素收入相加。

(6)折旧。这部分费用与企业间接税一样不属于生产要素的收入,但由于折旧已被分摊在商品与劳务的价格之中,所以,在计算 GDP 时也要加上折旧。

根据对以上各项目的分析,可以得出收入法计算 GDP 的公式:

GDP=工资+租金+净利息+非公司企业收入与公司税前利润+企业间接税+折旧

$$(7\text{-}9)$$

### (三)生产法

生产法又被称为部门法,它从最终产品是由不同的生产部门所提供的角度,通过将各部门所创造的附加价值相加的方式,得到整个国家的 GDP。在计算时,物质生产部门与服务业都要将中间产品的价值扣除,只计算本部门的附加价值;而教育、卫生、政府机关等部门难以计算附加价值,可以用工资收入来说明它们提供的劳务的价值。

使用这种方法计算 GDP,首先要对生产部门进行划分。虽然不同国家的划分方式不尽相同,但一般都包括农林牧渔业、采掘业、建筑业、制造业、运输业、邮电通信与公用事业、商业、金融保险与不动产业、服务业、政府服务和国有企业。

以上三种方法实际上是从不同的角度来计算 GDP,它们得出的结果应该是一致的。但实际上其结果一般并不相同。通常情况下,要以支出法计算出的 GDP 为标准,若使用收入法与生产法得到的结果与其有差别,就要通过"统计误差"项目加以调整,人为地使三种方法的计算结果取得一致。

## 三、国民收入核算的恒等关系

从整个经济社会来看,一方面总产出既可以用于现期消费又可以用于将来消费(储蓄);另一方面总产出还可以既用于消费也用于投资。投资是经济社会中最重要的活动之一,它增加了资本存量,使得未来的生产能力得以提升。投资活动必须通过储蓄来融资,这对于分析宏观经济行为有着重要的意义。从国民收入核算的角度来看,实际储蓄和实际投资始终保持相等,是一个恒等关系。下面按从简单到复杂的顺序考察储蓄—投资恒等式。

### (一)两部门经济的收入构成及储蓄—投资恒等式

这里所说的两部门指一个假设的经济社会,其中只有消费者(居民户)和企业(即厂商),因而就不存在企业间接税。为使分析简化,再先撇开折旧,这样,国内生产总值等于国内生产净值和国民收入,都用 Y 表示。在两部门经济中,没有税收、政府支出及进口贸易,在这种情况下,国民收入的构成情况将是这样:

一方面,从支出的角度看,由于把企业库存的变动作为存货投资,因此,国内生产总值总等于消费加投资,即

$$Y=C+I$$

$$(7\text{-}10)$$

另一方面,从收入的角度看,由于把利润看作最终产品卖价超过工资、利息和租金后的余额,因此,国内生产总值就等于总收入。总收入一部分用作消费,其余部分则当作储蓄。于是,从供给方面看的国民收入构成为

$$国民收入＝工资＋利息＋租金＋利润＝消费＋储蓄 \qquad (7-11)$$

即

$$Y=C+S \qquad (7-12)$$

由于 $C+I=Y=C+S$，因此就得到储蓄—投资恒等式：

$$I=S \qquad (7-13)$$

必须明确的是，上述储蓄—投资恒等式是根据储蓄和投资的定义得出的。根据定义，国内生产总值等于消费加投资，国民总收入等于消费加储蓄。国内生产总值又等于总收入。这样，才有了储蓄—投资的恒等关系。这种恒等关系就是两部门经济中的总供给($C+S$)和总需求($C+I$)的恒等关系。只要遵循这些定义，储蓄和投资就一定相等，而不管经济是否处于充分就业，是否处于通货膨胀，是否处于均衡状态。然而，这一恒等式绝不意味着人们意愿的或者说事前计划的储蓄总会等于企业想要的或者说事前计划的投资。在现实经济生活中，储蓄主要由居民户进行，投资主要由企业进行，个人储蓄动机和企业投资动机也不相同。这就会形成计划储蓄和计划投资的不一致，形成总需求和总供给的不均衡，引起经济的收缩和扩张。这里讲的储蓄和投资恒等，是从国民收入会计角度看，事后的储蓄和投资总是相等的。

还要说明，这里所讲的储蓄等于投资，是指对整个经济而言，至于某个人、某个企业或某个部门，则完全可以通过借款或贷款，使投资大于或小于储蓄。

### (二) 三部门经济的收入构成及储蓄—投资恒等式

在三部门经济中，把政府部门引了进来。政府的经济活动表现在，一方面有政府收入(主要是向企业和居民征税)；另一方面有政府支出(包括政府对商品和劳务的购买以及政府给居民的转移支付)。这样，把政府经济活动考虑进去，国民收入的构成将是这样：

从支出角度看，国内生产总值等于消费、投资和政府购买的总和，可用公式表示为

$$Y=C+I+G \qquad (7-14)$$

按理说，政府给居民的转移支付同样要形成对产品的需求，从而应列入公式，但这一需求已包括在消费和投资中，因为居民得到了转移支付收入，无非是仍用于消费和投资(主要是消费，因为转移支付是政府给居民的救济性收入及津贴)，因此这里公式中政府支出仅指政府购买。

从收入角度来看，国内生产总值仍旧是所有生产要素获得的收入总和，即工资、利息、租金和利润的总和。总收入除了用于消费和储蓄，还要先纳税。然而，居民一方面要纳税；另一方面又得到政府的转移支付收入，税金扣除了转移支付才是政府的净收入，也就是国民收入中归入政府的部分。假定用 $T_0$ 表示全部税金收入，用 $T_r$ 表示政府转移支付，用 $T$ 表示政府净收入，则

$$T=T_0-T_r \qquad (7-15)$$

这样，从收入方面看国民收入的构成将是

$$Y=C+S+T \qquad (7-16)$$

按照前面说过的社会总产出等于总销售(总支出)，总产出价值又构成总收入的道理，可以将三部门经济中的国民收入构成的基本公式概括为

$$C+I+G=Y=C+S+T \tag{7-17}$$

公式两边消去 $C$，得

$$I+G=S+T \tag{7-18}$$

或

$$I=S+(T-G) \tag{7-19}$$

在这里，$(T-G)$ 可看作政府储蓄，因为 $T$ 是政府净收入，$G$ 是政府购买性支出，二者差额即政府储蓄，这可以是正值，也可以是负值。这样，式(7-19)也就表示储蓄（私人储蓄和政府储蓄的总和）和投资的恒等。

### （三）四部门经济的收入构成及储蓄—投资恒等式

上述三部门经济加进一个国外部门就成了四部门经济。在四部门经济中由于有了对外贸易，因此国民收入的构成从支出角度看就等于消费、投资、政府购买和净出口的总和，用公式表示是

$$Y=C+I+G+(X-M) \tag{7-20}$$

从收入角度看，国民收入构成的公式可写成

$$Y=C+S+T+K_r \tag{7-21}$$

这里，$(C+S+T)$ 的意义和三部门经济中的意义一样，$K_r$ 则代表本国居民对外国人的转移支付。例如，对外国遭受灾害时的救济性捐款，这种转移支付也来自生产要素的收入。

这样，四部门经济中民收入构成的基本公式就是

$$C+I+G+(X-M)=Y=C+S+T+K_r \tag{7-22}$$

公式两边消去 $C$，则得到

$$I+G+(X-M)=S+T+K_r \tag{7-23}$$

式(7-23)也可以看成是四部门经济中的储蓄—投资恒等式，因为这一等式可以转化为

$$I=S+(T-G)+(M-X+K_r) \tag{7-24}$$

这里，$S$ 代表居民私人储蓄，$(T-G)$ 代表政府储蓄，而 $(M-X+K_r)$ 则可代表外国对本国的储蓄，因为从本国的立场看，$M$(进口)代表其他国家出口商品，从而是这些国家获得的收入，$X$(出口)代表其他国家从本国购买商品和劳务，从而是这些国家需要的支出，$K_r$ 也代表其他国家从本国得到的收入。可见，当 $(M+K_r)>X$ 时，外国对本国的收入大于支出，于是就有了储蓄；反之，则有负储蓄。这样，式(7-24)就代表四部门经济中总储蓄（私人、政府和国外）和投资的恒等关系。

以上逐一分析了两部门、三部门和四部门经济中的国民收入构成的基本公式以及储蓄和投资的恒等关系。在分析时是把折旧和企业间接税先撇开的，实际上，即使把它们考虑进来，上述收入构成公式及储蓄和投资的恒等关系也都成立。如果上述 $Y$ 指 GDP，则上述所有等式两边的 $I$ 和 $S$ 分别表示把折旧包括在内的总投资和总储蓄。如果 $Y$ 指 NDP，则等式两边和 $I$ 和 $S$ 分别表示不含折旧的净投资和净储蓄。如果 $Y$ 指 NI，则 $C$、$I$、$G$ 是按出厂价计量的，等式两边减少了一个相同的等于间接税的量值。可见，不论 $Y$ 代表哪一种国民收入概念，只要其他变量的意义能和 $Y$ 的概念一致，储蓄—投资恒等式就总是成立的。

# 任务二　　简单国民收入理论

## 知识链接

### 节约的悖论

这是一个流传许久的寓言故事：

小镇上，一个荒淫的富人死了。全镇的人都为他哀悼，当他的棺材被放进坟墓时，四处都是哭泣、哀叹声，就连教士和圣人死去时，人们都没有如此悲哀。第二天，镇上的另一个富人也死了，与前一个富人相反，他节俭禁欲，只吃干面包和萝卜。他一生对宗教都很虔诚，整天在豪华的研究室内学习法典，当他死后，除了他的家人外，没有人为他哀悼，葬礼冷冷清清。

一个陌生人对此迷惑不解，就问道："请向我解释一下这个镇上的人为什么尊敬一个荒淫的人，而忽略一个圣人。"

镇上的居民回答说："昨天下葬的那个富人，虽然他是个色鬼和酒鬼，却是镇上最大的施舍者。他性格随和、开朗，镇上的每一个人都从他那儿获益。他向一个人买酒，向另一个人买鸡，向第三个人买奶酪。出手还十分大方。可死去的另一个富人又做了什么呢？他成天吃面包和萝卜，没人能从他身上赚到一文钱。当然没有人会想念他的。"

勤俭，这个古老的美德也被带入到我们的讨论当中。在古典经济学家眼中，节约是一种美德，因为储蓄的增加意味着投资的增加，将促进经济的增长。然而凯恩斯却提出了相反的观点，他认为储蓄的增加可能导致支出的减少，因而引起产出的下降，并引发衰退。一时间，我们无法用过去的常识来捍卫我们选择的理论。如果说储蓄的增加导致支出的减少，那么消费的增加又是如何增加产出的呢？

（资料来源：人大经管之家，《经济现象：节约的悖论》，http://bbs.pinggu.org/thread-1322994-1-1.html）

## 一、均衡产出理论

### （一）凯恩斯定律

关于一个国家的生产或收入如何决定，历史上很长一段时间内经济学家认为，社会上有多少生产能力就会生产出多少产品或者说收入。因为在商品经济中，生产是为了交换，生产者生产产品就要卖，卖出换得货币是为了买进自己所需要的东西。就是说，有卖就有买。一种产品的生产就为另一种产品创造了销路或者说需求，因此供给决定了需求。

从 20 世纪初凯恩斯经济学产生后，经济学家大多认为，不是生产决定需求，而是需求决定供给。好比一个工厂，不是生产能力决定可生产多少，而是市场销路决定生产多少。甚至可以假设不论需求量为多少，经济社会均能以不变的价格提供相应的供给量。这就是说，社会总需求变动时，只会引起产量和收入变动，使供求相等，而不会引起价格变动。这在西方经济学中有时被称为凯恩斯定律。凯恩斯写作《就业、利息和货币通论》时，面对的是 1929—1933 年的大萧条，工人大批失业，资源大量闲置。在这种情况下，社会总需求增加时，只会使闲置的资源得到利用,生产增加,而不会使资源的价格上升,从而产品成本和价格大体上能保持不变。这条所谓凯恩斯定律被认为是适用于短期内收入和就业如何决定的。因为在短期中,价格不易变动,或者说具有黏性,当社会需求变动时,企业首先考虑的是调整产量,而不是改变价格。

### (二) 均衡产出

根据上述,经济社会的产量或者说国民收入就决定于总需求。和总需求相等的产出称为均衡产出或收入。在此,均衡也是指一种不再变动的情况。当社会产出水平等于总需求水平时,企业生产就会稳定下来。若产出即生产(供给)超过需求,则企业所不愿意有的过多的存货会增加,企业就会减少生产;若生产低于需求,则企业库存会减少,企业就会增加生产。总之,由于企业要根据产品销路来安排生产,因此一定会把生产定在和产品需求相一致的水平上。由于两部门经济中没有政府和对外贸易,因此总需求就只由居民消费和企业投资构成。于是均衡产出可用公式表示为

$$Y=C+I \tag{7-25}$$

均衡产出是和总需求相一致的产出,也就是经济社会的收入正好等于全体居民和企业想要有的支出。若用 $E$ 代表支出,$Y$ 代表收入,则经济均衡的条件是 $E=Y$,这个关系可用图7-2表示。在图7-2(a)中,纵轴表示支出(单位:万元),横轴表示收入(单位:万元),从原点出发的45°线上的各点都表示支出和收入相等。例如,$A$ 点表示支出和收入各为100万元。

均衡产出指与总需求相等的产出这一点,可在图7-2(b)上得到表现。在图中,假定总支出(总需求量)为100万元,则总产出(总收入)为100万元时就是均衡产出,$B$ 点为均衡点。同 $B$ 点相对应的支出和收入都为100万元,说明生产数额正好等于需要支出(消费加投资)的数额。若产出大于100万元,非意愿存货投资(图中用 IU 表示)就大于零,企业要削减生产。反之,企业会扩大生产。因此,经济总要趋于100万元的产出水平。再假定总需求为90万元,则均衡产出必为90万元。若总需求为110万元,则均衡产出为110万元。

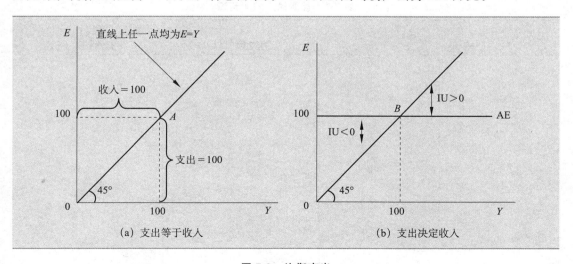

图 7-2　均衡产出

## (三)投资等于储蓄

均衡产出或收入的条件 $E=Y$,也可用 $I=S$ 表示,因为这里的计划支出等于计划消费加投资,即 $E=C+I$,而生产创造的收入等于计划消费加计划储蓄,即 $Y=C+S$,因此,$E=Y$ 也就是 $C+I=C+S$,等式两边消去 $C$,则得

$$I=S \tag{7-26}$$

# 二、消费理论

## (一)凯恩斯的消费理论

▶ 1. 消费函数

均衡产出既然是指与总需求相一致的产出,则分析均衡产出如何决定,就是要分析总需求各个组成部分是如何决定的。这里,首先要分析消费如何决定,这不仅是因为消费是总需求中最主要的部分,还因为经济均衡的条件是计划投资等于计划储蓄。要找出储蓄量的大小,必须先找出消费量的大小,一旦知道了消费的数额,便可从国民收入中减掉这一数额求得储蓄量。

消费量由什么决定呢?在现实生活中,影响各个居民户消费的因素有很多,如收入水平、商品价格水平、利率水平、收入分配状况、消费者偏好、家庭财产状况、消费信贷状况、消费者年龄构成、社会保障制度、风俗习惯等。凯恩斯认为,这些因素中有决定意义的是居民户收入。为此,可从诸多因素中抽出这一因素单独分析。

关于收入和消费的关系,凯恩斯认为,存在一条基本心理规律:随着收入的增加,消费也会增加,但是消费的增加不及收入的增加多。消费和收入的这种关系称作消费函数或消费倾向,用公式表示是

$$C=f(Y) \tag{7-27}$$

假定某居民户的消费和收入之间有如表 7-2 所示的关系。

表 7-2  某居民户的消费表 单位:元

| (1) 收入 | (2) 消费 | (3) 边际消费倾向(MPC) | (4) 平均消费倾向(APC) |
|---|---|---|---|
| 9000 | 9110 | | 1.01 |
| | | 0.89 | |
| 10 000 | 10 000 | | 1.00 |
| | | 0.85 | |
| 11 000 | 10 850 | | 0.99 |
| | | 0.75 | |
| 12 000 | 11 600 | | 0.97 |
| | | 0.64 | |
| 13 000 | 12 240 | | 0.94 |
| | | 0.59 | |
| 14 000 | 12 830 | | 0.92 |
| | | 0.53 | |
| 15 000 | 13 360 | | 0.89 |

从表 7-2 中可以看出：当收入是 9000 元时，消费为 9110 元，入不敷出。当收入为 10 000 元时，消费为 10 000 元，收支平衡。当收入依次增至 11 000 元、12 000 元、13 000 元、14 000 元和 15 000 元时，消费依次增加到 10 850 元、11 600 元、12 240 元、12 830 元和 13 360 元。这就是说，收入增加时，消费随之增加，但增加得越来越少。在表 7-2 中，收入依次增加 1000 元时，消费依次增加 890 元、850 元、750 元、640 元、590 元和 530 元。增加的消费与增加的收入之比率，也就是增加的 1 单位收入中用于增加消费部分的比率，称为边际消费倾向（MPC）。表 7-2 中第（3）列即边际消费倾向。边际消费倾向的公式是

$$MPC = \frac{\Delta C}{\Delta Y} \tag{7-28}$$

或

$$\beta = \frac{\Delta C}{\Delta Y} \tag{7-29}$$

若收入增量和消费增量均为极小，则上述公式可写成

$$MPC = \frac{dC}{dY} \tag{7-30}$$

在表 7-2 中第（4）列是平均消费倾向（APC）。平均消费倾向指任一收入水平上消费支出在收入中的比率，其公式是

$$APC = \frac{C}{Y} \tag{7-31}$$

根据表 7-2 可给出如图 7-3 所示的消费曲线。

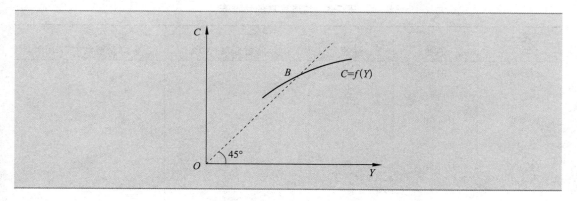

图 7-3 消费函数

表 7-2 中所表示的是边际消费倾向递减的情况。如果消费和收入之间存在线性关系，则边际消费倾向为一个常数，这时消费函数可用下列公式表示：

$$C = \alpha + \beta Y \tag{7-32}$$

其中：$\alpha$ 为必不可少的自发消费部分，即收入为 0 时举债或运用过去的储蓄也必须有的基本生活消费；$\beta$ 为边际消费倾向；$\beta$ 和 $Y$ 的乘积表示收入引起的消费。因此，$C = \alpha + \beta Y$ 的经济含义是：消费等于自发消费与引致消费之和。例如，若已知 $\alpha = 300$，$\beta = 0.75$，则 $C = 300 + 0.75Y$，这就是说，若收入增加 1 单位，则其中就有 75% 用于增加消费，只要 $Y$ 为已知，就可算出全部消费支出量。

当消费和收入之间呈线性关系时,消费函数就是一条向右上方倾斜的直线,消费函数上每一点的斜率都相等,并且大于 0 而小于 1,如图 7-4 所示。

▶ 2. 储蓄函数

与消费函数相联系的还有一个储蓄函数的概念。

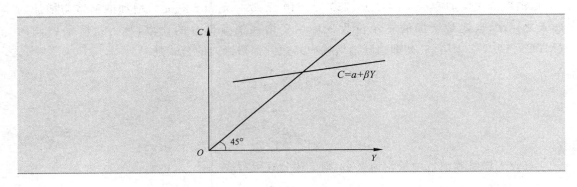

**图 7-4 线性消费函数**

储蓄是收入中未被消费的部分。既然消费随收入增加而增加的比率是递减,则可知储蓄随收入而增加的比率递增。储蓄与收入的这种关系就是储蓄函数,其公式是

$$S = f(Y) \tag{7-33}$$

根据表 7-2 的数据可列出储蓄函数的数字,如表 7-3 所示。

**表 7-3 某居民户的储蓄表** 单位:元

| (1)<br>收入 | (2)<br>消费 | (3)<br>储蓄 | (3)<br>边际储蓄倾向(MPS) | (4)<br>平均储蓄倾向(APS) |
|---|---|---|---|---|
| 9000 | 9110 | −110 | | −0.01 |
| | | | 0.11 | |
| 10 000 | 10 000 | 0 | | 0 |
| | | | 0.15 | |
| 11 000 | 10 850 | 150 | | 0.01 |
| | | | 0.25 | |
| 12 000 | 11 600 | 400 | | 0.03 |
| | | | 0.36 | |
| 13 000 | 12 240 | 760 | | 0.06 |
| | | | 0.41 | |
| 14 000 | 12 830 | 1170 | | 0.08 |
| | | | 0.47 | |
| 15 000 | 13 360 | 1640 | | 0.11 |

根据表 7-3,可画出储蓄曲线,如图 7-5 所示。

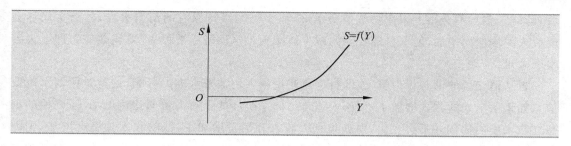

**图 7-5 储蓄函数**

储蓄曲线上任一点的斜率是边际储蓄倾向（MPS），它是该点上的储蓄增量对收入增量的比率，其公式是

$$MPS = \frac{\Delta S}{\Delta Y} \qquad (7\text{-}34)$$

如果收入与储蓄增量极小，则上述公式可写成

$$MPS = \frac{dS}{dY} \qquad (7\text{-}35)$$

此即储蓄曲线上任一点的斜率。

储蓄曲线上任一点与原点相连而成射线的斜率，则是平均储蓄倾向（APS）。平均储蓄倾向是指任一收入水平上储蓄在收入中所占的比率，其公式是

$$APS = \frac{S}{Y} \qquad (7\text{-}36)$$

表 7-3 和图 7-5 所示的储蓄和收入的关系是非线性的，如果二者呈线性关系，即消费曲线和储蓄曲线为一直线的话，则由于 $S = Y - C$，且 $C = \alpha + \beta Y$，因此有线性储蓄函数的方程式：

$$S = Y - C = Y - (\alpha + \beta Y) = -\alpha + (1-\beta)Y \qquad (7\text{-}37)$$

线性储蓄函数的图形如图 7-6 所示。

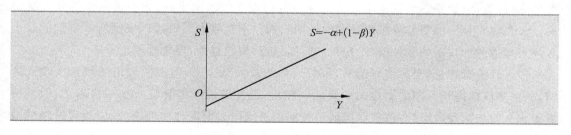

**图 7-6 线性储蓄函数**

## （二）其他消费理论

### ▶ 1. 相对收入消费理论

相对收入消费理论由美国经济学家杜森贝利（J. S. Duesenberry）提出。他认为消费者会受自己过去的消费习惯以及周围消费水准的影响来决定消费，从而消费是相对地决定的，因此得名。

先从时间数列看，杜森贝利认为，依照人们的习惯，增加消费容易，减少消费则难。即使收入降低,多半不会马上因此降低消费水准,而会继续维持原有的消费水准,故消费固然会随收入的增加而增加,但不易随收入的减少而减少。这种特点被称为"棘轮效应",即上去容易下来难。

再从消费者的消费行为看,他的行为要受周围人们消费水准的影响,这就是所谓示范效应。如果一个人的收入增加了,周围人或自己同一阶层的人收入也同比例增加了,则他的消费在收入中的比例并不会变化,而如果别人收入和消费增加了,他的收入并没有增加,则因顾及他在社会上的相对地位,也会打肿脸充胖子来提高自己的消费水平,使短期消费倾向提高。

▶ **2. 生命周期消费理论**

美国经济学家弗兰科·莫迪利安尼(F. Modigliani)的生命周期消费费理论与凯恩斯消费理论的不同之处在于,后者假定人们在特定时期的消费是与他们在该时期的可支配收入相关的,而前者强调人们会在更长时间内计划他们的生活消费开支,以达到他们在整个生命周期内消费的最佳配置。一般说来,年轻人家庭收入偏低,这时消费可能会超过收入。随着他们进入壮年和中年,收入日益增加,这时收入会大于消费,不但可能偿还青年时欠下的债务,而且更重要的是可以积些钱以备养老。等到年老退休时,收入下降,消费又会超过收入,形成所谓负储蓄状态。就是说生命周期消费理论假定人们总希望自己一生能比较平稳安定地生活,而不愿今朝有酒今朝醉,从而他们会计划在整个生命周期内均匀地消费他们的收入。

根据生命周期消费理论,如果社会上年轻人和老年人比例增大,则消费倾向高;如果社会上中年人比例增大,则消费倾向会下降。因此,总储蓄和总消费会部分地依赖于人口的年龄分布。

▶ **3. 永久收入消费理论**

美国经济学家米尔顿·弗里德曼(M. Friedman)的永久收入消费理论(又称持久收入消费理论)认为,消费者的消费支出主要不是由他的现期收入决定,而是由他的永久收入决定的。永久收入是指消费者可以预计到的长期收入。永久收入大致可以根据所观察到的若干年收入数值的加权平均数计得,距现在的时间越近,权数越大;反之则越小。

按这种消费理论,当经济衰退时,虽然人们的收入减少了,但消费者仍然按永久收入消费,故消费倾向高于长期的平均消费倾向。相反,经济繁荣时尽管收入水平提高了,但消费者按永久收入消费,故这时消费倾向低于长期消费倾向。根据这种理论,政府想通过增减税收来影响总需求的政策是不能奏效的,因为减税而增加的收入,并不会立即都用来增加消费。

## 三、乘数效应

乘数也叫倍数,即一个因素或变量的变化对整个社会经济活动的影响程度。决定收入的各种因素变化都会对国民收入产生乘数作用,如投资乘数、政府购买支出乘数、税收乘数、政府转移支付乘数、平衡预算乘数、对外贸易乘数等。

## （一）投资乘数

对于投资而言,乘数原理就是增加一笔投资 $\Delta I$,在国民经济重新达到均衡状态的时候,由此引起的国民收入增加量并不仅限于这笔初始投资量,而是初始投资量的若干倍。这个倍数就是投资乘数。即投资乘数指收入的变化与带来这种变化的投资支出变化的比率,用公式表示为

$$投资乘数 = \frac{1}{1-边际消费倾向} \tag{7-38}$$

或

$$k = \frac{1}{1-\mathrm{MPC}} \tag{7-39}$$

如果 $\beta$ 代表 MPC,则上式变为

$$k = \frac{1}{1-\beta}$$

由于

$$\mathrm{MPS} = 1 - \mathrm{MPC} \tag{7-40}$$

因此

$$k = \frac{1}{1-\mathrm{MPC}} = \frac{1}{\mathrm{MPS}} \tag{7-41}$$

可见,乘数的大小和边际消费倾向有关,边际消费倾向越大,或边际储蓄倾向越小,乘数就越大。

以上是从投资增加的方面说明乘数效应的。实际上,投资减少也会引起收入若干倍减少,可见,乘数效应的发挥是两方面的。

乘数效应也可用图 7-7 来表示。

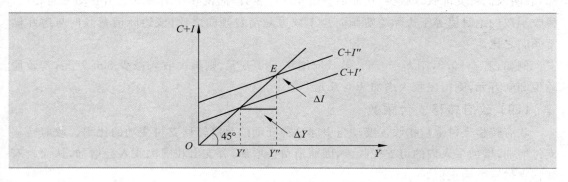

**图 7-7　乘数效应**

在图中,$C+I'$ 代表原来的总支出线,$C+I''$ 代表新的总支出线,$I''=I'+\Delta I$,原来的均衡收入为 $Y'$,新的均衡收入为 $Y''$,$\Delta Y=Y''-Y'$,$\Delta Y=k \cdot \Delta I$。

以上说明的是投资变动引起国民收入变动有一个乘数效应。实际上,总需求的任何变动,如消费的变动、政府支出的变动、税收的变动、净出口的变动等,都会引起收入若干倍的变动。

乘数理论在凯恩斯就业理论中具有重要地位。因为凯恩斯认定,消费需求不足所造成的总需求不足,主要靠投资来弥补;在私人投资不足的情况下,尤其要靠政府增加公共工程

投资支出来解决。在这里,说明增加投资或政府支出会使收入和就业若干倍地增加的理论就是乘数理论。

### (二)政府购买支出乘数

所谓政府购买支出乘数,是指收入变动与引起这种变动的政府购买支出变动的比率。

政府购买支出乘数公式为

$$k_g = \frac{\Delta Y}{\Delta g} = \frac{1}{1-\beta} \tag{7-42}$$

其中:$k_g$表示政府购买支出乘数;$\Delta Y$表示收入变动;$\Delta g$表示政府支出变动;$\beta$代表边际消费倾向。

可见,政府购买支出乘数和投资乘数相等。

例如,如果边际消费倾向为0.8,按政府购买支出乘数公式计算,则政府购买支出乘数为5,因此,若政府购买支出增加200万元,则国民收入可增加1000万元,若政府购买支出减少200万元,则国民收入要减少1000万元。

### (三)税收乘数

税收乘数指收入变动与引起这种变动的税收变动的比率。税收乘数有两种:一种是税率变动对总收入的影响;另一种是税收绝对量变动对总收入的影响,即定量税对总收入的影响。

税收乘数公式为

$$k_t = \frac{-\beta}{1-\beta} \tag{7-43}$$

其中:$k_t$表示税收乘数。

税收乘数为负值,表示收入随税收增加而减少,随税收减少而增加。其原因是税收增加,表明人们可支配收入减少,从而消费会相应减少,因而税收变动和总支出变动方向相反,税收乘数的绝对值等于边际消费倾向与1减边际消费倾向之比,或边际消费倾向与边际储蓄倾向之比。

例如,若$\beta=0.8$,则$k_t=-4$。若政府增税200万元,则国民收入减少800万元;若政府减税200万元,则国民收入增加800万元。

### (四)政府转移支付乘数

政府转移支付乘数指收入变动与引起这种变动的政府转移支付变动的比率。政府转移支付增加,增加了人们的可支配收入,因而消费会增加,总支出和国民收入会增加,从而政府转移支付乘数为正值。

政府转移支付乘数公式为

$$k_{tr} = \frac{\beta}{1-\beta} \tag{7-44}$$

其中:$k_{tr}$表示政府转移支付乘数。

政府转移支付乘数等于边际消费倾向与1减边际消费倾向之比,或边际消费倾向与边际储蓄倾向之比,其绝对值和税收乘数相同,但符号相反。

例如,若$\beta=0.8$,则$k_{tr}=4$。若政府增加转移支付200万元,则国民收入增加800万元;

若政府转移支付减少 200 万元,则国民收入减少 800 万元。

比较以上政府购买支出乘数、税收乘数和政府转移支付乘数的绝对值,可以看到:$|k_g| > |k_t|$,$|k_g| > |k_{tr}|$,为什么会这样?西方经济学家的看法是,政府购买支出增加 1 元,一开始就会使总支出即总需求增加 1 元,但是,减税 1 元,只会使可支配收入增加 1 元,这 1 元中只有一部分用于增加消费,另一部分是用来增加储蓄的。因此,减税 1 元对对收入变化的影响没有增加政府购买支出 1 元对收入变化的影响大。

### (五)平衡预算乘数

由于政府购买乘数大于税收乘数,因此如果政府购买和税收同样地各增加一定数量,那么也会使国民收入增加。这就是所谓平衡预算乘数的作用。平衡预算乘数指政府收入和支出同时以相等数量增加或减少时国民收入变动与政府收支变动的比率。

从上面的例子可知,政府购买支出增加 200 万元时,国民收入增加 1000 万元;税收增加 200 万元时,国民收入会减少 800 万元。因此,政府购买和税收同时增加 200 万元时,从政府预算看是平衡的,但国民收入增加 200 万元,即收入增加了一个与政府支出和税收变动相等的数量,即平衡预算乘数 $k_b = 1$。

## 四、宏观经济模型

### (一)简单国民收入决定模型

为使分析简化,对国民收入决定的讨论将从最简单的两部门经济的国民收入决定模型开始。

▶ **1. 模型的假设条件**

除了假定经济系统中只有厂商与居民户两个经济单位之外,为简化分析,还要做出如下假设。

(1)假设社会上没有发生技术进步,因此充分利用了所有生产资源所能得到的国民收入,即充分就业的国民收入或称潜在的国民收入不变。

(2)假设社会上的各种资源远未得到充分利用,随着社会总需求的增加,会有更多的资源投入使用,所以暂不考虑社会总供给对生产扩大、国民收入增加的制约。

(3)假设货币市场上货币供求不变、利息率既定,货币因素不会对生产过程和产量决定产生任何影响,即我们可以暂时把产品市场看作是一个完全独立于货币市场而存在的分割的市场。

(4)由于资源供给充足,也由于货币供求不变,我们可以假设产品市场上价格水平稳定。厂商愿意在既定的价格下出售任何数量的产品,同时不考虑经济社会经常出现的通货膨胀现象对生产的影响。

(5)在对模型进行最初研究的时候,假设社会上的投资是自发投资,其水平与国民收入水平无关,表现为一个常量,即最初只考虑需求中消费水平的变化对国民收入的影响。

▶ **2. 使用消费函数决定收入**

均衡收入指与计划总支出相等的收入。计划支出由消费和投资构成,即 $Y = C + I$。根据模型的假设条件,只要把收入恒等式和消费函数结合起来,就可求得均衡收入:

$$\begin{cases} Y = C + I & \text{(收入恒等式)} \\ C = \alpha + \beta Y & \text{(消费函数)} \end{cases}$$

解联立方程,就得到均衡收入:

$$Y = \frac{\alpha + I}{1 - \beta} \tag{7-45}$$

如果知道了消费函数和投资量,那么就可求得均衡国民收入。例如,假定消费函数为 $C = 1000 + 0.8Y$,自发的计划投资始终为 600 万元,则均衡收入为

$$Y = (1000 + 600) \div (1 - 0.8) = 8000(万元)$$

下面再用列表和作图形式说明均衡收入的决定。

表 7-4 显示了消费函数为 $C = 1000 + 0.8Y$ 及自发投资为 600 万元时均衡收入决定的情况。

表 7-4　均衡收入的决定　　　　　　　　　　　　　　　　单位:万元

| (1)<br>收入 | (2)<br>消费 | (3)<br>储蓄 | (4)<br>投资 |
|---|---|---|---|
| 3000 | 3400 | −400 | 600 |
| 4000 | 4200 | −200 | 600 |
| 5000 | 5000 | 0 | 600 |
| 6000 | 5800 | 200 | 600 |
| 7000 | 6600 | 400 | 600 |
| 8000 | 7400 | 600 | 600 |
| 9000 | 8200 | 800 | 600 |
| 10 000 | 9000 | 1000 | 600 |

表 7-4 的数据说明,当 $Y = 8000$ 万元时, $C = 7400$ 万元, $I = 600$ 万元,因此, $Y = C + I = 8000$ 万元,说明 8000 万元是均衡的收入。当收入小于 8000 万元,比方说超过 6000 万元时, $C = 5800$ 万元,加上投资 600 万元,总支出为 6400 万元,超过了总供给 6000 万元,这意味着企业销售出去的产量大于它们生产出来的产量,存货出现意外的减少,这时扩大生产是有利可图的,于是,企业会增雇工人,增加产量,使收入向均衡收入靠拢。相反,当收入大于 8000 万元时,比方说为 10 000 万元,说明企业生产出来的产量大于它们的销售量,存货出现意外增加,于是,企业会减少生产,使收入仍向 8000 万元靠拢。只有收入达到均衡水平时,既没有非计划存货投资,也没有非计划存货负投资(即存货意外减少),产量正好等于销量,存货保持正常水平,这就是企业愿意保持的产量水平。

图 7-8 所示为如何用消费曲线加投资曲线和 45°线相交决定收入。

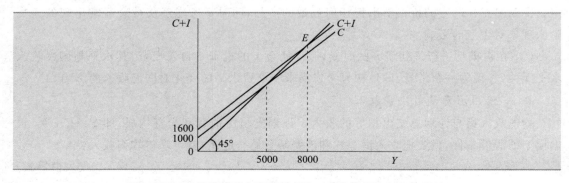

图 7-8　消费曲线加投资曲线和 45°线相交决定收入

图7-8中,横轴表示收入,纵轴表示消费加投资,在消费曲线($C$)上加投资曲线($I$)得到消费投资曲线$C+I$,这条曲线就是总支出曲线。由于投资被假定为始终等于600万元的自发投资,因此,消费曲线加投资曲线所形成的总支出曲线与消费曲线相平行,其间垂直距离即600万元的投资。总支出线和45°线相交于$E$点,$E$点决定的收入水平是均衡收入8000万元。这时,家庭部门想要有的消费支出与企业部门想要有的投资支出的总和,正好等于收入(产出)。如果经济离开了这个均衡点,则企业部门销售额应付大于或小于它们的产出,从而被迫进行存货负投资或存货投资,即出现意外的存货减少或增加,这就会引起生产的扩大或收缩,直到回到均衡点为止。

▶ 3. 使用储蓄函数决定收入

上面说明了使用总支出等于总收入(总供给)的方法决定均衡收入,下面用计划投资等于计划储蓄的方法求得均衡收入。计划投资等于计划储蓄,即$I=Y-C=S$,而储蓄函数为$S=-\alpha+(1-\beta)Y$。

将此二式联立:

$$\begin{cases} I=S=Y-C & \text{(投资=储蓄)} \\ S=-\alpha+(1-\beta)Y & \text{(储蓄函数)} \end{cases}$$

求解同样可得均衡的收入:

$$Y=\frac{\alpha+I}{1-\beta} \qquad\qquad (7-46)$$

上例,当$C=1000+0.8Y$时,$S=-1000+(1-0.8Y)=-1000+0.2Y$,$I=600$万元,令$I=S$,即$600=-1000+0.2Y$,得$Y=8000$万元。这一结果也可从表7-4上得到,从表7-4中可见,只有当收入$Y=8000$万元时,$S$和$I$才正好相等为600万元,从而达到了均衡。

用计划投资等于计划储蓄的方法决定收入也可用图7-9表示。

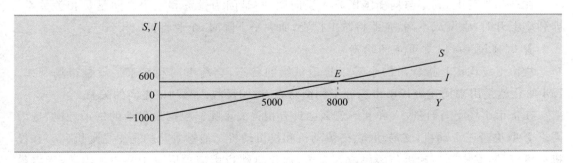

图7-9 储蓄曲线和投资曲线相交决定收入

以上两种方法,其实是从同一关系中引申出来的,因为储蓄函数本来就是从消费函数中派生出来的。因此,无论使用消费函数还是使用储蓄函数,求得的均衡收入都一样。

(二) IS-LM 模型

IS-LM 模型是凯恩斯的追随者为了更好地解释凯恩斯的宏观经济观点而提出的,它除了在理论上提出了经济整体均衡实现的条件,也可以用来分析国家常用的财政政策与货币政策的作用。

▶ **1. IS 曲线(产品市场均衡)**

首先要考察产品市场的均衡条件。均衡的实现除了满足产品市场上投资等于储蓄的条件外，还要受到货币市场均衡利率的影响，也就是将利率当作决定总需求进而决定国民收入的另一个重要因素。

在只有两个主体——个人和企业的两部门主体中，国民收入的恒等式可以表示为：总需求 $Y=C+I$；国民收入 $Y=C+S$。

因此，两部门经济中的均衡条件是 $I=S$。

由于投资水平受到利率水平的影响，则可以认为投资是利率的函数，即 $I=f(i)$，$i$ 表示市场利率。

根据消费函数，储蓄＝收入－消费，也是收入的函数，因此可以表示为 $S=f(Y)$。

IS 曲线就是根据 $f(i)=f(Y)$ 推导得出的一条曲线，表示产品市场实现了均衡状态。

如图 7-10 所示，IS 曲线是一条向右下方倾斜的线，表明当产品市场实现均衡($I=S$)时，国民收入与利率之间是反方向变动的关系。

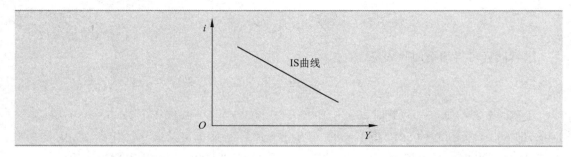

**图 7-10　IS 曲线**

在产品市场上，利率与均衡国民收入反向变动，是因为投资和利率之间是负相关关系，即利率上升时，融资成本高，企业将减少投资；而利率下降时，企业将扩大投资。

▶ **2. LM 曲线(货币市场均衡)**

货币市场均衡是指货币需求等于货币供给的状态，均衡点的利率水平就是市场利率。LM 曲线就是用来描述当货币市场处于均衡状态时，国民收入与利率之间的关系。

在货币市场上，国民收入和利率怎么会具有相关关系呢？根据凯恩斯的货币理论，货币需求 $L$ 取决于三个动机：交易动机、谨慎动机和投机动机。能够量化的是交易动机($L_1$)和投机动机($L_2$)，其中交易动机与国民收入有关，而投机性货币需求取决于利率。因此，货币需求函数可以表示为

$$L=L_1+L_2=L_1(Y)+L_2(i) \tag{7-47}$$

货币的供给由中央银行提供的名义货币量和一般物价水平共同决定，是一个既定的量，即

$$M=M_0 \tag{7-48}$$

因此，根据货币市场的均衡条件 $L=M$，联立(7-47)和(7-48)两式，可以推导得出 LM 曲线，表示货币市场实现均衡时，均衡国民收入与利率水平之间的关系，如图 7-11 所示。

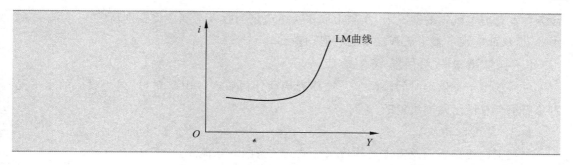

**图 7-11 LM 曲线**

图 7-11 所示 LM 曲线向右上方倾斜,表明货币市场实现均衡时,均衡国民收入与利率水平同方向变化。即利率越高,均衡国民收入越高;利率越低,均衡国民收入越低。

▶ 3. IS-LM 模型分析

如前所述,产品市场实现均衡时,国民收入与利率反方向变化;货币市场实现均衡时,国民收入与利率同方向变化。那么,均衡国民收入水平如何决定呢?

同时考虑两个市场的均衡,IS 曲线和 LM 曲线相交就得到均衡国民收入水平,如图 7-12 所示。

综合来看,扩大的国民收入决定模型用到了下列均衡条件:

产品市场均衡:$I = S$;

货币市场均衡生产:$L = M$;

产品市场和货币市场共同实现均衡:IS=LM。

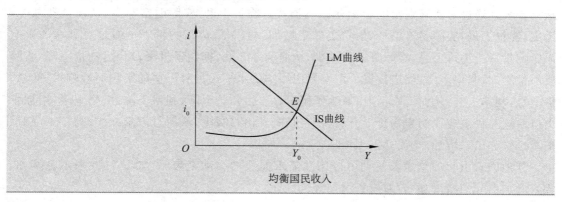

均衡国民收入

**图 7-12 IS-LM 模型**

IS 曲线、LM 曲线分别考察了产品市场与货币市场的均衡。IS 曲线上的每一点都是使 $I = S$,即使产品市场实现均衡的收入与利率的组合;LM 曲线上的每一点则都是使 $L = M$,从而使货币市场实现均衡的收入与利率的组合。这两条线各自所描述的均衡都是单个市场的局部均衡,现在所要考虑的是产品市场与货币市场如何同时实现均衡。由于 IS 曲线与 LM 曲线都说明了收入和利率之间的关系,因此将这两条曲线放在一起便可以构建一个完整的模型。

如图 7-12 所示,IS 曲线与 LM 曲线相交于 $E$ 点,此时收入为 $Y_0$,利率为 $i_0$,则这个收入与利率的组合显然同时满足了产品市场与货币市场的均衡条件,在货币供给量、财政政策、社会自发总需求既定的情况下,产品市场与货币市场的收入与利率将分别稳定在 $Y_0$ 与 $i_0$ 的水平上,从而实现了整个宏观经济的一般均衡。

### (三) 总需求—总供给模型

总需求等于总供给时的国民收入被称为均衡国民收入。由此看出,国民收入的水平是由总需求与总供给共同决定的。

#### ▶ 1. 总需求曲线

总需求曲线是表明总需求与物价水平之间关系的一条曲线,如图 7-13 所示。

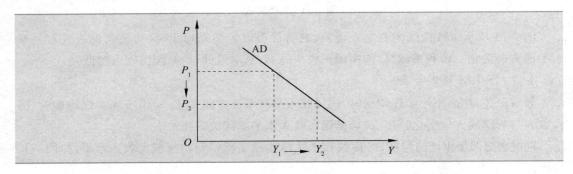

图 7-13　总需求曲线

总需求曲线(AD)向右下方倾斜表明总需求与物价水平呈反方向变动关系。在图 7-13 中,物价水平由 $P_1$ 下降为 $P_2$,总需求由 $Y_1$ 增至 $Y_2$。

总需求与物价水平呈反方向变动的原因是财富效应、利率效应与汇率效应。财富效应指物价水平通过对实际财富的影响而影响消费。物价上升,实际财富减少,从而消费减少;反之,物价下降,实际财富增加,消费也随之增加。利率效应指物价水平通过对利率的影响而影响投资。物价上升,实际货币量减少,从而利率上升,抑制了投资;反之,物价下降,实际货币量增加,利率下降,促进投资。汇率效应指物价水平通过对汇率的影响而影响投资。物价上升,利率上升,从而汇率上升,减少了出口;反之,物价下降,利率下降,汇率下降,增加了出口。这三种效应说明当物价上升时,消费投资和出口减少,从而总需求减少;物价下降时,消费投资和出口增加,从而总需求增加。

其他因素引起的总需求变动可以用总需求曲线的移动来表示,如图 7-14 所示。例如,收入增加引起消费增加、政府投资增加等。

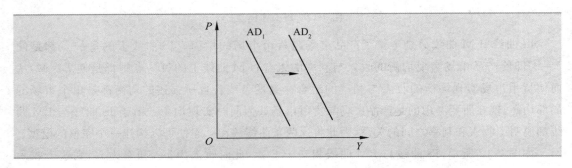

图 7-14　总需求曲线的移动

在图 7-14 中,消费增加或投资增加引起总需求增加,用 $AD_1$ 移动到 $AD_2$ 来表示。

▶ 2. 总供给曲线

总供给曲线是表明总供给与物价水平之间关系的一条曲线。

总供给曲线分为长期总供给曲线(LAS)与短期总供给曲线(SAS)。长期总供给曲线与物价水平无关,无论物价水平如何变动,总供给不变,如图 7-15 所示。

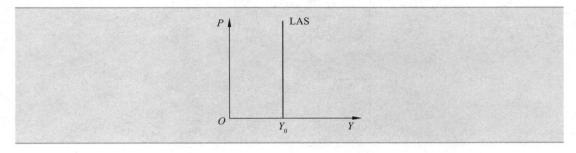

**图 7-15 长期总供给曲线**

图 7-15 中总供给曲线为一条垂线,表示无论物价水平如何变动,总供给都为 $Y_0$,$Y_0$ 是由资源与技术水平决定的。当资源增加或技术进步时,长期总供给曲线平行向右移动。

短期总供给曲线如图 7-16 所示。短期总供给曲线分为两部分:一部分为向右上方倾斜的线,表明总供给与物价水平呈同方向变动,即总供给增加,物价上升;另一部分为一条垂线,表明当长期供给增加到 $Y_0$ 时,由于资源限制,无论物价如何上升,总供给都不能增加。

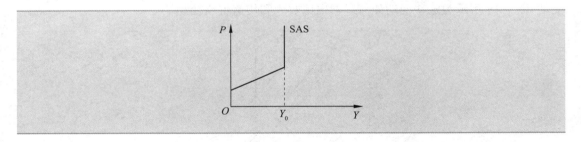

**图 7-16 短期总供给曲线**

短期总供给曲线的变动不宜用该曲线的平行移动来表示。如果资源增加或技术进步引起总供给增加,则如图 7-17 所示。

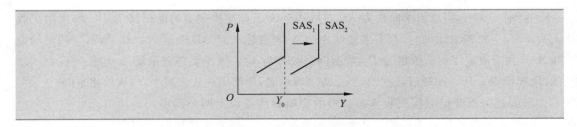

**图 7-17 短期总供给曲线的变动**

在图 7-17 中,短期总供给曲线向右方移动,即从 $SAS_1$ 移动到 $SAS_2$,表明总供给增加了。

▶ 3. 总需求—总供给模型分析

这一模型是把总需求曲线与总供给曲线结合在一起来说明其对国民收入与价格水平的影响。可以用图 7-18 来说明总需求—总供给模型。

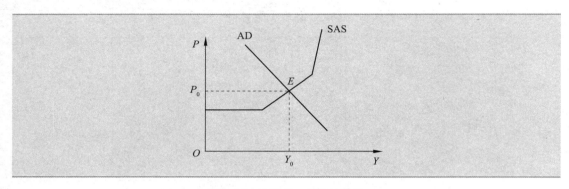

图 7-18　总需求—总供给模型

在图 7-18 中,总需求曲线 AD 与短期总供给曲线 SAS 相交于 $E$,这时就决定了均衡国民收入水平为 $Y_0$,均衡的价格水平为 $P_0$。

在总需求—总供给模型中,先假定总供给不变,分析总需求变动对国民收入与价格水平的影响。

总需求可能由于消费者收入变动而引起变动,也可能由于政府投资或出口变动而引起变动,图 7-19 所示为这些变动如何影响国民收入和均衡价格变动。

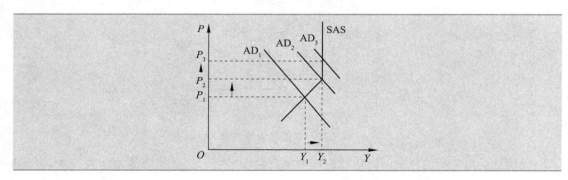

图 7-19　总需求变动对国民收入和均衡价格的影响

在图 7-19 中,当总需求曲线为 $AD_1$ 时,其与 SAS 相交决定了均衡价格为 $P_1$、均衡国民收入为 $Y_1$。当总需求增加时,总需求曲线由 $AD_1$ 向右移动到 $AD_2$。这时 $AD_2$ 与不变的供给曲线 SAS 相交决定了均衡价格为 $P_2$、均衡国民收入为 $Y_2$。这说明总需求增加,均衡国民收入增加,均衡价格上升。同理可以推出,当总需求减少时,均衡国民收入减少,均衡价格下降。

理解总需求变动对国民收入和价格的影响要注意以下两个问题:

(1)总需求增加对国民收入的影响有乘数效应。当需求增加时会引起国民收入与总需求增加的连锁反应,从而最后总需求的增加会大于最初总需求的增加。当资源没有得到充分利用时,就有这种乘数效应。

（2）在资源未得到充分利用时,总需求增加会引起国民收入增加,但当资源得到充分利用时,总需求增加只会引起物价上升而不会引起国民收入增加。在图 7-20 中,当总需求曲线为 AD 时,国民收入 $Y_0$ 实现了充分就业。这时再增加总需求到 $AD_1$,就只会引起物价水平从 $P_0$ 上升为 $P_1$ 而国民收入仍然是 $Y_0$。

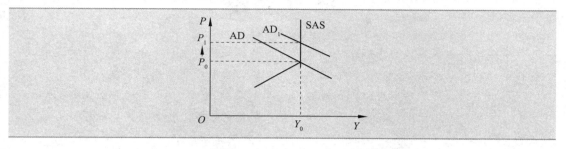

**图 7-20  总需求增加对国民收入和物价水平的影响**

可以用图 7-21 来说明总供给增加对国民收入和物价水平的影响。

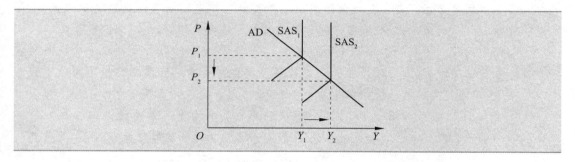

**图 7-21  总供给增加对国民收入和物价水平的影响**

当总供给曲线为 $SAS_1$ 时,总需求曲线 AD 与短期总供给曲线 $SAS_1$ 相交,决定了国民收入为 $Y_1$,物价水平为 $P_1$。当总供给增加,短期总供给曲线由 $SAS_1$ 移动到 $SAS_2$ 时,总需求曲线 AD 与 $SAS_2$ 相交,决定了国民收入增加到 $Y_2$,而物价水平下降为 $P_2$。

## 导入案例分析

从案例统计资料和图表可以看出,从绝对值上看,我国国内生产总值五年来平稳增长,GDP 总量首次突破 80 万亿元大关,达到 827 122 亿元。从增长速度上看,国内收入生产总值增长速度虽从 2013 年的 7.8% 逐步下降到 2017 年的 6.9%,但较 2016 年回升了 0.2 个百分点,GDP 增速自 2011 年来首次回升。不在于数字高低,更重要的是这种稳中求进的态势,为中国经济高质量发展奠定了基础。2013—2017 年,国内生产总值年均增长 7.1%,高于同期世界 2.6% 的平均增长水平。我国对世界经济增长平均贡献率达 30% 左右,超过美国、欧元区和日本贡献率的总和,居世界第一位。

此外,2017 年中国经济还有诸多亮点,主要体现在六个方面:经济运行保持在合理区间;供给侧结构性改革取得重要进展,"三去一降一补"五大重点任务完成情况较好;新旧动能的转换加快进行;经济增长的质量和效益得到提升;民生保障继续改善;需求结构已经从主要依靠投资拉动转为投资和消费共同拉动。

项 目 小 结

在国民收入核算体系中,最主要、最核心的指标是国内生产总值。国内生产总值是指在某一既定时期内(通常为一年,但也可视研究的需要规定为一个季度),在一个国家(或地区)之内生产的所有最终产品与劳务的市场价值的总和,或是这一国家(或地区)所有单位所创造的附加价值的总和。国内生产总值的核算方法有三种,即支出法、收入法和生产法。除了国内生产总值之外,在国民收入核算体系中还有国民生产总值、国内生产净值、国民收入、个人收入和个人可支配收入等经济总量指标。

从整个经济社会来看,一方面总产出既可以用于现期消费又可以用于将来消费(储蓄);另一方面总产出还可以既用于消费也用于投资。投资活动必须通过储蓄来融资。从国民收入核算的角度来看,实际储蓄和实际投资始终保持相等,是一个恒等关系。

均衡国民收入的水平取决于社会总需求水平,它将随着社会总需求水平的提高而提高。在此基础上,建立了国民收入决定的经济模型。简单经济模型均衡国民收入实现的条件,除了可表述为总需求等于总供给外,也可以表述为储蓄等于投资。

IS曲线、LM曲线分别考察了产品市场与货币市场的均衡。IS曲线、LM曲线相交的点表示的收入与利率的组合同时满足了产品市场与倾向市场的均衡条件,实现了整个宏观经济的一般均衡。

总需求曲线表明了在产品市场和货币市场同时实现均衡时国民收入与价格水平的结合,描述了与每一物价总水平相适应的均衡支出或国民收入的关系。总供给曲线表明了产品市场和货币市场同时达到均衡时,总供给与价格水平之间的关系。总需求——总供给模型是将总需求曲线和总供给曲线结合在一起来说明均衡国民收入与均衡价格水平是如何决定的一个模型。

## 知识测试与能力训练

**一、名词解释**

国内生产总值　实际GDP　个人可支配收入　消费函数　储蓄函数　乘数效应

**二、单项选择题**

1. 在四部门经济中,GDP是指(　　)的总和。

　　A. 消费、投资、政府购买和净出口

　　B. 消费、净投资、政府购买和出口

　　C. 消费、投资、政府购买和总出口

D. 消费、重置投资、政府购买和出口

2. 已知，$C=3000$ 亿元，$I=800$ 亿元，$G=960$ 亿元，$X=200$ 亿元，$M=160$ 亿元，折旧 $=400$ 亿元，则（　　）不正确。

  A. GDP $=3800$ 亿元　　　　　　　　B. NDP $=4400$ 亿元

  C. 净出口 $=40$ 亿元　　　　　　　　D. GDP $=4800$ 亿元

3. 下列产品中不属于中间产品的是（　　）。

  A. 某造船厂购进的钢材　　　　　　　B. 某造船厂购进的厂房

  C. 某面包店购进的面粉　　　　　　　D. 某服装厂购进的棉布

4. 国内生产总值是指一定时期内生产的（　　）市场价值。

  A. 产品和劳务　　　　　　　　　　　B. 最终产品和劳务

  C. 中间产品和劳务　　　　　　　　　D. 所有产品和劳务

5. 下列项目中，不属于政府购买的是（　　）。

  A. 政府给低收入者提供一笔住房补贴

  B. 政府购买军需品

  C. 政府给公务员增加薪水

  D. 政府建造三所中学

6. 在两部门经济模型中，如果边际消费倾向值为 0.8，那么自发支出乘数值应该是（　　）。

  A. 4　　　　　　B. 2.5　　　　　　C. 5　　　　　　D. 1.6

7. （　　）之和等于一。

  A. 边际消费倾向与边际储蓄倾向　　　B. 边际消费倾向与平均储蓄倾向

  C. 平均消费倾向与边际储蓄倾向　　　D. 平均消费倾向与平均储蓄倾向

8. 其他条件不变，总需求曲线因（　　）。

  A. 政府支出增加会右移　　　　　　　B. 政府税收增加会右移

  C. 价格水平上升会右移　　　　　　　D. 政府支出增加会左移

9. 在 LM 曲线不变的情况下，自发总需求增加会引起（　　）。

  A. 国民收入增加，利率上升　　　　　B. 国民收入增加，利率不变

  C. 国民收入增加，利率下降　　　　　D. 国民收入增加，利率不确定

10. 在 IS 曲线不变的情况下，货币量减少会引起（　　）。

  A. 国民收入增加，利率下降　　　　　B. 国民收入增加，利率上升

  C. 国民收入减少，利率上升　　　　　D. 国民收入减少，利率下降

**三、多项选择题**

1. 在讨论国民收入决定进行总需求分析时，有几点重要的假设，它们是（　　）。

  A. 充分就业的国民收入水平是不变的

  B. 利率是不变的

  C. 投资是不变的

  D. 各种资源没有得到充分利用

  E. 价格水平是既定的

2. 在四部门经济中,总需求包括(　　)。

    A. 消费　　　　　B. 投资　　　　　C. 政府支出

    D. 储蓄　　　　　E. 出口(净出口)

3. 消费倾向与储蓄倾向的关系是(　　)。

    A. APC+APS=1　　　　　　　　B. APC+APS=2

    C. MPC=1−MPS　　　　　　　　D. MPC+MPS=2

    E. MPC=1−APC

4. 乘数的公式表明(　　)。

    A. 边际消费倾向越高,乘数就越小　　B. 边际消费倾向越低,乘数就越小

    C. 边际储蓄倾向越低,乘数就越大　　D. 边际储蓄倾向越低,乘数就越小

    E. 乘数一定是大于1的

5. 根据总需求与国民收入变动的关系,(　　)。

    A. 总需求增加,均衡国民收入增加　　B. 总需求减少,均衡国民收入增加

    C. 储蓄增加,均衡国民收入减少　　　D. 储蓄增加,均衡国民收入增加

    E. 储蓄减少,均衡国民收入增加

6. 用支出法核算GDP时,应包括的项目有(　　)。

    A. 个人消费支出　　　　　　　　B. 政府转移支付

    C. 政府购买　　　　　　　　　　D. 居民对债券的支出

    E. 企业投资

7. 下列产品中不能计入当年GDP的有(　　)。

    A. 纺纱厂购入的棉花　　　　　　B. 某人花10万元买了一幢旧房

    C. 家务劳动　　　　　　　　　　D. 某企业当年生产没有卖掉的20万元产品

    E. 政府给失业者的救济金

8. 国民收入核算体系中包括(　　)。

    A. GNP　　　　　B. NDP　　　　　C. NI

    D. PI　　　　　　E. DPI

9. 用收入法核算的GDP应包括(　　)。

    A. 工资、利息、租金和非企业主收入

    B. 公司税前利润

    C. 企业转移支付及企业间接税

    D. 资本折旧

    E. 净出口

10. 下列行为中,属于经济学上的投资的是(　　)。

    A. 企业因产品滞销而导致的存货增加

    B. 政府购买的住宅

    C. 个人购买的计算机

    D. 个人在二级市场上购买的股票

E. 个人购买的文物

## 四、判断题

1. 均衡国民收入一定等于充分就业的国民收入。（　　）

2. 消费和储蓄都与收入成同方向变动，所以，收入增加，消费和储蓄都可以增加。（　　）

3. 自发消费随收入的变动而变动，它取决于收入和边际消费倾向。（　　）

4. 在资源没有得到充分利用时，增加储蓄会使国民收入减少，减少储蓄会使国民收入增加。（　　）

5. 在任何情况下，乘数原理都是适用的。（　　）

## 五、简答题

1. 生产一吨牛奶和生产一吨煤炭，哪一个对 GDP 的贡献更大？为什么？

2. 列出支出的四个组成部分。哪一部分最大？

3. 名义 GDP 和实际 GDP，哪一个是更好的经济福利衡量指标？为什么？

4. 为什么决策者应该关注 GDP？

5. 请解释为什么一个经济的收入必定等于其支出。

6. 45°曲线图说明了什么问题？

7. 简述总需求曲线向右下方倾斜的原因。

## 六、案例分析题

2018 年 7 月 26 日，国际货币基金组织（IMF）再次分析和点评了中国的经济。IMF 认为，中国有很强的经济实力，有灵活的调控措施，中国有足够的能力应对贸易摩擦带来的负面影响，维持经济稳定发展。并且，IMF 还对包括中国在内的世界各国的 2018 年和 2019 年经济（GDP）增速做了预测，认为中国在 2018 年的经济增速为 6.6%，2019 年为 6.4%。IMF 表示，尽管 GDP 增速有所减缓，但经济发展依然非常强劲，减缓只是经济正常且是恰当的转型过程。

同时，IMF 也对其他国家的 2018 年和 2019 年经济增速做了预测。比如，预测美国 2018 年和 2019 年两年 GDP 增速分别是 2.9% 和 2.7%；预测印度是 7.3% 和 7.5%；预测德国是 2.2% 和 2.1%，预测日本是 1.0% 和 0.9%；预测俄罗斯是 1.7% 和 1.5%；预测整个发达经济体是 2.4% 和 2.2%；预测新兴市场今明两年 GDP 增速分别是 4.9% 和 5.1%。

最后，IMF 再次表示：即使中国经济增长逐渐放缓，但到 2030 年中国仍可能成为世界最大经济体。

（资料来源：搜狐：《IMF 预测：2018 和 2019 年中国经济增速为 6.6% 和 6.4%，通胀将升到 2.5%》. http://www.sohu.com/a/243892443_100110525)

**思考与讨论：**

请你试着运用所学到的知识对本案例进行分析与讨论。

# C 项目8
## Chapter 8 了解失业与通货膨胀

## 案例导入

### 20世纪80年代阿根廷的恶性通胀

在80年代,阿根廷年通胀率平均达到450％,1990年初之前的12个月其通胀率更飙升至20 000％。在这种情况下,经济活动的主要目的只是避免通胀吞噬一切。一位阿根廷商人约格这样描述道:

通胀使你终日战战兢兢。我们公司所在的产业只能给你4天到5天的赊账。人们不再关心生产力乃至技术,保护你的流动资产比包括技术在内的长期目标更重要,尽管你希望两者兼顾。这是通货膨胀不可避免的恶果,即货币疾病。你的钱分崩离析,就像癌症。

你得过且过。当通货膨胀率超过每天1％,你别无选择。你放弃计划,只要可以支撑到周末就会感到满足。然后你就会待在公寓里阅读有关古代板球比赛的书籍。

人均而言,目前我们比1975年贫穷25％。真正的受害者是你看不见的穷人、老人和年轻人。他们被赶出大型火车站……那些人是阿根廷生活中的弃儿,像大海的浪花。

阿根廷的高通胀终于出现一个充满希望的转机。1989 年,刚刚当选总统的梅内姆宣布了反通胀计划。此外,他还支持许多以市场为导向的经济改革,包括在 1991 年初任命由哈佛大学培养的经济学家卡瓦洛为经济大臣。在 90 年代初期,通胀已降为每年 30% 左右。

(资料来源:https://wenku.baidu.com/view/8ac0a4affd0a79563c1e7212.html? from=search)

**思考与探讨:**

1. 从物价上涨因素如何判断通货膨胀属于哪种类型? 出现通货膨胀的根源是什么? 通货膨胀对经济影响有哪些传导效应?

2. 如何界定通货膨胀与失业之间的关系,背后的决定因素是什么? 各国政府采取哪些手段来防止通货膨胀、降低失业率?

# 任务一　失业理论

失业是最直接、最严重影响人们的宏观经济问题。对大多数人来说,失去工作意味着生活水平下降,而且还带来精神上的焦虑和心理上的折磨。在宏观经济指标中,就业率和失业率是公众普遍感知的。政府在制定宏观经济目标时,实现高就业、低失业居于突出地位。经济学家研究失业的目的是确定其原因,并提出政府改善失业状况的政策建议。

## 拓展阅读

根据国际劳工组织(ILO)的标准,失业是指在一定年龄之上,在参考时间内没有工作,目前可以工作而且正在寻找工作的人。这里所指的仅仅是公开失业,而不包括隐蔽失业。按照这个定义,衡量是否失业须具备四个要素:1. 在一定的年龄范围,按照国际劳工组织的规定,劳动适龄人口是指 16～60 岁的人。2. 确认至少在过去的一周内已经没有工作。3. 目前可以工作,即有劳动能力和劳动可能性。4. 正在寻找工作,即本人有工作要求,且在最近时期内已经采取明确步骤寻找工作或自谋职业。上述条件必须同时具备才构成了失业完整的内涵。

(资料来源:http://baike.baidu.com/link? url=DHtq5vcjq3bNbfsb6TQC0B0ycTipjxdnH8UntQyjtixn ulkgscf00hhvlK1vNPPrWSeHUXBbrydLjKMyCpEvEK)

## 一、失业的描述

失业(unemployment)是指有劳动能力、愿意接受现行工资水平但仍然找不到工作的现象。所有那些未曾受雇以及正变换工作岗位或未能按当时通行的实际工资率找到工作的、有劳动能力的人都是失业者。

劳动力(如 16～60 岁),指有劳动能力、并正在积极寻找工作的人。劳动力包括就业者和失业者。

失业率可用公式表示为:失业率＝(失业人数/劳动力人数)×100%。

充分就业:当一个国家经济的现实失业率等于自然失业率(4%～6%)时,则这个国家已经实现了充分就业。

### 拓展阅读

经济增长率、就业水平、物价涨幅被称为主要的经济指标。但多年来人社部公布的城镇登记失业率却不能真实反映我国就业情况。

2013年9月9日,中国首次向外公开了调查失业率的有关数据。国务院总理李克强在英国《金融时报》发表署名文章《中国将给世界传递持续发展的讯息》透露,"今年以来,中国经济运行稳中有进,上半年GDP同比增长7.6%;5%的调查失业率和2.4%的通胀率,均处于合理、可控范围。"李克强总理在上述署名文章中所说的5%调查失业率,可谓官方首次公开调查失业率水平。对于该失业率水平,中华全国总工会的专家对记者表示,前些年虽然没有公布该数据,但应该和今年数据差距不大。该专家称,5%的调查失业率比例并不算高。李克强总理在上述文章中指出,未来十多年,中国将有上亿人口融入城市。更多人口进入城市,会不会增加城镇就业压力?中华全国总工会专家表示,城镇就业压力除了和劳动力供给有关,也和经济发展速度、发展方式有关,需要关注转变经济发展方式后新创造的就业岗位。总体上来说,就业压力还是比较大。

(资料来源:吕宝林. 中国"调查失业率"首次露脸:5%仍合理可控. 甘肃经济日报,2013年9月12日)

## 二、失业的种类

### (一)自愿失业与非自愿失业

自愿失业,指工人所要求的实际工资超过其边际生产率,或者说不愿意接受现行的工作条件和收入水平而未被雇用造成的失业。由于这种失业是由劳动人口主观不愿意就业造成的,所以被称为自愿失业,无法通过经济手段和政策来消除,因此不是经济学所研究的范围。

非自愿失业,是指有劳动能力、愿意接受现行工资水平但仍然找不到工作的现象。这种失业是由客观原因造成的,因而可以通过经济手段和政策来消除。经济学中所讲的失业是指非自愿失业。

### (二)摩擦性失业、结构性失业、季节性失业和周期性失业

非自愿失业包括摩擦性失业、结构性失业、季节性失业和周期性失业等。

摩擦性失业,是指劳动者正常流动过程产生的失业。摩擦性失业在任何时期都存在,并将随着经济结构变化而有增加的趋势,但从经济和社会发展的角度来看,这种失业存在是正常的。

结构性失业,是指由于经济结构的变化,劳动力的供给和需求在职业、技能、产业、地区分布等方面的不协调所引起的失业。在存在失业的同时,也存在劳动力供给不足。结构性失业的产生原因有:经济结构调整使劳动力需求发生了变化,而与此同时,劳动者的知识结

构和劳动技能却没有作出相应的调整;不适当的政府政策(如政府为保护某个行业的政策)在短期内有利于减少失业,但从长期看,这种经济政策会降低受保护的行业的竞争力,从而失去同国内外竞争者相抗衡的能力,最终加重结构性失业。

季节性失业,是指由某些部门的间歇性生产特征造成的失业。例如,有些行业或部门对劳动力的需求随季节的变动而波动,如受气候、产品的式样、劳务与商品的消费需求等季节性因素的影响,某些行业出现劳动力的闲置,从而产生失业。

周期性失业,是指经济衰退或萧条时,由社会总需求下降造成的失业。

### 拓展阅读

国际劳工组织 20 日发布的《2014 全球就业趋势》报告显示,2008 年全球金融危机之后,全球范围内的失业人数呈上升趋势。2013 年,这一数字为 2.02 亿人,比 2012 年增加了近 500 万人。区域经济恢复不均衡、经济增长目标不断下调等因素使全球就业形势仍是弱不禁风。

根据目前的趋势,报告认为,全球就业形势会在未来几年继续恶化。到 2018 年,全球失业人数将会增加 1300 万人,失业总人数达 2.15 亿人。未来 5 年,全球失业率也将保持较高的数字,该数字要比危机前高出 0.5 个百分点。在这一阶段,尽管每年会新增 4000 万个工作机会,但这赶不上同期新增的失业人数。

国际劳工组织总干事盖伊·赖德认为,全球投资目前仍以流向证券市场为主,而不是流向能够带动就业的实体经济,这影响了全球就业前景。全球总需求不足也钳制了劳动市场复苏,特别是一些发达经济体政府缩减公共开支、提高收入所得税及消费税,增加了私营企业与家庭负担,导致需求下降。

(资料来源:王京玉. 全球就业趋势发布,年轻人失业率已达历史新高. 第一财经日报,2014 年 5 月 21 日)

## 三、失业的影响及奥肯定律

### (一) 失业的影响

▶ 1. 失业的积极影响

失业对社会的积极影响主要有四个方面:一是失业可以为经济周期发展提供劳动需求的"蓄水池"。当经济处于紧缩阶段时,将会排斥劳动力,出现失业问题;处于扩张时期时,可为经济发展提供急需的劳动力。二是失业的强迫机制,会使劳动者不断提高自身素质,从而提高社会就业质量。三是有利于提高工作效率,失业的威胁必然会使劳动者为获得或保持就业岗位而努力工作。四是失业是劳动力资源优化配置所必须付出的代价。

失业对劳动者个人的积极影响主要有两个方面:一是一定时间的失业是人尽其才所必要的,劳动者只有通过大量搜寻,才能找到与自我个性相匹配的职业。二是劳动者为适应经济技术的发展变化而不断提高自身的素质已经成为必须,而某种程度上将以一定时间的失业为代价。

▶ **2. 失业的消极影响**

失业对社会的消极影响主要有三个方面:一是经济总量的损失。失业是一种资源低效率配置,它意味着生产达不到充分就业时的水平,是社会人力资本的损失,直接堵塞了人力资本创造新价值的道路。二是扩大收入分配的差距,加剧两极分化,因为就业能力低的人收入低又容易失业。三是失业将在一定程度上影响社会治安甚至危及社会稳定。

失业对劳动者个人的消极影响主要有两个方面:一是失业直接影响劳动者精神需要的满足程度。就业并通过劳动谋生是人最重要的社会经济特征,丧失这个特征会极大地挫伤劳动者的自尊心和自信心,直接影响失业者的生活方式和社会交往方式,阻碍劳动者精神需要的满足。二是失业将会减少家庭可支配收入,降低劳动者家庭生活水平。

## (二)奥肯定律

美国著名的经济学家阿瑟·奥肯发现了周期波动中经济增长率和失业率之间的经验关系,即当实际 GDP 增长相对于潜在 GDP 增长(美国一般将之定义为 3%)下降 2% 时,失业率上升大约 1%;当实际 GDP 增长相对于潜在 GDP 增长上升 2% 时,失业率下降大约 1%。这条经验法则以其发现者为名,称为奥肯定律。潜在 GDP 这个概念是奥肯首先提出的,它是指在保持价格相对稳定的情况下,一国经济所生产的最大产值。潜在 GDP 也称充分就业 GDP。

奥肯定律的一个重要结论是:为防止失业率上升,实际 GDP 增长必须与潜在 GDP 增长同样快。如果想要使失业率下降,实际 GDP 增长必须快于潜在 GDP 增长。

需要注意的是,奥肯所提出经济增长与失业率之间的具体数量关系只是对美国经济所做的描述,而且是对特定一段历史时期的描述,不仅其他国家未必与之相同,而且今日美国的经济也未必仍然依照原有轨迹继续运行。因此,奥肯定律的意义在于揭示了经济增长与就业增长之间的关系,而不在于其所提供的具体数值。

# 四、失业的治理

## (一)直接的失业治理政策

失业治理政策首先从劳动力的供给角度出发,使劳动力供给在数量、结构和质量上符合劳动力的需求。任何形式的失业首先表现为劳动力的供给总量大于劳动力的需求总量,因此失业治理的首要问题也就是如何控制劳动力的供给规模。可以采取延长劳动者受教育时间的方法,一方面可以推迟青年人进入劳动力市场的时间,直接起到缓解失业的作用;另一方面还能提高劳动者的素质,降低结构性失业的可能性。

在失业者的构成中,不同的劳动者面临的失业风险是不同的。一个社会中总有一些人特别容易受到失业的侵袭,如青年人、妇女、低技能劳动者以及有长期失业经历的人等。为了降低这部分人的失业率,一方面可以通过降低这部分人的最低工资来实现;另一方面就是要加强职业培训。

直接的失业治理政策还包括提供就业的信息服务、加速劳动力的自由流动以及采取一定的措施提高工资变动的灵活性,如寻求工资谈判分散化和提倡工资非指数化等。

## （二）间接的失业治理政策

基于这样的理念，即在市场经济条件下，要彻底消除失业现象是不可能的，养活失业人口也很困难，而失业又会造成社会成员之间收入的巨大差异，那么就应该实施间接的失业治理政策，对失业者进行救济，也就是建立起一套完善的失业保障体系。通过失业救济和失业保障，使失业者能维持基本的生活水平，达到社会公平的目的。当然，失业保障和失业救济也可能产生负面效应。例如，欧洲各国就是因为失业保障和救济金逐年上升，使得劳动成本不断上升，同时又使得失业者寻找工作的主动性变弱，从而加剧了失业问题。

直接的失业治理政策和间接的失业治理政策在实际生活中是互补的。因为每种政策措施都有自己的局限性和片面性，都需要以对方作为补充。直接的失业治理政策虽能改善失业状况，但不可能解决所有的失业问题，对于这一部分失业者就需要间接的失业治理政策，如提供保障和失业救济。而间接的失业治理政策，如果没有直接的治理政策相伴，失业人数可能会不断上升，最后使被动的政策难以为继。

### 知识链接

西方经济学界在对失业的分析中几乎都采取同样的范式，把失业分为两大类——自愿失业和非自愿失业，相关理论也相应地分为两大类，如表 8-1、表 8-2 所示。

1. 自愿失业理论

表 8-1　自愿失业理论学派比较

| 学 派 | 代表人物 | 失业原因 | 失业治理政策 |
|---|---|---|---|
| 古典学派（20 世纪 30 年代以前） | 萨伊、庇古 | 劳动力市场供求不相称 | 调整工资水平 |
| 理性预期学派（20 世纪 70 年代后期） | 萨金特 | 雇佣双方对经济形势的理性预期 | 通过改善和刺激劳动力供给的政策来降低自然失业率 |

2. 非自愿失业理论

表 8-2　非自愿失业理论学派比较

| 学 派 | 代表人物 | 失业原因 | 失业类型 | 失业治理政策 |
|---|---|---|---|---|
| 凯恩斯学派（20 世纪 30 年代） | 凯恩斯 | 有效需求不足 | 摩擦性失业、自愿失业、非自愿失业 | 通过国家干预，实行反周期性的扩张性宏观经济政策（税收、货币、财政、外贸）来拉动社会有效需求 |
| 货币学派（20 世纪五六十年代） | 菲利普斯、弗里德曼 | 通货膨胀率过高，市场信息，部门间劳动力结构 | 摩擦性失业 | 政府制定经济政策提高通货膨胀率，使失业率与自然失业率一致 |

续表

| 学　派 | 代表人物 | 失业原因 | 失业类型 | 失业治理政策 |
|---|---|---|---|---|
| 供给学派(20世纪70年代初) | 弗里德斯坦、吉尔德、拉弗 | 劳动力和资本供给不足 | 非自愿失业、自愿失业、结构性失业 | 通过削减福利开支、对失业救济金征税、反对国家干预、主张市场自我调节、削减政府开支、主张财政平衡、对工人进行技术培训等政策来增加供给 |

(资料来源:孙祖芳.关于失业与就业问题的理论政策研究.社会科学,2004年第3期)

# 任务二　通货膨胀理论

通货膨胀是经济运行过程中的一种病态现象,不像失业是影响到人口中的特定群体,而是会影响到每一个人。

## 课堂案例

自独立开始津巴布韦的通货膨胀情况如表8-3所示。

表8-3　自独立开始津巴布韦的通货膨胀情况　　　　　　　单位:%

| 年份 | 物价涨幅 | 年份 | 物价涨幅 | 年份 | 物价涨幅 | 年份 | 物价涨幅 | 年份 | 物价涨幅 |
|---|---|---|---|---|---|---|---|---|---|
| 1980 | 7 | 1986 | 15 | 1992 | 40 | 1998 | 48 | 2004 | 624 |
| 1981 | 14 | 1987 | 10 | 1993 | 20 | 1999 | 58 | 2005 | 586 |
| 1982 | 15 | 1988 | 8 | 1994 | 25 | 2000 | 56 | 2006 | 1043 |
| 1983 | 19 | 1989 | 14 | 1995 | 28 | 2001 | 132 | 2007 | 13 000 |
| 1984 | 10 | 1990 | 17 | 1996 | 16 | 2002 | 139 | | |
| 1985 | 10 | 1991 | 48 | 1997 | 20 | 2003 | 385 | | |

1980年津巴布韦独立时一津巴布韦元约等于1.5美元。之后,通胀率高企和经济崩溃令货币严重贬值,使很多机构转用美元。

21世纪初津巴布韦开始经历恶性通胀,通胀率升至2004年年初的624%,其后降至三位数字低位,之后攀升至2006年4月1042.9%的新高。

2006年的2月16日,津巴布韦储备银行行长宣布政府印了21兆津巴布韦元来换取外币,来支付IMF的欠账。

2006年5月初,津巴布韦政府印制一共60兆津巴布韦元的货币,用来支付兵警300%和其他公务员200%的薪金加幅。这笔钱不包括在本财政年度的预算案中,而政府没有解释这笔钱的来源。

(资料来源:http://finance.qq.com,2009年2月4日)

## 一、通货膨胀的描述

### （一）通货膨胀的内涵

西方经济学家对通货膨胀所下的定义主要有以下几种：

（1）通货膨胀的意思是商品和生产要素的价格普遍上升的时期；通货膨胀是一种货币现象，起因于货币量的急剧增加超过生产的增长；如果货币数量增加的速度超过能够买到的商品和劳务增加的速度，就会发生通货膨胀。

（2）通货膨胀是由于对同样经济活动的工资报酬率的日益增长而引起的物价直升变动。

（3）美国经济学家莱德勒和帕金对通货膨胀下了如下定义："通货膨胀是一个价格持续上升的过程。"

综合西方经济学家的定义，可以将通货膨胀概括为物价水平在一定时期内持续的、普遍的上升过程，或者说货币实际购买力在一定时期内持续的下降过程。

### 知识链接

#### 新古典综合派关于通胀的理论

菲利普斯认为货币工资变动率与失业水平之间存在着一种此消彼长、互相替代的逆向变动关系——菲利普斯曲线。"新古典综合派"很快将其修改并纳入自己的理论框架，用以解释失业率和通货膨胀率之间的关系。他们认为，失业率和通货膨胀率之间也存在着此消彼长的反向替代关系，只要货币工资增长率超过劳动生产率增长率，就会导致通货膨胀或物价水平上升，政府可以有意识地通过财政政策、货币金融政策以及收入政策来利用菲利普斯曲线，在失业率、工资变动率和通货膨胀率三者之间进行选择。

面对70年代出现的"滞胀"现象，不仅正统的凯恩斯经济学无法解释，菲利普斯曲线同样也无能为力。于是，"新古典综合派"的经济学家又提出必须运用新古典经济学的微观经济理论来补充宏观经济理论，来解释70年代的现实经济问题。具体有以下几种不同的认识：

（1）微观经济部门供给的异常变动造成"滞胀"（沃尔特·海勒的看法）

（2）微观的财政支出结构失衡造成"滞胀"（保罗·萨缪尔森的观点）

（3）微观劳动力市场结构失衡造成"滞胀"（托宾和杜森贝的看法）

#### 新剑桥学派关于通胀的理论

20世纪70年代，当西方国家出现严重的"滞胀"问题时，无论是美国的凯恩斯主义者（新古典综合派），还是现代货币主义者都无法从理论及政策选择方面给出合理的答案。新剑桥学派认为要解释和说明"停滞膨胀"的原因，必须抛弃物价水平仅仅取决于货币数量的传统理论，回到凯恩斯关于物价水平主要受货币工资率支配的论断上来。新剑桥学派从区分商品市场类型或不同类别的经济部门入手，来说明通货膨胀的原因，解释"停滞膨胀"的现象。

从世界范围看，农矿产品价格的任何巨大变动，无论其对初级生产者是有利还是无利，

对工业活动往往起抑制作用:

(1)当初级产品部门价格下跌时,最初会引起制成品部门成本和价格下降,需求扩大,但最终不足以弥补因初级产品价格下降而造成的初级产品部门的需求萎缩,从而造成经济衰退。20世纪30年代大危机由这种原因造成。

(2)当初级产品部门价格上涨时,最初会引起初级产品部门的收入和需求增加,对扩大总需求有一定作用;但它同时会引起价格上涨,当工会要求提高工资以弥补物价上涨损失时,这导致工资—物价的轮番上涨,结果造成通胀。

①这种通胀不会扩大需求,反会因成本增加缩小需求;

②这时政府又采取紧缩性政策来治理通胀,使需求进一步萎缩,失业增加,最终形成滞涨局面。

③通胀造成低收入家庭收入下降,刺激劳动供给增加,进一步加剧了失业。20世纪70年代的滞涨由这种原因引发。

(资料来源:https://wenku.baidu.com/view/96f62d1e964bcf84b9d57bc7.html?from=search)

## (二)通货膨胀的衡量

衡量通货膨胀的指标是价格指数。价格指数是表明商品价格从一个时期到下一个时期变动程度的指数。价格指数一般采用加权平均的方式,即根据某种商品在总支出中所占的比重来确定其价格的加权数的大小。价格指数的计算公式为

$$物价指数 = \frac{\sum P_t Q_t}{\sum P_0 Q_t} \tag{8-1}$$

其中,$P_0$,$P_t$是基期和本期的价格水平;$Q_t$是本期的商品量。

需要说明的是,上式中采用了报告期加权平均法,计算价格指数还有一种方式,即采用基期加权法,用基期的商品量作为权数来计算价格指数。

根据计算价格指数时包括的产品和劳务种类的不同,可以计算出三种主要的价格指数。

(1)消费者价格指数(CPI),也称零售价格指数或生活费用指数,是衡量各个时期居民个人的日常生活用品和劳务的价格水平变化的指标。这是与居民个人生活最为密切的价格指数,因为这个指标最能衡量居民货币的实际购买力水平。

CPI是世界各国普遍编制的一种指数,它可以用于分析市场价格的基本动态,是政府制定物价政策和工资政策的重要依据。例如,在过去12个月,消费者价格指数上升2.5%,那表示生活成本比12个月前平均上升2.5%。当生活成本提高时,消费者的金钱价值便随之下降。也就是说,一年前收到的100元纸币,今日只可以买到价值97.50元的货品及服务。一般来说,当CPI>3%的增幅时称为通货膨胀,而当CPI>5%的增幅时称为严重的通货膨胀。

(2)生产者价格指数(PPI),又称批发价格指数,是衡量各个时期生产者在生产过程中用到的产品的价格水平的变动指数。通常这些产品包括产成品和原材料。

(3)GDP折算指数,是衡量各个时期所有产品和劳务的价格变化的指标。可以根据价格指数计算出一定时期内物价上升或下降的精确幅度,也就是通常所说的通货膨胀率。所谓通货膨胀率是指从一个时期到另一个时期内价格水平变动的百分比。其计算公式为

$$\pi_t = \frac{CPI_2 - CPI_1}{CPI_1} \tag{8-2}$$

## 二、通货膨胀的种类

### （一）按价格上升的速度划分

（1）温和的通货膨胀，指每年物价上升的比例在10％以内。一般认为这种温和的通货膨胀不会对经济造成巨大的恶性影响，甚至还有经济学家认为这种缓慢而持续的价格上升能对经济和收入的增长起到积极的刺激作用。

（2）奔腾的通货膨胀，指年通货膨胀率在10％以上和100％以下。

（3）超级通货膨胀，指通货膨胀率在100％以上。

### （二）按照对不同商品的价格影响大小划分

（1）平衡的通货膨胀，即每一种商品的价格都按同一比例上升，这里所说的商品价格包括生产要素的价格。

（2）非平衡的通货膨胀，即各种商品价格上升的比例并不完全相同。

### （三）按照人们的预期程度划分

（1）未预期的通货膨胀，即价格上升的速度超出公众的预期，或是通货膨胀是不可预期的。

（2）预期到的通货膨胀，即价格的上升在人们的预期之中。假定所有商品价格每年都上涨3％，且每一个人都预期这种趋势会继续，那么这种通货膨胀就会存在于经济中并自我维持下去。

## 三、通货膨胀的成因

### （一）需求拉动型通货膨胀

▶ 1. 定义

需求拉动型通货膨胀又称超额需求型通货膨胀，是指总需求超过总供给所引起的一般物价水平普遍而持续的上涨。通俗地说，这种通货膨胀是"过多的货币追逐过少的商品"，因而物价上涨。

▶ 2. 图形分析

如图 8-1 所示，横轴 $Y$ 表示总产出（国民产出），纵轴 $P$ 表示一般价格水平。AD 为总需求曲线，AS 为总供给曲线。AS 曲线起初成水平状态，这说明，当总产出较低时，总需求的增加不会引起价格水平的上涨。产量从 $O$ 增加到 $Y_1$，价格水平始终稳定。如果总需求继续增加，由 $AD_1$ 右移到 $AD_2$，在 AS 不变（或总供给变动幅度小于总需求变动幅度）的情况下，必然导致价格上升，由 $P_1$ 升至 $P_2$，此时就发生了需求拉动的通货膨胀。同时总产出由 $Y_1$ 增加到 $Y_2$。当经济实现了充分就业以后，整个社会的经济资源得到了充分的利用，如果总需求继续增加，总供给不再增加，AS 曲线呈垂直状。这时总需求的增加只会引起价格水平的上涨。图中，总需求曲线由 $AD_3$ 提高到 $AD_4$，产出仍为 $Y^*$，但价格水平已由 $P_3$ 上升到 $P_4$。从以上分析可以看出，当经济实现充分就业后，扩大总需求更容易导致需求拉动的通货膨胀。其中，$E_1$ 到 $E_3$ 之间是资源被逐渐充分利用的过程，即随着生产的扩大，劳动力、原料和生产设备等资源变得逐渐稀缺而使成本提高,总供给曲线开始向右上方倾斜,从而引起价格水平的上涨。价格水平从 $P_1$ 上升到 $P_2$ 和 $P_3$ 的现象又被称作"瓶颈式的通货膨胀"。

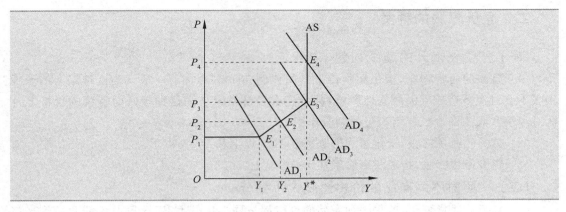

图 8-1　需求拉动型通货膨胀

## (二)成本推动型通货膨胀

▶ 1. 定义

成本推动型通货膨胀,又称成本通货膨胀或供给通货膨胀,是指在没有超额需求的情况下由供给方面成本的提高所引起的通货膨胀,可以用图 8-2 来说明这种情况。引起成本增加的原因并不完全相同,因此,成本推动型通货膨胀又可以根据其原因的不同而分为工资成本推动型通货膨胀、利润推动型通货膨胀、原材料成本推动型通货膨胀。

▶ 2. 图形分析

图 8-2 中,总需求是既定的,不发生变动,只有总供给变动。当总供给曲线为 $AS_1$ 时,总供给与总需求曲线的交点 $E_1$ 决定的总产量为 $Y_1$,价格水平为 $P_1$。当总供给曲线由于成本提高而移动到 $AS_2$ 时,总供给曲线与总需求曲线的交点 $E_2$ 决定的总产量为 $Y_2$,价格水平为 $P_2$。这时总产量比以前减少,而价格水平上涨了。当总供给曲线由于成本进一步提高而移动到 $AS_3$ 时,总供给曲线与总需求曲线的交点 $E_3$ 决定的总产出为 $Y_3$,价格水平为 $P_3$。这时的总产出进一步下降,价格水平进一步上涨,此时发生了成本推动型通货膨胀。

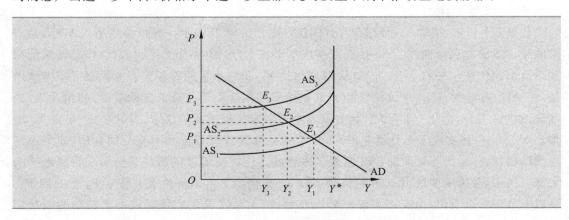

图 8-2　成本推动型通货膨胀

## （三）结构性通货膨胀

结构性通货膨胀是指在没有需求拉动和成本推动的情况下,只是经济结构因素的变动也会引起一般价格水平的持续上涨。

## （四）预期和通货膨胀惯性

在实际中,一旦形成通货膨胀,便会持续一定时期,这种现象被称为通货膨胀惯性。对通货膨胀惯性的一种解释是人们会对通货膨胀做出的相应预期。

预期是人们对未来经济变量做出的一种估计,人们往往会根据过去通货膨胀的经验和对未来经济形势的判断,作出对未来通货膨胀走势的判断和估计,从而形成对通货膨胀的预期。

预期对人们经济行为有重要的影响,人们对通货膨胀的预期会导致通货膨胀具有惯性。例如,人们预期的通货膨胀率为 10%,在订立有关合同时,厂商会要求价格上涨 10%,而工人与厂商签订合同中也会要求增加 10% 的工资。这样,在其他条件不变的情况下,每单位产品的成本会增加 10%,从而通货膨胀率按 10% 持续下去,必然形成通货膨胀惯性。

## 四、通货膨胀的影响

通货膨胀既会对个人的经济生活产生各种影响,也会对整个社会的经济生活产生重大影响。一般可以将通货膨胀对经济的影响分成两种,即通货膨胀的收入再分配效应和通货膨胀的产出效应。

### （一）通货膨胀的收入再分配效应

通货膨胀意味着人们手中持有货币的购买力下降,从某种程度上来讲,是人们过去劳动成果的缩水,也就是说通货膨胀会导致人们的实际收入水平发生变化,这就是通货膨胀的再分配效应,但是通货膨胀对不同经济主体的再分配效应是不同的。

通货膨胀不利于靠固定货币收入维持生活的人。通货膨胀对储蓄者不利。通货膨胀还会在债务人和债权人之间产生收入再分配的作用。

### （二）通货膨胀的产出效应

假定国民经济的实际产出固定,而实际上,国民经济的产出水平是随着价格水平的变化而变化的。下面就可能出现的三种情况进行分析。

第一种情况:随着通货膨胀的出现,产出增加。许多经济学家长期以来坚持认为温和的或爬行的拉动通货膨胀,如每年 2%~3% 的通货膨胀,对产出和就业将有扩张的效应。这种温和的通货膨胀可以使劳动力市场运转得更好。不同种类劳动力的供求总是变化着的。有时候,一次供给的增加或需求的减少不会使整组工人的工资下降。如果名义工资不能降低,那么可用的办法就是通过一定的通货膨胀率来降低实际工资。否则,会导致更多的失业。假设总需求增加,经济复苏,造成一定程度的通货膨胀。在这种条件下,由于物价水平的上升速度快于货币工资的上升速度,产品的价格会跑到工资和其他资源的价格前面,由此而增加了企业的利润。利润的增加就会刺激企业扩大生产,从而减少失业,增加国民产出的效应(前提是社会上要有闲置资源、闲置资源流动无结构刚性或"瓶颈"现象约束)。这种情况意味着通货膨胀的再分配后果会被由更多的就业、增加产出所获得的收益所抵消。例如,对于一个失业工人来说,如果他唯有在通货膨胀条件之下才能得到就业机会,显然,这受益于通货膨胀。

第二种情况:由于成本提高而产生的通货膨胀导致失业。这里讲的是由通货膨胀引起的产出和就业的下降。假定在原总需求水平下,经济实现了充分就业和物价稳定。如果通货膨胀的产生是由成本提高导致的,则原来总需求所能购买的实际产品的数量将会减少。也就是说,当成本推动的压力抬高物价水平时,既定的总需求只能在市场上支持一个较小的实际产出。所以,实际产出会下降,失业会上升。美国20世纪70年代的情况就证实了这一点。1973年年末,石油输出国组织把石油价格翻了两番,其结果是使1973—1975年的物价水平迅速上升,与此同时,美国失业率从1973年的不到5%上升到1975年的8.5%。这就是通常所说的"滞胀"。在这期间,不仅美国,西方其他发达国家无一例外地经历了滞胀。

第三种情况:超级通货膨胀导致经济崩溃,极大地危害了社会。第一,随着价格持续上升,居民和企业会产生通货膨胀预期,即估计物价会再度升高。这样,人们就不会让自己的储蓄和现行的收入贬值,而宁愿在价格上升前把它花掉,从而产生过度的消费购买,这样,储蓄和投资都会减少,使经济增长率下降。第二,随着通货膨胀导致的生活费用的上升,劳动者会要求提高工资,不但会要求增加工资以抵消过去价格水平的上升,而且要求补偿下次工资谈判前可以预料到的通货膨胀带来的损失。于是企业增加生产和扩大就业的积极性就会逐渐丧失。第三,企业在通货膨胀率上升时会力求增加存货,以便在稍后按高价出售以增加利润,这种通货膨胀预期除了会鼓励企业增加存货外,还可能鼓励企业增加新设备。然而,企业这些行为到无法筹措到必需的资金(增加存货和买设备都需要资金)时就会停止,银行会在适当时机拒绝继续为企业扩大信贷,银行利率也会上升,企业得到贷款会越来越难。企业被迫要减少存货,生产就会收缩。第四,当出现恶性通货膨胀时,情况会变得更糟。当人们完全丧失对货币的信心时,货币就不能再执行它作为交换手段和储藏手段的职能。这时,任何一个有理智的人将不愿再花精力去从事财富的生产和正当的经营,而会把更多的精力用于现金管理,或进行种种投机活动。等价交换的正常买卖、经济合同的签订和履行、经营单位的经济核算,以及银行的结算和信贷活动等,都无法再实现。由于把这些本来用于从事生产和投资决策类更有社会价值的活动的时间和精力抽出来了,超级通货膨胀便使经济陷入了低效率。

（三）其他影响

通货膨胀也不利于国际收入的增加。固定汇率情况下,本国币值下跌,物价上升,出口产品成本会提高,这会削弱出口产品在国际市场上的竞争力,出口减少,进口增加,外贸收入减少,造成国际收支赤字增加。

## 知识链接

与通货膨胀相反,通货紧缩是指一般价格水平的持续下跌。如果纸币的发行量不能满足流通中所需要的金属货币量,则会导致纸币升值,引起物价下跌,这就是通货紧缩。

通货紧缩可能的成因有以下几个方面:

（1）社会生产能力总体性过剩。此时商品供过于求,出现物价持续下跌。

（2）投资和消费预期变化。如果预期未来实际利率会降低、商品价格会下降,则投资者和消费者都会减少现期投资和消费,导致现期有效需求不足,物价下跌。

（3）政府紧缩预算,削减支出。这时会导致社会总需求下降,供求格局发生变化,从而容易引发通货紧缩。

（4）技术进步和放松管制。这会导致生产能力提高、成本下降,导致产品价格下跌。

（5）汇率因素。如果一国高估本币汇率,会造成用外币表示的本国出口商品的价格上升,从而导致外部需求降低,出口下降;进而导致国内外向型企业开工不足,工人收入下降,个人购买力和需求下降,从而导致物价持续下跌。

（6）货币政策变动。如果中央银行采取紧缩的货币政策,则会使大量商品流向货币,可能会产生物价持续下跌。

（7）金融体系效率低下或信贷过度扩张产生大量不良投资也会引起通货紧缩。

通货紧缩一旦发生,如若处理不当,会对社会经济生活产生不良影响。通货紧缩会加重债务人负担,抑制消费,增加银行不良资产,甚至形成经济衰退,陷入恶性循环。

（资料来源:中国网,2005年9月16日,http://www.china.com.cn/chinese/MATERIAL/972372.htm）

## 五、通货膨胀的治理

### （一）用衰退来降低通货膨胀

从上面通货膨胀的成因分析可以看出,需求拉动的通货膨胀是由总需求超过总供给产生的,因此,要消除这种通货膨胀,就必须压缩总需求,而压缩总需求的有效途径是采取紧缩的财政政策和货币政策。在财政政策方面,主要是大力压缩财政支出,努力增加财政收入,坚持收支平衡,减少赤字财政;在货币政策方面,主要采取紧缩信贷,控制货币投放,减少货币供应总量的措施。采用财政政策和货币政策相配合,综合治理通货膨胀,两条很重要的途径是:控制固定资产投资规模和控制消费过快增长,以此来实现控制社会总需求的目的。但这种政策会导致投资减少,产出回落,其代价是经济衰退。

在实践中有两种不同的政策选择:渐进主义方式与激进主义方式。前者的基本特征是以较小的失业率和较长的时间来降低通货膨胀率,在整个调整过程中,通货膨胀率达到了预期的目标,同时没有产生大规模的经济衰退,失业率处于正常的水平,没有偏离自然失业率太远。与渐进主义的特征相反,激进主义是以较高的失业率和较短的时间来降低通货膨胀率,所以又称为"冷火鸡"式的方法。激进主义政策会造成较大规模的经济衰退。

### （二）其他降低通货膨胀的方法

▶ 1. 收入政策

收入政策的理论基础主要是成本推动的通货膨胀。成本推动的通货膨胀来自供给方面,由于成本提高,特别是工资的提高,从而引起价格水平的上涨。收入政策可以通过影响收入的实际因素来达到控制通货膨胀的目的,具体包括工资价格管制、道德劝说和改变预期。

(1) 工资价格管制。工资价格管制是指政府为了降低价格水平上升的速度,采取强制的或非强制的措施限制工资和价格增长速度,使工资增长率与劳动生产率的增长率保持一致。经济学家认为,在不完全竞争的市场条件下,通货膨胀发生时,工会和企业会利用自己的垄断力量保持自己的实际收入,因而货币工资和价格会继续增长。这种增长威胁到他人的货币收入,进而导致更高的成本和价格。因此有必要采取收入政策。

战后,英、美、法等国都实施过收入政策,对工资和价格进行管制,工会和企业不经政府同意不能随便要求提高工资,不能随意提高物价。国家以契约形式实行全社会风险共担,抑制通货膨胀。

但同时要看到这种政策的负面影响。人为地控制商品和劳务的价格不利于资源的合理配置,因为资源的配置依赖于价格信号。此外,通货膨胀发生时,各种商品价格上涨的幅度并不一致,也就是说各种商品的相对价格在发生变化。如果物价控制持续相当长的时间,低于均衡价格的商品就会发生短缺。

(2) 道德劝说。这是一种非正式的工资价格管制。政府不直接控制物价和工资,而是采用劝说或施加压力的办法让企业和工人不要涨价或涨工资。这种方法有一定的威慑力,在一定时期内会达到预期的目的。历史上,美国总统肯尼迪就曾经通过对钢铁公司施加压力,限制其提价,从而成功地避免了通货膨胀螺旋的产生。

(3) 改变预期。道德劝说的方法之所以发挥作用,也是因为在一定程度上打破了公众的预期。正如前面提到的,这种预期在通货膨胀持续方面扮演着非常重要的角色。如果公众相信政府的反通货膨胀政策是成功的,这种预期本身就会有助于降低通货膨胀。相反,通货膨胀预期不能被打破,通货膨胀就会持续下去。

▶ **2. 控制货币供应量**

由于通货膨胀形成的直接原因是货币供应过多,因此,治理通货膨胀的一个最基本的对策就是控制货币供应量,使之与货币需求量相适应,稳定币值以稳定物价。而要控制货币供应量,必须实行适度从紧的货币政策,控制货币投放,保持适度的信贷规模,由中央银行运用各种货币政策工具灵活有效地调控货币信用总量,将货币供应量控制在与客观需求量相适应的水平上。

▶ **3. 增加商品的有效供给,调整经济结构**

治理通货膨胀必须从两个方面同时入手:一方面控制总需求;另一方面增加总供给。二者不可偏废。若一味控制总需求而不着力增加总供给,将影响经济增长,只能在低水平上实现均衡,最终可能因加大了治理通货膨胀所付出的代价而前功尽弃。因此,在控制需求的同时,还必须增加商品的有效供给。一般来说,增加有效供给的主要手段是降低成本,减少消耗,提高经济效益,提高投入产出的比例。同时,调整产业和产品结构,支持短缺商品的生产。

治理通货膨胀的其他政策,除了控制需求、增加供给、调整结构之外,还有一些诸如限价、减税、指数化等其他的治理通货膨胀的政策。总之,通货膨胀是一个十分复杂的经济现象,其产生的原因是多方面的,需要有针对性地根据原因采取不同的治理对策,对症下药。

拓展阅读

　　国外在对待通货膨胀时都采取了积极的应对措施,西方发达国家治理通货膨胀的政策效果要明显优于大多数发展中国家。其经验可以归纳为以下几个方面:

　　(1)积极干预。通货膨胀对国民的基本生活影响深刻,在国外没有哪个政府或者经济学流派认可通货膨胀无害论,一些政党把治理通货膨胀当成执政的重要目标或者选举的重要主张。

　　(2)促进市场的进一步完善。20世纪70年代,个别国家虽然在短期内采取直接冻结物价的政策,但在通胀压力缓解后,立即解除物价冻结,以推进市场发育和完善市场机制、加大公平竞争作为应对通货膨胀的长期政策。

　　(3)完善相关法律。美国在20世纪治理通货膨胀中,先后推出了一系列法律,用法律手段约束财政预算、加大反垄断力度,加拿大和澳大利亚都推出了通货膨胀目标制,日本也利用产业政策调整供求关系出台了相关法律。

　　(4)重视物资储备。在应对通货膨胀方面,各国都采用重要物资储备制度,美、日等国家加大能源储备、重要生活物资储备,有效提高了政府应对通货膨胀的能力。

　　(5)重视工资和物价的关系。高福利是西方发达国家在20世纪八九十年代通货膨胀的重要原因之一,除美国外,日本、英国、法国、德国、意大利、加拿大、澳大利亚七国都实行了控制工资上涨幅度的政策,意大利、法国实行了具有法律性质的工资指数化政策。

　　(资料来源:左新文,马友强.通货膨胀治理比较启示.中国发展观察,2013年第1期)

# 任务三　失业与通货膨胀的关系

课堂案例

### 美国的通货膨胀与失业

　　在宏观经济学中,通货膨胀与失业是经济状况十分重要的指标。1964年,美国的减税与扩张性货币政策共同扩大了总需求,并使失业率降到5%以下,失业的减少和通货膨胀的上升都高于决策者所预想的,并持续到20世纪60年代后期。

　　20世纪70年代是经济混乱的时期。尼克松总统实行了对工资和物价的暂时控制,而美联储通过紧缩性货币政策引起了衰退,但通货膨胀只有很少的下降。到1972年,失业率与10年前相同,而通货膨胀高出了3个百分点。在1973年年初,欧佩克第一次提高油价,使通货膨胀率上升到10%左右。

　　20世纪80年代是从高失业和高通货膨胀预期开始的。在保罗·沃尔克主席的领导下,美联储坚定地推行旨在降低通货膨胀的政策。在1982年和1983年,失业率曾达到40年来的最高水平。高失业,辅之以1986年石油价格下降,使通货膨胀率从10%左右下降到3%

左右。但是,20世纪80年代失业率一直下降,1989年达到5.2%,并开始新一轮的需求拉动通货膨胀。

与之前的30年相比,20世纪90年代是比较平静的。1992年失业率上升到7.3%。与1982年的衰退不同,1990年衰退时的失业从未大大超过自然失业率,因此对通货膨胀的影响不大。随着20世纪90年代的结束,通货膨胀与失业都达到许多年来的低水平。

因此,最近的宏观经济历史展现出通货膨胀的许多原因。20世纪60年代和80年代的情况说明需求拉动通货膨胀的两个方面:60年代的低失业提高了通货膨胀率,而在80年代高失业降低了通货膨胀率。70年代的情况说明了成本推动的通货膨胀效应。

(资料来源:中国经济网综合,2009年9月22日)

## 一、凯恩斯的充分就业模型

凯恩斯认为,在未实现充分就业,即资源闲置的情况下,总需求的增加只会使国民收入增加,而不会引起价格水平上升。也就是说,在未实现充分就业的情况下不会发生通货膨胀。在实现充分就业的情况下,总需求的增加不会使国民收入增加,而只会引起价格上升。也就是说,在发生了通货膨胀时,一定已经实现了充分就业。如图8-3所示,凯恩斯认为,当整个社会在资源闲置时完成充分就业,即总需求曲线$AD_1$会向右一直移动到$AD_f$位置,此时总需求曲线与总供给曲线相交于$E_f$点,这个过程中国民收入会从$Y_1$向右移动至$Y_f$位置。这样就意味着国民收入由于总需求增加而增加,并且物价仍然维持在$P_1$水平(物价不变)。当整个社会完成了充分就业时,如果总需求继续扩大,即总需求曲线$AD_f$继续向右移动,假设移至$AD_2$位置,那此时社会的物价水平就会上升(由$P_1$上升至$P_2$),同时国民收入并没有变化,仍然是$Y_f$水平,这样通货膨胀就发生了。

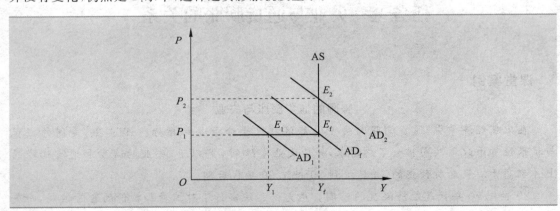

图8-3 凯恩斯充分就业模型

## 二、菲利普斯曲线

### (一)菲利普斯曲线和失业—通货膨胀的交替

为了减少失业,政府往往想方设法刺激经济。当失业减少,接近充分就业水平时,劳动力市场就变得越来越紧张。更多的企业发现很难找到它们需要的劳动力,于是互相竞争,其结果是工资水平提高了。反之,失业率很高时,找工作的人比工作岗位要多,提高工资的压力就小。相应地,较少的失业导致工资的迅速上升,这又通过通货膨胀螺旋使价格水平更迅速地上升。

于是,在失业与通货膨胀之间存在着一种替代关系,即较低的失业率伴随着较高的通货膨胀;较高的失业率伴随着较低的通货膨胀。这种关系用曲线表示则被称为菲利普斯曲线。

菲利普斯曲线是以英国经济学家菲利普斯(A. W. Phillips)名字命名的。菲利普斯在深入研究了英国一个多世纪的失业和货币工资的有关资料之后发现了失业和货币工资之间存在着一种负相关关系。

在图 8-4 中,当失业率在 $U_0$ 时,工资(从而物价水平)是稳定的,当失业率靠近 0 时,通货膨胀率非常高。通货膨胀率为 0 时的失业率即为自然失业率,它表明当经济达到自然失业率时,工资和物价都是稳定的。当失业率低于自然失业率时,就会产生通货膨胀。是否有必要达到自然失业率,取决于通货膨胀的成本和失业的成本,以及怎样在这些成本之间作出权衡。

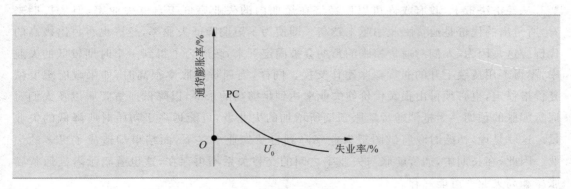

**图 8-4　菲利普斯曲线**

权衡这些成本时,要知道菲利普斯曲线的形状和所处的位置。如果想降低失业率,那么要知道通货膨胀率会提高多少。如果菲利普斯曲线非常陡峭,那么这个成本就很高;当菲利普斯曲线比较平缓时,政府为了抑制通货膨胀,必须付出较高失业率的代价。

### (二)菲利普斯曲线的移动

菲利普斯曲线所表明的关系得到了大多数经济学家的赞同,但有些经济学家也提出了不同的观点。

货币主义经济学家弗里德曼和菲利普斯认为,菲利普斯曲线表示的通货膨胀率和失业率的交替关系只有在价格水平的变化没有被预期到的情况下存在,即它是一种短期现象。在长期,菲利普斯曲线不再向右下方倾斜,而是垂直于横坐标自然失业率点上的一条直线。

如图 8-5 所示,假定一国经济处于自然失业率($U_f$)5%、通货膨胀率为 0 的状况。若这时政府采取扩张性财政政策或货币政策,或者两者同时使用,力争使失业率降低到 5% 以下,由于扩张性经济政策的实施,使得总需求增加,导致物价水平上升为 2%,如图中 $A$ 点所示。

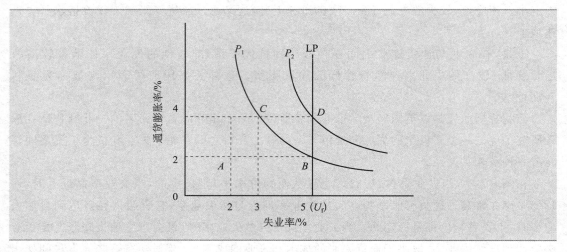

图 8-5　长期菲利普斯曲线

从经济决策上,政府或许可以使经济在短期内的失业率低于自然失业率,但从长期来看,所付出的代价是通货膨胀率越来越高。即使为了短期降低失业率,经济也将付出极高的代价。这是因为,人们对通货膨胀的预期会被固定下来,政府为了得到一个时期较低的失业率,不得不用持续上升的通货膨胀率作交换。同样,当通货膨胀率很高时,如果政府想要恢复价格稳定,也必须付出很大代价使失业率达到足够高的水平,以降低通货膨胀以及人们对通货膨胀的预期。为抵消通货膨胀预期所增加的失业量,可能远高于初始时所降低的失业量。这就是说,初始时政府试图把失业率降到自然失业率之下,而结果却造成了更多的失业。因此,在长期中,通货膨胀与失业率之间的交替关系不再存在,这也就暗示着高通货膨胀率和高失业率可能并存。

## 导入案例分析

一般通货膨胀率在适当的范围内上升,经济会随之繁荣,失业率下降;但如果超过这个范围,造成恶性通货膨胀,则经济会渐渐走向衰退,失业率也会上升。通货膨胀率低时失业率就高,原因有两个:一是失业率高时工资低,消费水平低,故而物价低;二是通货膨胀率低往往伴随着国家紧缩货币或者货币供应紧张,由此而引发企业资金不足,生产能力差,失业率就当然高。降低通货膨胀有很多措施,目的是让市面上流通的钱少一点,企业家能集到的钱就少一点,没有足够的钱,投资就跟着少一点,投资少了,岗位就不那么多了,很可能有的企业面对货币压力还会裁员,短时间内,失业率自然就会小幅上升。

## 项 目 小 结

　　失业与通货膨胀是现代经济发展的两大顽症,任何国家或地区的经济发展都无法避免这两大问题的冲击。由于这两大经济现象会对一国或地区的国民经济和居民生活造成巨大影响,因此,是宏观经济学的两大中心问题。失业是指有劳动能力、愿意接受收现行工资水平但仍然找不到工作的现象。经济学中所说的失业指的非自愿失业。失业可以分为摩擦性失业、结构性失业和周期性失业等不同的种类。失业会对国民经济造成巨大损失,奥肯定律即揭示了这一规律。其内容是,实际 GDP 增长相对于潜在 GDP 增长(美国一般将之定义为 3%)下降 2% 时,失业率上升大约 1%;当实际 GDP 增长相对于潜在 GDP 增长上升 2% 时,失业率下降大约 1%。宏观经济学的一大目标是实现充分就业,充分就业并不等于百分之百就业,而是一个社会中消灭了周期性失业时的状态,此时只剩下摩擦性失业和结构性失业,此时失业率即为自然失业率。通货膨胀一般指物价水平在一定时期内持续的、普遍的上升过程,或者说货币实际购买力在一定时期内持续的下降过程。衡量通货膨胀有三种主要价格指数:消费者价格指数(CPI),生产者价格指数(PPI),GDP 折算指数。其中消费者价格指数与居民日常生活最为相关,因而通常被作为衡量通货膨胀的指标。造成通货膨胀的原因主要有总需求拉动、成本推动和经济结构变化等。菲利普斯曲线是一条用来描述失业与通货膨胀之间关系的曲线。现代经济学认为,在短期中,失业与通货膨胀之间存在着替代关系,即政府可以通过一定的政策来牺牲失业率以降低通货膨胀率,反之也成立;在长期中,失业与通货膨胀之间并不存在替代关系,因而在长期中政府的宏观经济政策是无效的。

## 知识测试与能力训练

**一、名词解释**

失业　奥肯定律　通货膨胀　需求拉动型通货膨胀　成本推动型通货膨胀　菲利普斯曲线

**二、单项选择题**

1. 成本推动型通货膨胀是由于(　　　)。

　　A. 货币发行量超过流通中的黄金量

　　B. 货币发行量超过流通中的价值量

　　C. 货币发行量太多引起物价水平普遍持续上升

　　D. 以上都不是

2. 在通货膨胀中利益受损的人是(　　　)。

　　A. 债权人　　　　　　　　　　　　B. 债务人

　　C. 养老金收入者　　　　　　　　　D. 雇工

3. 成本推动型通货膨胀包括(　　　)。

　　A. 工资成本推动的通货膨胀　　　　B. 需求膨胀推动的通货膨胀

C. 货币过度发行导致通货膨胀 D. 部门间生产率增长差别导致通货膨胀

4. 造成通货膨胀的原因包括（　　）。

　　A. 需求拉动 B. 成本推动

　　C. 经济结构因素的变动 D. 上述都对

5. 引起结构性通货膨胀的主要原因在于（　　）。

　　A. 各部门工资相继上升 B. 货币需求过大

　　C. 部门间生产率提高快慢不同 D. 国际市场上的不稳定

6. 导致需求拉动型通货膨胀的因素有（　　）。

　　A. 投资需求增加 B. 货币供给减少

　　C. 政府支出减少 D. 政府收入增加

7. 下列（　　）不是根据通货膨胀的起因分类的。

　　A. 平衡的和非平衡的通货膨胀 B. 需求拉动型通货膨胀

　　C. 成本推动型通货膨胀 D. 结构性通货膨胀

8. 一般来讲,菲利普曲线是一条（　　）。

　　A. 向左上方倾斜的曲线 B. 向右下方倾斜的曲线

　　C. 水平线 D. 垂直线

9. 由于经济衰退而引起的失业是（　　）。

　　A. 周期性失业 B. 自然失业

　　C. 结构性失业 D. 摩擦性失业

10. 下列人员中属于失业的是（　　）。

　　A. 调动工作在家休养者 B. 半日工

　　C. 季节工 D. 待业在家的大学毕业生

### 三、多项选择题

1. 按失业产生的原因可将失业分为（　　）。

　　A. 摩擦性失业 B. 结构性失业

　　C. 周期性失业 D. 自愿性失业

　　E. 季节性失业

2. 长期中存在的失业称为自然失业,以下属于自然失业的是（　　）。

　　A. 摩擦性失业 B. 结构性失业

　　C. 周期性失业 D. 自愿性失业

　　E. 季节性失业

3. 失业对经济的影响主要反映为（　　）。

　　A. 浪费劳动力资源 B. 减少国内生产总值

　　C. 影响社会安定团结 D. 影响社会福利

　　E. 企业减产

4. 下列因素中,可能造成需求拉动型通货膨胀的有（　　）。

　　A. 过度扩张性的财政政策 B. 过度扩张性的货币政策

　　C. 消费习惯突然改变 D. 农业歉收

　　E. 劳动生产率突然降低

5. 按照价格上涨幅度加以区分,通货膨胀包括(　　　)。
　　A. 温和的通货膨胀　　　　　　　B. 奔腾的通货膨胀
　　C. 平衡式通货膨胀　　　　　　　D. 非平衡式通货膨胀
　　E. 恶性通货膨胀

6. 菲利普斯曲线表明(　　　)。
　　A. 失业率越低,通货膨胀率越低　　B. 失业率越低,通货膨胀率越高
　　C. 失业率越高,通货膨胀率越高　　D. 失业率越高,通货膨胀率越低
　　E. 失业率与通货膨胀率存在负相关关系

7. 菲利普斯曲线的特征有(　　　)。
　　A. 菲利普斯曲线斜率为负
　　B. 菲利普斯曲线是一条直线
　　C. 菲利普斯曲线与横轴相交的失业率为正值
　　D. 菲利普斯曲线不是一条直线
　　E. 菲利普斯曲线与横轴相交的失业率为0

## 四、判断题

1. 非平衡的通货膨胀是指每种商品价格上升的比例并不完全相同。(　　　)
2. 由于不同部门劳动生产率增长快慢不同导致的通货膨胀被称为需求拉动型通货膨胀。(　　　)
3. 成本推动型通货膨胀是工资推动的通货膨胀。(　　　)
4. 平衡和预期不到的通货膨胀,会影响人们的收入分配以及产量和就业。(　　　)
5. 菲利普斯曲线反映了通货膨胀率与通货膨胀压力之间的反向关系。(　　　)
6. 以衰退来降低通货膨胀率会引起失业率上升。(　　　)
7. 通货膨胀是指一般物价水平的显著上涨。(　　　)

## 五、简答题

1. 通货膨胀是如何分类的?
2. 治理通货膨胀有哪些方法?
3. 简析结构性通货膨胀及其原因。
4. 通货膨胀对经济会产生怎样的影响?
5. 试述通货膨胀的原因。
6. 需求拉动型通货膨胀是如何形成的? 对此应如何治理?

## 六、案例分析题

1. 如果你问一个普通人,为什么通货膨胀是坏事? 他将告诉你,答案是显而易见的,通货膨胀剥夺了他辛苦赚来的美元的购买力。当物价上升时,每一美元收入能购买的物品和劳务都少了。因此,看来通货膨胀直接降低了生活水平。

但进一步思考就发现这个回答有一个谬误。当物价上升时,物品与劳务的购买者为他们所买的东西支付得多了。但同时,物品与劳务的卖者为他们所卖的东西得到的也多了。由于大多数人通过出卖他的劳务,例如他的劳动,而赚到收入,所以收入的膨胀与物价的膨胀是同步的。因此,通货膨胀本身并没有降低人们的实际购买力。

人们相信这个通货膨胀谬误是因为他们没有认识到货币中性的原理。每年收入增加

10％的工人倾向于认为这是对他自己才能努力的奖励。当6％的通货膨胀率把这种收入增加降低为4％时,工人会感到他应该得到的收入被剥夺了。事实上,实际收入是由实际变量决定的,如物质资本、人力资本、自然资本和可以得到的生产技术。名义收入是由这些因素和物价总水平决定的。如果美联储把通货膨胀率从6％降到0,工人们每年的收入增加也会从10％降到4％。他不会感到被通货膨胀剥夺了,但他的实际收入并没有更快地增加。

如果名义收入倾向于与物价上升保持一致,为什么通货膨胀还是一个问题呢?结果是对这个问题并没有一个单一的答案。相反,经济学家确定了几种通货膨胀的成本。这些成本中的每一种都说明了持续的货币供给增长事实上以某种方式对实际变量有所影响。

(资料来源:曹勇.国外通货膨胀指数年金发展与启示.财经理论与实践,2008年第5期)

**问题:**

结合上述案例谈谈通货膨胀的影响。

2. 1997年下半年特别是1997年7月东亚金融危机爆发以后,我国国民经济开始感到需求不足的压力,其明显特征是:经济增长速度放缓,物价水平(消费价格指数)在低位运行,就业压力日渐增大,出口下降。出现需求不足的原因是:(1)1993年治理通货膨胀措施的惯性因素。改革开放以来,中国经济大体按照"增长—膨胀—治理—紧缩—停滞—放松—扩张"的轨迹发展。1992年邓小平"南方谈话"后,中国出现了新一轮的通货膨胀,1993年夏季开始实施以抑制通货膨胀为主要内容的紧缩政策,1996年年底成功实现了"软着陆"。这些紧缩政策在1997年、1998年继续出现滞后效应。(2)一系列改革政策特别是住房制度改革和社会保障制度改革的出台,改变了人们对未来的预期,人们的储蓄倾向增加,即期消费减少,导致消费需求不足,同时银行存款在利率不断下调的同时保持快速增长。(3)国有企业改革的推进导致部分行业、部分企业下岗工人增加,同时乡镇企业在变革中竞争力减弱,吸纳就业的能力下降,农村转移富余劳动力数量增加等,这些因素增加了全社会的就业压力。(4)亚洲金融危机造成周边国家购买力降低,造成中国产品出口下降,同时这些国家和地区对中国的境外直接投资也大量减少。

中国政府针对这种情况,1998年提出了扩大内需、拉动经济增长的方针。其主要政策包括:(1)增加国债发行,实施积极的财政政策。仅1998—2001年就发行长期建设国债5100亿元,用于高速公路、交通、水利和发电等工程的建设,刹住了投资下滑的势头。(2)稳健的货币政策在实际操作中是适度扩张。中央银行7次降低存贷款利率,增加了货币供应。(3)四大国有商业银行对国债投资项目的配套资金与财政拨款总额也大致相等。经过中国政府的努力,2000年年初,经济增长速度下滑的势头得到遏制,2000年、2001年、2002年和2003年GDP分别增长8％、7.5％、8.3％和9.3％。

(资料来源:和讯网.1997年亚洲金融危机始末.http://news.hexun.com/2008-09-17/108958771.html.2008-9-17)

**问题:**

(1) 什么是通货紧缩和通货膨胀?其主要特征是什么?

(2) 财政政策和货币政策的主要内容和实施工具是什么?

(3) 出现通货紧缩和通货膨胀时期,财政政策和货币政策应该如何操作?这些政策的优点和缺陷是什么?

(4) 2003年下半年以来,中国经济又出现了"过热",请结合实际简单谈谈自己的看法。

# C 项目9
## hapter 9 了解宏观经济政策

## 案例导入

日前,中国人民银行和财政部就货币和财政政策相继发声。中国人民银行决定下调部分金融机构存款准备金率置换中期借贷便利;财政部有关负责人则表示还在研究更大规模的减税、更加明显的降费措施。政策的调整意图均指向实体经济,既增强金融服务实体经济能力,也为企业降成本减负担。值得注意的是,多方分析指出,经济政策并未发生转向,不是搞大水漫灌,而是通过定向调控为实体经济护航,通过政策预调微调稳定市场预期。

1. 偿还 4500 亿元释放 7500 亿元

根据中国人民银行决定,从 2018 年 10 月 15 日起,下调大型商业银行、股份制商业银行、城市商业银行、非县域农村商业银行、外资银行人民币存款准备金率 1 个百分点,当日到期的中期借贷便利(MLF)不再续做。据央行有关负责人介绍,降准所释放的部分资金用于偿还 10 月 15 日到期的约 4500 亿元中期借贷便利(MLF),除去此部分,降准还可再释放增量资金约 7500 亿元。本次降准主要目的是优化流动性结构,增强金融服务实体经济能力。

当前,随着信贷投放的增加,金融机构中长期流动性需求也在增长。此时适当降低法定存款准备金率,置换一部分央行借贷资金,能够进一步增加银行体系资金的稳定性,优化商业银行和金融市场的流动性结构,降低银行资金成本,进而降低企业融资成本。同时,释放约7500亿元增量资金,可以增加金融机构支持小微企业、民营企业和创新型企业的资金来源。

2. 全年减税降费将超1.3万亿元

一边解决实体经济融资贵、融资难的问题,另一边则为实体经济降成本、轻负担。财政部部长刘昆日前表示,"我们还在研究更大规模的减税、更加明显的降费措施。"

今年以来,大力减税降费是积极财政政策的重要抓手。

减税力度加大。按照国际货币基金组织数据,2015年我国宏观税负为29%,世界各国平均水平为36.8%;2016年我国宏观税负为28.2%,2017年为27.2%,连续两年下降。今年在促进实体经济发展、支持科技创新等一系列措施下,预计全年减税降费规模超过1.3万亿元。如部分行业增值税税率从5月1日起下调,国内增值税前5个月平均增速为19.5%,自6月以来逐渐下降,8月已降至2.1%。

降费步子不停。今年以来,国务院常务会议多次聚焦降费措施,为企业减负。其中,9月上旬国务院常务会议强调,在社保征收机构改革到位前,各地要一律保持现有征收政策不变,同时抓紧研究适当降低社保费率,确保总体上不增加企业负担,以激发市场活力,引导社会预期向好。

3. 不搞大水漫灌,注重定向调控

在助力实体经济的同时,两部门同时强调,不搞大水漫灌,注重定向调控。

央行负责人指出,中国人民银行将继续实施稳健中性的货币政策,不搞大水漫灌,注重定向调控,保持流动性合理充裕,引导货币信贷和社会融资规模合理增长。

财政部也表示,积极的财政政策更加积极,绝不是要搞"大水漫灌"式的强刺激,而是要提高政策的前瞻性、灵活性、有效性,在扩大内需和结构调整上发挥更大作用。接下来,积极的财政政策将从加力减负、补齐短板、促进消费、节用裕民四方面发力。

同时,政策的预调、微调也在形成合力。

宏观经济政策调控,既要促进总量增长,又要实现结构优化,这需要货币政策和财政政策的协调配合来实现。通常货币政策在总量调控上发挥更大作用,财政政策则通过差别税率、财政支出方向等在实现调结构方面发挥更大的作用。近期政策调整兼顾总量和结构,货币供应适度放松,并通过利率等工具实现对不同领域的差异化引导;财政政策更加积极,减税降费落实得更好。各相关部门都在积极开展政策预调微调,为实体经济护航,为市场稳预期。

(摘自《人民日报海外版》《两个万亿意味着什么?》,2018年10月9日第3版)

**思考与讨论:**

1. 案例中的财政政策和货币政策分别指什么?

2. 降准、减税、降费属于财政政策还是货币政策?

3. 调整财政及货币政策的作用有哪些?

## 任务一　宏观经济政策概述

### 一、宏观经济政策的内涵与目标

#### (一) 宏观经济政策的定义及内涵

宏观经济政策是指国家或政府有意识、有计划地运用一定的政策工具,调节控制宏观经济的运行,以达到一定的政策目标。宏观调控是公共财政的基本职责。所谓公共财政,指的是为弥补市场失效,向社会提供公共服务的政府分配行为或其他形式的经济行为。

理解宏观经济政策的概念应注意下述几点:

(1) 从西方国家第二次世界大战后的实践来看,国家宏观调控的政策目标,一般包括充分就业、经济增长、物价稳定和国际收支平衡等。

(2) 宏观经济政策是指国家对整个国民经济进行宏观调控的政策。

(3) 宏观经济政策是指国家或政府运用其能够掌握和控制的各种宏观经济变量而制定的指导原则和措施。

(4) 严格来说,宏观经济政策是指财政政策和货币政策,以及收入分配政策和对外经济政策。除此以外,政府对经济的干预都属于微观调控,所采取的政策都是微观经济政策。

(5) 宏观经济政策是指政府为了达到宏观经济目标所采取的手段和措施。根据马克思主义原理,社会总产品在物质形式上分为生产资料(机器、原材料和燃料等)和消费资料(衣服、食物、住房、日用品等)。

#### (二) 宏观经济政策的目标

微观经济政策的目标是提高资源的配置效率,增进收入分配的平等程度,以提高社会福利。而在宏观经济学中,宏观经济政策的目标有四种,即充分就业、物价稳定、经济持续均衡增长和国际收支平衡。

▶ **1. 充分就业**

充分就业是宏观经济政策的第一目标。它在广泛意义上是指一切生产要素(包含劳动)都有机会以自己愿意的报酬参加生产的状态。但通常指劳动这一要素的充分就业。由于测定各种经济资源的就业程度非常困难,因此西方经济学家通常以失业率高低作为衡量充分就业与否的尺度。失业率指失业者人数对劳动力人数的比率。失业会给社会及失业者本人和家庭带来损失。失业给失业者本人及其家庭在物质生活和精神生活上带来了莫大痛苦,也使社会损失了本来应当可以得到的产出量。因此,降低失业率,实现充分就业,就常常成为西方宏观经济政策的首要或重要目标。需要说明的是,充分就业并不是指人人都有工作,即失业率等于零,而是维持一定的失业率,这个失业率要在社会允许的范围之内,能为社会所接受。美国多数学者认为4%的失业率即为充分就业,而一些较为保守的学者则认为应将失业率降至2%～3%以下。

#### ▶ 2. 物价稳定

物价稳定是宏观经济政策的第二个目标。物价稳定是指价格总体水平的稳定,它是一个宏观经济概念。由于各种商品价格变化繁杂、统计困难,西方学者一般用价格指数来表达一般价格水平的变化。同样需要说明的是,物价稳定是指维持一个低而稳定的通货膨胀率,这种通货膨胀率能为社会所接受,对经济也不会产生不利的影响。

#### ▶ 3. 经济增长

宏观经济政策的第三个目标是经济持续均衡增长。经济增长是指在一个特定时期内经济社会所生产的人均产量和人均收入的持续增长,这种增长率要既能满足社会发展需要,又是人口增长和技术进步所能达到的。通常用一定时期内实际国内生产总值年均增长率来衡量。经济增长和失业常常是相互关联的。如何维持较高的增长率以实现充分就业,是西方国家宏观经济政策追求的目标之一。

当然,经济的合理增长需要多种因素的配合,最重要的是要增加各种经济资源,如人力、财力、物力,并且要求各种经经济资源实现最佳配置。虽然目前世界上大多数国家的中央银行普遍将经济增长列为货币政策目标之一,但由于它在各国货币政策目标中所处的地位不同,其重要程度也不尽相同,就一国而言,在各个历史时期也并不一样。从美国来看,高度重视经济增长是在20世纪30—50年代,因为当时美国面临第二次世界大战之后的生产严重下降,以及随后出现的50年代初的经济衰退。而自20世纪70年代以来,尤其是1981年里根担任总统之后,货币政策目标则以反通货膨胀为重点。日本在第二次世界大战后也同样提出了发展经济的目标,但那是基于战后生产极度衰退而言的,实际上,在经济增长与稳定物价这两个目标的重点选择上,日本始终以稳定物价为主。不过也有例外,如韩国的货币政策目标曾一度以经济增长为主,稳定物价被置于次要位置。

#### ▶ 4. 国际收支平衡

根据国际货币基金组织的定义,国际收支是某一时期一国对外经济往来的统计表。国际收支平衡则是指既无国际收支赤字又无国际收支盈余。国际收支对现代开放型经济的国家是至关重要的。若一国国际收支中的自主性交易收支基本相等,说明该国国际收支平衡;若自主性交易收入大于支出,称为顺差;若自主性交易支出大于收入,则称为逆差。随着国际经济交往的密切,如何平衡国际收支也成为一国宏观经济政策的重要目标之一。因为一国国际收支出现失衡,无论是顺差或逆差,都会对本国经济造成不利影响,长时期的巨额逆差会使本国外汇储备急剧下降,并承受沉重的债务和利息负担;而长时期的巨额顺差,又会造成本国资源使用上的浪费,使一部分外汇闲置,特别是如果因大量购进外汇而增发本国货币,则可能引起或加剧国内通货膨胀。因此,所谓平衡国际收支目标,简言之,就是采取各种措施纠正国际收支差额,使其趋于平衡。

### (三)宏观经济政策目标间的关系

上述四种经济目标之间是存在矛盾的,因此宏观经济政策的四个目标要同时实现,是非常困难的事。在具体实施中,以某项货币政策工具来实现某一客观经济政策目标,经常会干扰其他货币政策目标的实现。因此,除了研究宏观经济政策目标的一致性以外,还必须研究四个目标之间的矛盾及缓解矛盾的措施。

（1）充分就业与物价稳定两个目标之间经常发生冲突。若要降低失业率，增加就业人数，就必须增加货币工资。若货币工资增加过少，对充分就业就无明显促进作用；若货币工资增加过多，致使其上涨率超过劳动生产率的增长，这种成本推进型通货膨胀必然导致稳定物价与充分就业两个目标发生冲突。例如，西方国家在20世纪70年代以前推行的扩张政策，不仅无助于实现充分就业和刺激经济增长，反而造成了"滞胀"局面。菲利普斯曲线表明，失业率与物价变动率之间存在着一种非此即彼的相互替换关系。也就是说，多一点失业，物价上涨率就低；相反，少一点失业，物价上涨率就高。因此，失业率和物价上涨率之间只可能有三种选择：一是失业率较高的物价稳定；二是通货膨胀率较高的充分就业；三是在物价上涨率和失业率的两极之间实行组合，即所谓的相机抉择，根据具体的社会经济条件进行正确的组合。

（2）充分就业与经济增长有一致的一面，也有矛盾的一面。一般而言，经济增长能够创造更多的就业机会，有利于充分就业；但经济增长速度中的技术进步又会引起资本对劳动的替代，相对地缩小对劳动的需求，使部分工人，尤其是文化技术水平低的工人失业。例如，片面强调就业，硬性分配劳动力到企业单位就业，造成人浮于事，效益下降，产出减少，导致经济增长速度放慢。

（3）充分就业与国际收支平衡之间也有矛盾。充分就业的实现引起国民收入增加，而在边际进口倾向既定的情况下，国民收入增加必然引起进口增加，从而使国际收支状况恶化。

（4）物价稳定与经济增长之间也存在矛盾。在经济增长过程中，通货膨胀是难以避免的。近100年的经济史也说明了这一点。近100年来，除经济危机和衰退外，凡是经济正常增长时期，物价水平都呈上升趋势，特别是第二次世界大战以后，情况更是如此。没有哪一个国家在经济增长时期，物价水平不是呈上涨趋势的。就我国而言，几十年的社会主义经济建设的现实也说明了这一点。20世界70年代资本主义经济进入滞胀阶段以后，有的国家甚至处于经济衰退或停滞阶段，物价水平也呈上涨趋势。从西方货币政策实践的结果来看，要使稳定物价与经济增长齐头并进并不容易。主要原因在于，政府往往较多地考虑经济发展，片面追求经济增长的高速度。例如，采用扩张信用和增加投资的办法，其结果必然造成货币发行量增加和物价上涨，使物价稳定与经济增长之间出现矛盾。

## 课堂案例

### 日本应对经济持续低迷采取的政策及效果评价

泡沫破灭后，日本政府一直致力于重振经济，从货币政策、财政政策等方面入手，采取了"双松"的财政政策和货币政策搭配、结构调整政策等多种措施，并进行了一些制度上的改革，但是政策效果十分有限。

（一）持续宽松的货币政策未达到预期效果

1．零利率政策

日本资产泡沫破灭后，为防止经济衰退，从1991年7月开始，日本银行多次下调贴现率，短期利率也随之下降。然而，由于公众悲观预期形成，对银行贷款的需求持续下降，货币供应量增速于 1992 年创下历史最低(仅为 0.2%),陷入了"流动性陷阱"。此外,金融机构不良资产过多,产生"惜贷"现象,货币政策传导机制不畅,致使积极的货币政策失灵。1999 年 2 月,日本银行再次宣布下调隔夜拆借利率,低至 0.15% 的水平,成为"零利率政策"的开端。

### 2. 量化宽松政策

在结束"零利率政策"的两年后,由于多项经济指标持续走弱,日本银行继续实施宽松的货币政策。2001 年 3 月 19 日,日本银行实施数量宽松的货币政策,引导利率水平持续下行。在长达十年的经济停滞后,日本经济从 2002 年开始出现复苏迹象。2006 年,日本银行结束了实施五年的数量宽松政策。但与其他发达国家比较,该时期日本的利率水平仍处于较低水平,日本试图继续保持低利率政策,为刺激经济增长提供宽松的货币环境。

2008 年金融危机爆发后,日本经济也受到金融危机的冲击,为了减轻影响,日本银行及时下调利率,为金融机构提供流动性。从 2008 年 10 月开始,日本银行重启量化宽松的货币政策,多次下调银行间无担保利率,至 2008 年 12 月,银行间无担保利率降至 0.1%,2010 年 10 月后一直保持在 0~0.1% 的范围。

### 3. 安倍经济学的超级量化宽松政策

2012 年 12 月,日本首相安倍晋三上台,开始加速实施一系列经济刺激政策,启动了超宽松的货币政策,被称为"安倍经济学"。2016 年 1 月再次实行负利率政策,日本进入"负利率＋QQE(定性和定量宽松)"时期,2016 年 9 月,货币政策会议后宣布实施附加收益率曲线控制的量化和质化宽松新政策框架。

安倍经济学的短期经济刺激效果较为明显。2013 年,安倍经济学的三支利箭发出后,日元开始大幅贬值,股票市场大幅上涨,出口也迅速上升。然而,不久之后,安倍经济学的副作用也开始显现。2013 年第一季度后,GDP 增速开始下降,第二、第三季度 GDP 增速分别为 2.6% 和 1.9%,经济运行中不确定性因素增加。超宽松的货币政策加剧了金融市场的动荡,大量海外投机资金流入股票市场,使股票价格剧烈波动。尽管日本银行通过公开市场操作购买了大量国债,试图压低长期国债收益率,然而并未达到预期效果。

### (二)摇摆不定的财政政策收效甚微

由于受财政赤字的制约,日本政府未能始终如一地坚持扩张性财政政策,财政政策的摇摆不定反而加剧了经济波动。

### 1. 从放松到紧缩的财政政策

针对 1990 年年初出现的经济衰退,日本政府于 1991 年下半年开始实施扩张性财政政策,主要包括增加公共投资和财政支出、降低税率等,以配合货币政策的实施。然而,扩张性财政政策也未能遏制经济衰退,反而令日本政府债台高筑,1999 年政府债务达到国民生产总值的 130%。1995 年四季度日本经济环境略有好转,尤其是 1996 年日本经济增长率为 5.1%,对此,日本政府以为经济彻底摆脱了萧条,同时为了解决长期严重的财政赤字,放弃了扩张性财政政策,转而实施紧缩性财政政策,1997 年,日本政府宣布将消费税由 3% 提高至 5%,并实施紧缩开支和压缩赤字的方案。该财政方案使总需求大幅减少,经济增速立即回落,陷入更加严重的衰退。

2. 再次放松的财政政策

面对经济形势的进一步恶化,日本政府于1997年12月宣布减少所得税,1998年4月,桥本内阁宣布了日本历史上最大的综合经济对策,主要内容包括:通过扩大政府开支、降低税率等方式刺激国内需求,拉动经济增长,改善经济结构,尽快解决不良债权。尽管实施了"双松"的财政货币政策,但实际效果并不明显。

3. 安倍政府的财政刺激计划

2013年1月11日,安倍政府按照原计划出台了最大规模的财政刺激计划,包括经济文化复兴防灾对策、创造增长条件下的财富、生活和地区繁荣三个方面的内容,总规模为3兆8000亿日元。

对日本而言,经济衰退的根源在于经济结构的失衡,其中虽有一定货币因素催化,但诸如人口老龄化、预期因素和外部冲击等非货币因素在更大程度上导致了日本的经济衰退。因此,采用总量扩张的方法来解决结构性问题,只能在短期内改善相关经济指标,长期来看,宽松的货币政策和财政政策无异于饮鸩止渴,掩盖本质性问题,使体制因素不断堆积,政策效率会大打折扣。由此可见,在短期内,需求侧管理政策是有效的,能够起到熨平经济短期波动的作用,但政策效果有限,尤其是在长期,单纯的总量政策和需求政策可能会恶化宏观经济均衡的局势。因此,不能高估宏观政策的作用,更不能过度依赖总量政策。财政政策在短期内效果明显,但不适合长期使用,主要是因为财政支出的增加容易造成大量低效的重复建设,形成资源浪费。在经济衰退较为严重时,容易陷入"流动性陷阱",此时货币政策是失效的,因此也不宜频繁使用。

(资料来源《日本经济"推动的二十年"及政策启示》,范立夫,王永桓,周继燕著,《国际金融》,2018年7期,(96—97页))

通过以上案例我们能够得出,在实际经济运行中,要同时实现充分就业、价格稳定、经济持续均衡增长和国际收支平衡四个目标是非常困难的。宏观经济政策目标之间的矛盾,要求政策制定者或者确定重点政策目标,或者对这些政策目标进行协调。政策制定者在确定宏观经济政策时,既要考虑国内外各种政治因素,又要受自己对各项政策目标重要程度的理解,以及社会可接受程度的制约。要实现既定的经济政策目标,首先,政府运用的各种政策手段必须相互配合、协调一致。如果财政当局与货币当局的政策手段和目标发生冲突,就达不到理想的经济效果,甚至可能偏离政策目标更远。其次,政府在制定目标时,不能追求单一目标,而应该综合考虑,否则会带来经济上和政治上的副作用。

## 二、宏观经济政策工具

宏观经济政策工具是用来达到政策目标的手段。一般来说,政策工具是多种多样的,每一种政策工具都有自己的作用,但往往可以达到相同的政策目标。政策工具的选择与运用是一门艺术。在宏观经济政策工具中,常用的有需求管理、供给管理等。

### (一) 需求管理

需求管理是通过调节总需求来达到一定政策目标的宏观经济政策工具。这也是凯恩斯主义经济学家所重视的政策工具。凯恩斯主义产生于20世纪30年代大危机时期。这时经济中资源严重闲置,总供给不是限制国民收入增加的重要因素,经济中的关键问题是总需求不足。凯恩斯主义的国民收入决定理论,是在假定总供给无限的条件下说明总需求对国民收入的决定作用。因此,由这种理论所引出的政策工具就是需求管理。

需求管理是要通过对总需求的调节,实现总需求等于总供给,达到既无失业又无通货膨胀的目标。在总需求小于总供给时,经济中会由于需求不足而产生失业,这时就要运用扩张性的政策工具来刺激总需求。在总需求大于总供给时,经济中会由于需求过度而引起通货膨胀,这时就要运用紧缩性的政策工具来抑制需求。需求管理包括财政政策与货币政策。

### (二)供给管理

20世纪70年代初,石油价格大幅度上升对经济的严重影响,使经济学家们认识到了总供给的重要性。总需求—总供给模型分析了总供给对国民收入和价格水平的影响。因此,宏观经济政策工具中就不能只有需求管理,还要有供给管理。

供给管理是通过对总供给的调节来达到一定的政策目标。供给即生产,在短期内,影响供给的主要因素是生产成本,特别是生产成本中的工资成本。在长期内,影响供给的主要因素是生产能力,即经济潜力的增长。因此,供给管理包括控制工资与物价的收入政策、消除通货膨胀引起的不利影响、对付通货膨胀的指数化政策、改善劳动力市场状况的人力政策,以及促进经济增长的增长政策。

# 任务二 财政政策

## 一、财政政策的含义

财政政策是国家干预经济的主要政策之一。财政政策的一般定义:为促进就业水平提高、减轻经济波动、防止通货膨胀、实现稳定增长而对政府支出、税收和借债水平所进行的选择,或对政府收入和支出水平所作的决策。

### (一)财政政策的形成和发展

财政政策是随着社会生产方式的变革而不断发展的。在奴隶社会和封建社会,由于受自给自足的自然经济制约,国家不可能大规模组织社会经济生活。奴隶主和地主阶级的财政政策主要为巩固其统治地位的政治职能服务。在资本积累阶段和资本主义形成时期,统治者一般都推行掠夺性财政政策,以加快资本积累的过程。

西方国家的经济是市场经济,但政府也直接参与经济活动,并在经济生活中起着十分重要的作用。早期的资本主义国家,一般都实行简政轻税、预算平衡的财政政策,以利于自由资本主义的发展。国家垄断资本主义时期,生产社会化与资本主义私有制的矛盾日益激化,政府的经济职能逐渐增强,财政政策不仅为实现国家政治职能服务,而且成为政府干预和调节社会经济生活的重要工具。20世纪30年代凯恩斯主义产生后,财政政策成为调节经济、挽救经济危机的重要手段:在经济衰退时期实行扩张性财政政策,以刺激社会总需求,加快经济复苏;在经济高涨时期则实行紧缩性财政政策,以减少社会总需求,延缓经济危机的来临。

在西方国家,近几十年来政府参与经济活动的规模有了显著增长。以政府支出为例,现在的美国政府支出大约占 GDP 的 1/3,而在第一次世界大战前的 1913 年,政府支出还不足 GDP 的 1/10。需要指出的是,美国政府支出在 GDP 中的比例按经济规模来说在主要工业化国家中还是比较小的,在法国和德国,政府支出接近 GDP 的一半。

### (二)财政政策的主体及分级管理

政策主体指的是政策制定者和执行者。财政政策由国家制定,代表统治阶级的意志和利益,具有鲜明的阶级性,并受一定的社会生产力发展水平和相应的经济关系的制约。财政政策是国家整个经济政策的组成部分,同其他经济政策有着密切的联系。财政政策的制定和执行,要有金融政策、产业政策、收入分配政策等其他经济政策的协调配合。其内容包括:社会总产品、国民收入分配政策、预算收支政策、税收政策、财政投资政策、财政补贴政策、国债政策、预算外资金收支政策等。它们之间是相辅相成的关系。

根据财权和事权相一致的原则,西方国家普遍采取分级管理的财政体制。在财政分级管理体制下,税收被划分为中央税、地方税和中央地方共享税三种,分别规定为中央政府和地方政府的财政收入来源。支出也同样被划分为中央政府支出和地方政府支出,并各自规定了相应的支出范围。中央政府对地方政府的调节,则主要依靠税收返还制度和中央政府支出对地方政府的财政补助形式进行。中央政府财政预算与地方财政预算各自分开,自求平衡。

财政政策的主体只能是各级政府,主要是中央政府。各级政府主体的行为是否规范,对政策功能的发挥和政策效应的大小都具有关键作用。在一些财政政策研究和执行文献中,往往重视政策目标与政策工具,而忽视政策主体的行为与偏好,这有失全面。事实上,在政策的执行中,违背政策目标和滥用政策工具,往往是政策主体的行为不当导致的后果。

## 二、财政政策工具

国家财政由政府收入和支出两个方面构成,其中政府支出包括政府购买和转移支付,而政府收入则包含税收和公债两个部分。

### (一)政府支出

政府支出是指整个国家中各级政府支出的总和,由许多具体的支出项目构成,主要可分为政府购买和政府转移支付两类。

政府购买是指政府对商品和劳务的购买。如购买军需品、购买机关办公用品、发放政府雇员报酬、实施公共项目工程所需的支出都属于政府购买。政府购买是一种实质性支出,有着商品和劳务的实际交易,因而直接形成社会需求和购买力,是国民收入的一个组成部分。因此,政府购买支出是决定国民收入的主要因素之一,其规模直接关系到社会总需求的增减。购买支出对整个社会总支出水平具有十分重要的调节作用。在总支出水平过低时,政府可以提高购买支出水平,如举办公共工程,增加社会整体需求水平,以此同衰退进行斗争。

反之,当总支出水平过高时,政府可以采取减少购买支出的政策,降低社会总体需求,以此来抑制通货膨胀。因此,变动政府购买支出水平是财政政策的有力手段。

政府支出中另一部分是转移支付。与政府购买不同,政府转移支付是指政府在社会福利保险、贫困救济和补助等方面的支出。这是一种货币性支出,政府在付出这些货币时并无相应的商品和劳务的交换发生,是一种不以取得本年生产出来的商品和劳务作为报偿的支出。因此,转移支付不能算作国民收入的组成部分。它所做的仅仅是通过政府将收入在不同社会成员之间进行转移和重新分配,全社会的总收入并没有变动。据此,政府对农业的补贴也被看作是政府转移支付。转移支付是政府支出的重要组成部分,因此,政府转移支付也是一项重要的财政政策工具。它同样能够通过转移支付乘数作用于国民收入。一般来讲,在总支出不足时,失业会增加,这时政府应增加社会福利费用,提高转移支付水平,从而增加人们的可支配收入和消费支出水平,社会有效需求因而增加;在总支出水平过高时,通货膨胀率上升,政府应减少社会福利支出,降低转移支付水平,从而降低人们的可支配收入和社会总需求水平。除了失业救济、养老金等福利费用外,其他转移支付项目如农产品价格补贴也应随经济风向而改变。

政府支出中各个构成部分在支出总额中的相对重要性是会变化的。拿美国来说,从1950年到1970年再到1990年,随着"冷战"的逐步结束,国防费在联邦支出中的比重从51%降到45%再降到27%,但由于老龄人口的增加,包括为老龄人口支付养老金在内的社会保障支出所占比重从11%增加到22%再增加到33%,同时,由于公债利息支出所占比重逐渐增长,因而,在政府支出中政府购买部分相对转移支付部分变大了。

## (二) 政府收入

### ▶ 1. 税收

税收是政府收入中最主要的部分,它是国家为了实现其职能按照法律预先规定的标准,强制地、无偿地取得财政收入的一种手段,因此税收具有强制性、无偿性、固定性三个基本特征。正因如此,税收可作为实行财政政策的有力手段之一。西方国家财政收入的增长,在很大程度上来源于税收收入的增长。

税收依据不同标准可以作不同的分类。根据课税对象,税收可分为三类:财产税、所得税和流转税。财产税主要指对不动产即土地和土地上建筑物等所征收的税。遗产税一般包含在财产税中。所得税是对个人和公司的所得征税。在西方政府税收中,所得税占有很大比重,因此所得税税率的变动对经济活动会产生重大影响。流转税则是对流通中商品和劳务买卖的总额征税。增值税是流转税的主要税种之一。

根据收入中被扣除的比例,税收可以分为累退税、累进税和比例税。累退税是税率随征税客体总量增加而递减的一种税。比例税是税率不随征税客体总量变动而变动的一种税,即按固定比例从收入中征税,多适用于流转税和财产税。累进税是税率随征税客体总量增加而增加的一种税。西方国家的所得税多属于累进税。这三种税通过税率的高低及其变动来反映赋税负担轻重和税收问题的关系。因此税率的大小及其变动方向对经济活动如个人收入和消费会直接产生很大影响。

税收作为一种政府收入手段,既是西方国家财政收入的主要来源,也是国家实施财政政策的一个重要手段。与政府购买支出、转移支付一样,税收同样具有乘数效应,即税收的变动对国民收入的变动具有倍增作用。税收乘数有两种:一种是税率的变动对总收入的影响;另一种是税收绝对量的变动对总收入的影响。因此,税收作为政策工具,当被用来调节社会总需求时,既可以通过改变税率来实现,也可以通过变动税收总量来实现,如通过一次性减税来达到刺激社会总需求增加的目的。就税率而言,由于所得税是税收的主要来源,因此,改变税率主要是变动所得税的税率。一般来说,降低税率、减少税收都会引致社会总需求增加和国民产出的增长;反之则引起社会总需求和国民产出的降低。因此在需求不足时,可采取减税措施来抑制经济衰退,在需求过旺时可采取增税措施来抑制通货膨胀。

▶ 2. 公债

当税收不足以弥补政府支出时,政府就会发行公债,使公债成为政府财政收入的又一组成部分。公债是政府对公众的债务,或公众对政府的债权。它不同于税收,是政府运用信用形式筹集财政资金的特殊形式,包括中央政府的债务和地方政府的债务。中央政府的债务称国债。政府借债一般有短期债、中期债和长期债三种形式。短期债一般通过出售国库券取得,主要进入短期资金市场(货币市场),利息率较低,期限一般为 3 个月、6 个月和 1 年三种。中长期债一般通过发行中长期债券取得,期限在 1 年以上 5 年以下的为中期债券,5 年以上的为长期债券。美国长期债券最长的为 40 年。中长期债券利息率也因时间长、风险大而较高。中长期债券是西方国家资本市场(长期资金市场)上最主要的交易品种之一。因此,政府公债的发行,一方面能增加财政收入,影响财政收支,属于财政政策;另一方面又能对包括货币市场和资本市场在内的金融市场的扩张和紧缩起重要作用,影响货币的供求,从而调节社会的总需求水平。因此,公债也是政府实施宏观调控的经济政策工具。

## 三、财政政策的分类

### (一) 自动稳定的财政政策和相机抉择的财政政策

根据财政政策调节经济周期的作用来划分,将财政政策分为自动稳定的财政政策和相机抉择的财政政策。

▶ 1. 自动稳定的财政政策

自动稳定的财政政策是指财政制度本身存在一种内在的、不需要政府采取其他干预行为就可以随着经济社会的发展,自动调节经济运行的机制。这种机制也被称为财政内在稳定器。主要表现在三个方面:第一,个人所得税和企业所得税的累进所得税的自动稳定作用。在经济萧条时,个人和企业利润降低,符合纳税条件的个人和企业数量减少,因而税基相对缩小,使用的累进税率下降,税收自动减少。因税收的减少幅度大于个人收入和企业利润的下降幅度,税收便会产生一种推力,防止个人消费和企业投资的过度下降,从而起到反经济衰退的作用。在经济过热时期,其作用机理正好相反。第二,政府福利支出的自动稳定作用。如果经济出现衰退,符合领取失业救济和各种福利标准的人数增加,失业救济和各种福利的发放趋于自动增加,从而有利于抑制消费支出的持续下降,防止经济的进一步衰退。在经济繁荣时期,其作用机理正好相反。第三,是农产品价格维持制度。经济萧条时,国民收入下降,农产品价格下降,政府依照农产品价格维持制度,按支持价格收购农产品,可使农民收入和消费维持在一定水平上。经济繁荣时,国民收入水平上升,农产品价格上升,这时政府减少对农产品的收购并抛售农产品,限制农产品价格上升,也就抑制了农民收入的增长,从而也就减少了总需求的增加量。总之,政府税收和转移支付的自动变化、农产品价格维持制度对宏观经济活动都能起到稳定作用。它们都是财政制度的内在稳定器和应对经济波动的第一道防线。

▶ **2. 相机抉择的财政政策**

相机抉择的财政政策,是指政府根据一定时期的经济社会状况,主动灵活地选择不同类型的反经济周期的财政政策工具,干预经济运行,实现财政政策目标。由于政府收支中转移支付和税收通过乘数作用所产生的效果比一般自发性支出(如投资支出和政府购买支出)所能产生的效果要小,因此虽然各种自动稳定器一直在起作用,但作用毕竟有限,特别是对于剧烈的经济波动,自动稳定器更难以扭转。因此,西方经济学者认为,为确保经济稳定,政府要审时度势,主动采取一些财政措施,变动支出水平或税收以稳定总需求水平,实现接近物价稳定的充分就业水平。这就是相机抉择或斟酌使用的财政政策。在20世纪30年代的世界经济危机中,美国实施的罗斯福—霍普金斯计划(1929—1933年)、日本实施的时局匡救政策(1932年)等,都是相机抉择财政政策选择的范例。相机抉择财政政策包括汲水政策和补偿政策。

(1)汲水政策是指经济萧条时期进行公共投资,以增加社会有效需求,使经济恢复活力的政策。汲水政策有以下几个特点:①它是以市场经济所具有的自发机制为前提,是一种诱导经济恢复的政策;②它以扩大公共投资规模为手段,启动和活跃社会投资;③财政投资规模具有有限性,即只要社会投资恢复活力,经济实现自主增长,政府就不再投资或缩小投资规模。

(2)补偿政策是指政府有意识地从当时经济状况反方向上调节经济景气变动的财政政策,以实现稳定经济的目的。在经济萧条时期,为降低通货紧缩的影响,政府通过增加支出、减少收入的政策来增加投资和消费需求,增加社会有效需求,刺激经济增长;反之,经济繁荣时期,为抑制通货膨胀,政府会通过增加收入、减少支出等政策来抑制和减少社会过剩需求,减少经济波动。

从20世纪30年代初美国罗斯福的"新政"到60年代初肯尼迪的繁荣,在一定的限度内,都是政府运用这套财政政策来提高有效需求的结果。但是20世纪60年代后期以后"滞胀"局面的出现,使人们对这种政策提出了怀疑。这说明相机抉择的财政政策的作用同样具有局限性。因为在实际经济活动中存在各种各样的限制因素影响着这种财政政策作用的发挥。首先是时滞。认识总需求的变化、变动财政政策以及乘数作用的发挥都需要时间。其次是不确定性。实行财政政策时,政府主要面临两个方面的问题:一是乘数大小难以准确地确定。而在这一时间内,总需求特别是投资可能会发生戏剧性的变化,这就可能导致决策失误。二是外在的不可预测的随机因素的干扰,也可能导致财政政策达不到预期结果。此外,还存在财政政策的"挤出效应"问题。所以实行积极的财政政策时必须全面考虑这些因素的影响,尽量使其效果接近预期目标。

（二）扩张性财政政策、紧缩性财政政策和中性财政政策

根据财政政策调节国民经济总量和结构中的不同功能来划分，将财政政策划分为扩张性财政政策、紧缩性财政政策和中性财政政策。

（1）扩张性财政政策，又称积极的财政政策，是指通过财政分配活动来增加和刺激社会的总需求。主要措施有增加国债、降低税率、提高政府购买和转移支付。

（2）紧缩性财政政策，又称适度从紧的财政政策，是指通过财政分配活动来减少和抑制总需求。主要措施有减少国债、提高税率、减少政府购买和转移支付。

（3）中性财政政策，又称稳健的财政政策，是指财政的分配活动对社会总需求的影响保持中性。

## 四、财政政策的运用

很多时候，为了达到某种经济目标，实现最优的政策效应，不能只采用一种财政政策工具，而是把各种财政政策工具配合使用。这种协调与配合既包括各种财政政策工具的配合使用，也包括国内外政策的协调。只有政策的协调与配合得当，才能获得最理想的政策效应。

财政政策的基本政策手段就是政府对支出和税收的调节，其实施的基本原则是"逆经济风向行事"。即在经济萧条时，总需求小于总供给，经济中存在失业，政府要以扩张性的财政政策，即增加政府支出与减税，来增加社会总需求，以实现充分就业；而在经济繁荣时，总需求大于总供给，经济中存在通货膨胀，政府则要采取紧缩性财政政策，即减少政府支出与增税，来抑制总需求，以实现物价稳定，缓解通货膨胀的压力。

在20世纪50年代，美国等西方国家就是采取了这种"逆经济风向行事"的财政政策，其目的在于实现既无失业又无通货膨胀的经济稳定。60年代以后，为了实现充分就业与经济增长，美国的财政政策则以扩张性的财政政策为基调，强调通过增加政府支出与减税来刺激经济。特别是在1962年肯尼迪政府时期，曾进行了全面的减税。个人所得税减少20%，最高税率从91%降至65%，公司所得税税率从52%降到47%，还采取了加速折旧、投资减税优惠等变相的减税政策。这些对经济起到了有力的刺激作用，造成60年代美国经济的繁荣。70年代之后，美国在其财政政策的运用中又强调了微观化，即对不同的部门与地区实行不同的征税方法，制定不同的税率，个别地调整征税范围，以及调整政府对不同部门与地区的拨款、支出政策，以求得经济的平衡发展。80年代里根政府上台之后，制定了以供给学派理论为依据的经济政策，其中最主要的一项也是减税。但应该指出的是，供给学派的减税不同于凯恩斯主义的减税。凯恩斯主义的减税是为了刺激消费与投资，从而刺激总需求；而供给学派的减税是为了刺激储蓄与个人的工作积极性，以刺激总供给。90年代之后，诺贝尔经济学奖获得者蒙代尔证明了在开放经济条件下，财政政策稳定经济的作用要小于货币政策。从此之后，美国及其他国家政府在调节经济时更偏重于用货币政策。

### 课堂案例

"面对新形势，新问题，新挑战，积极的财政政策不能偏离中国经济高质量发展的总体要

求。"中国社会科学院副院长、学部委员高培勇日前在出席"2018 杭州湾论坛"时提出上述观点。

高培勇表示,中央政治局会议针对下半年经济工作提出了稳就业、稳金融、稳外贸、稳外资、稳投资、稳预期的"六稳"政策,与十年前反国际金融危机时提出的政策相比,去掉了稳增长。

"这是决策层传递的非常重要的信号。"高培勇指出,与高速增长阶段大不相同,现阶段中国经济所面对的主要矛盾是结构问题而非总量问题,矛盾的主要方面在供给侧而非需求侧;中国宏观经济政策的主线是供给侧结构性改革而非需求管理。经济下行压力固然集中体现于实施需求管理的必要性上,但相对于优化供给结构、提高供给质量,扩大需求不仅是次要目标,其操作亦须掌握在"适度"范围内,不可"大水漫灌",中国宏观调控所依托的根本途径是深化改革而非政策安排。

"经济下行压力固然要求和决定着政策层面的相机抉择,但相对于体制机制性变革,相对于推进各种基础性改革,短期'对冲性'逆向操作的功效绝对不可同日而语。"高培勇认为。

"试想一下,当你提出财政政策如何做的时候,你心目当中的财政政策是什么样子?我揣摩,不少人把财政政策都放到了需求管理这一条主线上面去,搞扩张。"高培勇表示,"怎么扩张,第一靠减税降费,第二靠扩大基建投资,第三是加大财政赤字。理念、思想、战略在某种意义上不自觉地、下意识地又回到了十年前的轨道。"

高培勇指出,面对新形势,新问题,新挑战,积极的财政政策不能偏离中国经济高质量发展的总体要求。十年前减税降费是为了扩需求,对稳增长有利,现在的减税降费是为了降成本,降企业和实体经济的成本。以降成本为主要目标,特别是为实体经济降成本,减税降费所聚焦的对象,主要是企业。因而,减税降费是结构性的而非总量性的——有明确的操作指向而非不分青红皂白地减和降。

谈及扩大赤字时,"一定要以防风险作为重要约束条件之一。当前正在进行的三大攻坚战之首是防范化解重大风险,其中重要的是金融风险,更重要的是地方政府的债务风险。因此,此时提及扩大财政赤字一定需要有底线思维,不能跨越财政赤字占 GDP 比重的 3%,要守住这一条底线。"高培勇称。

(资料来源《经济参考报》《中国社科院副院长高培勇:积极财政政策不能偏离高质量发展的要求》,2018 年 10 月 24 日,http://www.jjckb.cn/2018-10/24/c_137553797.htm)

# 任务三 货币政策

货币政策在宏观经济政策中的作用是不断加强的。凯恩斯认为,由于人们心理上对货币的偏好,利率的下降是有一定限度的,所以依靠降低利率来刺激私人投资的货币政策的效果是有限的。宏观经济政策的重点在于财政政策,尤其是大规模的公共工程投资。20 世纪 60 年代以后,美国的凯恩斯主义经济学家强调货币政策与财政政策同样重要,主张双管齐下,以促进经济繁荣。70年代后期,由于通货膨胀严重,西方各国又采用了货币主义经济学家所主张的控制货币供给量的政策。2007年美国金融危机爆发后,货币政策又被作为刺激经济的工具。

## 一、货币及银行体系

### (一)货币基本知识

西方经济学家认为,货币是人们普遍接受的、充当交换媒介的东西。正如美国经济学家、货币主义领袖弗里德曼所说的,货币"是一个共同的、普遍接受的交换媒介"。第一,交换媒介,即作为一种便利于交换的工具。这是货币最基本的职能。这种职能包括在延期支付时作为支付手段的职能。第二,计价单位,即用它的单位来表示其他一切商品的价格。这是货币作为交换媒介的必要条件。第三,贮藏手段,即作为保存财富的一种方式。这是货币作为交换媒介的延伸。

目前流行的货币主要有这样几类:

(1)纸币。它是由中央银行发行的,由法律规定了其地位的法偿货币。纸币的价值取决于它的购买力。

(2)铸币。它是小额币值的辅币,一般用金属铸造。

以上两种货币被称为通货或现金。

(3)存款货币。又称银行货币或信用货币,是商业银行中的活期存款。活期存款可以用支票在市场上流通,所以是一种可以作为交换媒介的货币。

(4)近似货币。又称准货币,是商业银行中的定期存款和其他储蓄机构的储蓄存款。这种存款在一定的条件下可以转为活期存款,通过支票流通,因此被称为近似货币。

(5)货币替代物。是指在一定条件下可以暂时代替货币起到交换媒介作用的东西。比如信用卡,它本身并不是货币,也不具有货币的职能,只是代替货币执行交换媒介的职能。

在经济学中,一般把货币分为M1和M2,M1被称为狭义的货币,M2被称为广义的货币,用公式可以表示为

$$M1=通货+商业银行活期存款 \tag{9-1}$$
$$M2=M1+定期存款与储蓄存款 \tag{9-2}$$

### (二)商业银行和中央银行

货币政策要通过银行制度来实现。在银行制度方面,西方主要国家的金融机构并不完全相同。但是大致说来,它们的金融机构包括金融中介机构和中央银行两类。金融中介机构最主要的是商业银行,其他的还有储蓄和贷款协会、信用协会、保险公司、私人养老基金等。

商业银行之所以称为商业银行,是因为早先向银行贷款的人都经营商业,但后来工业、农业、建筑业、消费者也都日益依赖商业银行融通资金,故其客户遍及经济各部门,业务也多种多样。商业银行的主要业务是负债业务、资产业务和中间业务。负债业务主要是吸收存款,包括活期存款、定期存款和储蓄存款。资产业务主要包括放款和投资两类业务。放款业务是为企业提供短期贷款,包括票据贴现、抵押贷款等。投资业务就是购买有价证券以取得

利息收入。中间业务是指代为顾客办理支付事项和其他委托事项,从中收取手续费的业务。

中央银行是一国的最高金融当局,它统筹管理全国的金融活动,实施货币政策以影响经济。当今世界除了少数地区和国家,几乎所有已独立的国家和地区都设立了中央银行。它在美国是联邦储备体系(简称美联储),在英国是英格兰银行,在法国是法兰西银行,在德国是德意志银行,在日本是日本银行,在中国是中国人民银行。一般认为,中央银行具有三个职能:

(1)作为发行的银行,发行国家的货币。

(2)作为银行的银行,既为商业银行提供贷款(用票据再贴现、抵押贷款等办法),又为商业银行集中保管存款准备金,还为商业银行集中办理全国的结算业务。

(3)作为国家的银行,中央银行具有以下职能:第一,它代理国库,一方面根据国库委托代收各种税款和公债价款等收入作为国库的活期存款,另一方面代表国库拨付各项经费,代办各种付款与转账;第二,提供政府所需资金,既用贴现短期国库券等形式为政府提供短期资金,也用帮助政府发行公债或直接购买公债方式为政府提供长期资金;第三,代表政府与外国发生金融业务关系;第四,执行货币政策;第五,监督、管理全国金融市场的活动。

### (三)银行创造货币的机制

在货币政策调节经济的过程中,商业银行体系创造货币的机制是十分重要的。这一机制与法定准备金制度、商业银行的活期存款,以及银行的贷款转化为客户的活期存款等制度是相关的。

商业银行资金的主要来源是存款。为了应对存款客户随时取款的需要,确保银行的信誉与整个银行体系的稳定,银行不能把全部存款放出,必须保留一部分金额,称为存款准备金。在现代银行制度中,法定准备金率是中央银行以法律形式规定的商业银行在所吸收存款中必须保持的准备金的比例。商业银行在吸收存款后,必须按法定准备金率保留准备金,其余的部分才可以作为贷款放出。例如,假设法定准备金率为20%,那么商业银行在吸收了100万元存款后,先要留出20万元准备金,其余80万元方可作为贷款放出。

商业银行的活期存款就是货币,它可以用支票在市场上流通。所以,活期存款的增加就是货币供给量的增加。客户在得到商业银行的贷款以后,一般并不取出现金,而是把所得到的贷款作为活期存款存入同自己有业务往来的商业银行,以便随时开支票使用。因此,银行贷款的增加又意味着活期存款的增加、货币供给量的增加。这样,商业银行的存款与贷款活动就会创造货币,在中央银行货币发行量并未增加的情况下,使流通中的货币量增加。而商业银行所创造货币的多少,取决于法定准备金率。

假定法定准备金率为20%,再假定银行客户会将其一切货币收入以活期存款形式存入银行。在这种情况下,甲客户将100万元存入自己有账户的A银行,银行系统就因此增加了100万元的存款。A银行按法定准备金率保留20万元作为准备金存入中央银行,其余80万元全部贷出,得到80万元贷款的乙客户将贷款存入另一家商业银行B,该商业银行又增加了80万元的存款,扣除法定准备金后,B银行又可放贷64万元;得到这笔贷款的丙客户又会把这笔贷款存入另一个商业银行C,该商业银行又可放款51.2万元。由此,不断存贷下去,各银行的存款总和是:

$$100+80+64+51.2+\cdots$$
$$=100\times(1+0.8+0.8^2+0.8^3+\cdots+0.8^{n-1})$$
$$=100\div(1-0.8)$$
$$=500(万元)$$

而贷款总和是：

$$80+64+51.2+\cdots$$
$$=100\times(0.8+0.8^2+0.8^3+\cdots+0.8^n)$$
$$=400(万元)$$

从以上例子可见，存款总和(用 $D$ 表示)同这笔原始存款(用 $R$ 表示)及法定准备率(用 $r_d$ 表示)之间的关系用公式表示为

$$D=\frac{R}{r_d} \tag{9-3}$$

由这一公式可以看出，商业银行体系所能创造出来的货币量与法定准备金率成反比，与最初存款成正比。

### (四) 金融市场

金融市场又称公开市场，是各种信用工具交易的场所。中央银行主要是通过在公开市场上的活动来运用货币政策调节经济。

金融市场分为货币市场与资本市场。货币市场是从事短期信用工具买卖的金融市场，是短期信用工具与货币相交换的市场。在货币市场上交易的短期信用工具有：商业票据，即由公司发行的短期票据；国库券，即由政府发行的短期债券；银行承兑票，即由私人或公司所签发而以某一承兑银行为付款人的定期汇票；可转让的定期存单，即由银行发行的一种债券。参与货币市场活动的主要有：政府主管国库的机构，它通过国库券的出售以获得短期资金；中央银行，它通过货币市场调节货币供给量与利息率；商业银行，它通过货币市场从事其所需要的准备金数量的调整；其他金融机构(如保险公司、互助储蓄银行等)，它们通过货币市场从事其资金的运用与筹措。资本市场是从事长期信用工具买卖的场所。长期信用工具指借贷期限在一年以上的信用工具，如公债(包括中央政府与地方政府发行的)、公司债券、股票以及房地产抵押单，等等。

## 二、货币政策工具

中央银行通过控制货币供应量以及通过货币供应量来调节利率进而影响投资和整个经济以达到一定经济目标的行为就是货币政策。货币政策和财政政策一样，也可以调节国民收入以达到稳定物价、充分就业的目标，实现经济稳定增长。二者的不同之处在于，财政政策直接影响总需求的规模，这种直接作用是没有任何中间变量的，而货币政策则还要通过利率的变动来对总需求产生影响，因而是间接地发挥作用。

货币政策一般也分为扩张性的和紧缩性的。扩张性货币政策是通过增加货币供给来带动总需求的增长。货币供给增加时，利息率会降低，取得信贷更为容易，因此经济萧条时多

采用扩张性货币政策。紧缩性货币政策是通过削减货币供给来降低总需求水平,在这种情况下,取得信贷比较困难,利率也随之提高,因此在通货膨胀严重时多采用紧缩性货币政策。

所谓货币政策工具,是指中央银行为实现货币政策目标所运用的策略手段。中央银行的货币政策工具主要有三类:一般性货币政策工具、选择性货币政策工具和其他货币政策工具。

### (一) 一般性货币政策工具

一般性货币政策工具,又称经常性、常规性货币政策工具,即传统的三大货币政策工具,包括再贴现政策、公开市场业务和存款准备金政策,俗称"三大法宝"。一般性货币政策工具的特点在于,它是对总量进行调节,实施对象普遍、全面,影响广泛、深入,使用频繁,效果显著。西方国家运用的货币政策工具大体上有以下几种:

#### ▶ 1. 再贴现政策

由于中央银行是银行的银行,因此当商业银行遇到资金困难时,就可凭其从贴现业务中取得的未到期的票据向中央银行再贴现,贴现率由中央银行根据当时的经济形势和货币政策的最终目标决定。

再贴现政策就是中央银行通过提高或降低再贴现率来影响商业银行的信贷规模和市场利率,以实现货币政策目标的一种手段。从时间上来看,再贴现政策是中央银行最早拥有的政策工具。再贴现政策一般包括两个方面的内容:一是再贴现率的调整;二是规定向中央银行申请再贴现的资格。前者主要是影响商业银行的准备金及社会的资金供求,后者则主要是影响商业银行及全社会的资金结构。

通过提高或降低再贴现率,影响商业银行等存款货币机构的准备金和资金成本,从而影响它们的贷款量和货币供给量。具体地,当中央银行提高再贴现率,使之高于市场利率时,商业银行向中央银行贷款或贴现的资金成本上升,就会减少向中央银行借款或贴现,这使得商业银行准备金数量的增加受到限制。如果准备金不足,商业银行只能收缩对客户的贷款或投资规模,从而也就减少了市场上货币的供应量。由于市场上货币供应量萎缩,市场利率相应上升,社会对货币的需求也相应减少。与之相反,当中央银行降低再贴现率时,商业银行向中央银行借款或贴现的资金成本降低,借款较容易,就会增加向中央银行的借款或贴现,商业银行的准备金相应增加,放款有利可图,会扩大对客户的贷款或投资规模,从而导致市场上货币供应量增加,市场利率相应降低,社会对货币的需求也会相应增加。

再贴现政策的作用主要表现在:第一,再贴现率的调整可以影响全社会的信贷规模和货币供应量。第二,再贴现政策对调整信贷结构有一定的效果。中央银行通过再贴现政策不仅能够影响货币供给总量的增减,而且还可以调整信贷结构,使之与产业政策相适应。具体方法有两种:一是中央银行可以规定再贴现票据的种类,决定何种票据具有再贴现资格,从而影响商业银行的资金投向;二是对再贴现的票据实行差别再贴现率,这样可以使货币供给的结构与中央银行的政策意图相符合。第三,产生告示效应,改变商业银行和社会公众的心理预期。第四,防止金融恐慌。当某些金融机构发生清偿能力危机时,中央银行则履行作为最后贷款人的职责。

再贴现政策的优点是:中央银行可利用它来履行最后贷款人的职责,并在一定程度上体现中央银行的政策意图,既可以调节货币总量,又可以调节信贷结构,对一国经济的影响是比较缓和的,有利于一国经济的相对稳定。

但再贴现政策也有一定的局限性。主要表现在:中央银行在再贴现活动中处于被动地位,再贴现与否取决于商业银行,商业银行是否愿意到中央银行申请再贴现,以及再贴现的数量,都取决于商业银行的行为,如商业银行通过其他途径筹措资金而不依赖于再贴现,则中央银行就不能有效地控制货币供应量;再贴现率的高低有限度,比如在经济调整增长时期,无论再贴现率提高到多高,也难以遏制商业银行向中央银行再贴现或借款;虽然相对于法定准备金率来说,再贴现率容易调整,但如果经常调整也会引起市场利率的经常波动。

▶ **2. 公开市场业务**

所谓公开市场业务,是指中央银行在金融市场上公开买卖有价证券,以改变商业银行等存款货币机构的准备金,进而影响货币供应量和利率,实现货币政策目标的一种货币政策手段。在一般性货币政策工具中,公开市场业务是西方发达国家采用最多的一种货币政策工具。弗里德曼甚至主张把公开市场业务作为唯一的货币政策工具。在他看来,其他货币政策工具所能做到的,公开市场业务都能做到。

公开市场业务主要是中央银行根据货币政策目标的需要及经济情况,选择最佳时机、最适当的规模买进或卖出国库券、政府公债等,增加或减少社会的货币供应量。当金融市场上资金缺乏时,中央银行买进有价证券,向社会投放其他基础货币,增加社会的货币供应量;反之则减少社会的货币供应量。

公开市场业务的作用主要有两个方面:第一,调控存款货币银行准备和货币供给量。中央银行通过在金融市场买进或卖出有价证券,可直接增加或减少商业银行等存款货币机构的超额储备水平从而影响存款货币银行的贷款规模和货币供给量。第二,影响利率水平和利率结构。中央银行通过在公开市场买卖有价证券可从两个渠道引起利率下降。当中央银行买进有价证券时,一方面,证券需求增加,在证券供给一定的情况下,将使证券价格上升,由于有价证券的价格一般与市场利率呈反方向的变动关系,因此市场利率会下降;另一方面,商业银行储备增加、货币供给增加,在货币需求一定的情况下,会使利率下降。当中央银行卖出有价证券时,利率的变化方向相反。此外,中央银行在公开市场上买卖不同期限的证券,可直接改变市场对不同期限证券的供求平衡状况,从而使利率结构发生变化。

公开市场业务的优越性体现在:第一,主动性强。与再贴现政策相比较,公开市场业务的主动权完全在中央银行手里,其操作规模与大小完全由中央银行控制。第二,效果和缓、震动性小。与存款准备金政策相比较,公开市场业务对经济的震动较小。由于该业务是以交易行为出现,不是强制性的,而且中央银行可灵活操作,所以对经济生活和金融机构的影响不像调整法定存款准备金率那样震动性大。中央银行利用公开市场业务可以灵活精巧地用较小的规模和步骤进行操作,可以对货币供应量进行微调。第三,灵活性高。中央银行可以做经常性、连续性的操作,根据经济情况,买卖有价证券量可大可小,具有较强的伸缩性。第四,具有可逆转性。公开市场业务具有极强的可逆转性,当中央银行在公开市场操作中发现错误时,或金融市场情况发生变化时,可立即逆向使用该工具作反方向操作。而其他货币政策工具则不能迅速地逆转。第五,可迅速操作。各国的证券市场交易系统很先进,当中央银行决定要改变商业银行储备和基础货币时,只要向公开市场交易商发出购买或出售的指令,交易便可很快执行。

同时,公开市场业务也不可避免地存在其局限性:第一,公开市场操作较为细微,技术性较强,政策意图的告示作用较弱。第二,要有效发挥其作用,也必须具备一定的条件。首先,中央银行必须具有强大的、足以干预和控制整个金融市场的金融势力;其次,金融市场还必须是全国性的且具有相当独立性的金融市场,金融市场上的证券种类必须齐全并达到一定的规模,否则,公开市场作用就发挥不出来;最后,必须有其他政策工具的配合,如没有法定存款准备金率这一工具,就不能通过改变商业银行的超额准备金来影响货币供应量。

目前,在西方发达国家,公开市场业务被认为是中央银行所掌握的最重要、最常用的政策工具。

▶ **3. 存款准备金政策**

存款准备金政策是指中央银行对商业银行等货币存款机构的存款准备金率,强制性地要求商业银行等货币存款机构按规定比例上缴存款准备金;中央银行通过调整法定存款准备金以增加或减少商业银行的超额准备,从而控制商业银行的信用创造能力,间接地影响货币供应量的一种政策措施。

存款准备金政策的内容主要有三个方面:一是规定存款准备金比率,即法定存款准备金率。二是规定可充当存款准备金的资产内容,一般只有商业银行的库存现金及其在中央银行的存款才能充当准备金。三是规定存款准备金计提的基础。

存款准备金政策的作用表现在以下几个方面:

(1)保证商业银行等存款货币机构资金的流动性。商业银行等存款货币银行为保持自己资金的流动性,一般都会自觉地保留一定的现金准备,以备客户提取。在没有法定准备金制度的情况下,商业银行可能受较好贷款条件的诱惑而将资金大量贷出,从而影响银行资金流动性和清偿能力。法定准备金制度的建立,强制银行将准备金存入中央银行,可从制度上避免这种情况发生,以保证银行资金的流动性。

(2)集中一部分信贷资金。存款准备金缴存于中央银行,使中央银行可以集中一部分信贷资金,用于履行其中央银行的职能,办理银行同业间的清算,向金融机构提供信用贷款和再贴现贷款,以调剂不同地区和不同银行间短期资金的余缺。

(3)使货币乘数发生变化,从而调节货币供应总量。由派生存款原理可知,在其他情况一定时,存款创造的倍数(即货币乘数)将取决于法定存款准备金率,且二者呈负相关的关系。中央银行提高或降低法定存款准备金比率,直接减少或增加商业银行持有的超额准备金,这样,商业银行吸收的存款中用于发放贷款和进行投资的数量就会减少或增加,进而使新派生的存款数量减少或增加,这种变化就是存款货币创造能力的变化,就是货币乘数的变化,结果使货币供应量大大改变。正因为是货币乘数发生了改变,因此体现出调整法定存款准备金率这一政策工具作用的猛烈性:法定存款准备金率的一点轻微的变动往往就会引起货币供应量的巨大波动。

存款准备金的优点在于:它对所有存款货币银行的影响是平等的,对货币供给量具有极强的影响力,力度大,速度快,效果明显,操作简便。中央银行若变动存款准备金率,往往能迅速达到预定的中介目标,甚至能迅速达到预期的最终目标。

存款准备金政策的局限性主要表现在:其一,存款准备金政策缺乏弹性。由于整个银行存款规模巨大,法定存款准备金率的轻微变动都会引起超额存款准备金的巨大变动,并通过货币乘数的作用,将对货币供给总量产生巨大的影响,甚至可能带来经济的强烈震荡。因此,法定存款准备金率不宜随时调整,缺乏弹性。美国联邦储备银行曾经估计,存款准备金率调整一个百分点,就相当于增加或减少30亿美元的超额准备金,也就相当于增加或减少200亿~300亿美元的货币供应量。可见,存款准备金率变动的影响程度相当猛烈,影响范围也相当广泛,所以,这一工具不能轻易频繁地使用。其二,法定存款准备金率的提高可能会使商业银行资金严重周转不良。中央银行提高存款准备金率,一些商业银行难以迅速调整、适应新的准备金率,往往在改变支付准备金的同时,被迫抛售有价证券或其他资产,资金周转发生困难。因此,该政策冲击力较大,对经济影响与震动强烈,不宜作为中央银行日常控制货币供应量的工具。因此,许多国家的法定存款准备金率事实上都是长期固定不变的。

许多国家商业银行存入中央银行的存款准备金是无息的。这种无息的准备金存款相当于对商业银行征收一种赋税。因而,当法定准备金率过高时,将削弱这些金融机构的竞争力。因此,国外有人建议中央银行应该对金融机构的存款准备金支付利息。我国商业银行存入中央银行的存款准备金是有利息的。

## (二)选择性货币政策工具

选择性货币政策工具是指中央银行针对个别部门、个别企业或某些特定用途的信贷而采用的信用调节工具。一般货币政策工具侧重于从总量上对货币供应量和信贷规模进行控制,属于量的控制。而选择性货币政策工具是在不影响货币供应问题的条件下,调控商业银行的资金投向和不同贷款的利率。属于这类货币政策的工具主要有证券保证金比率、不动产信用控制、消费者信用控制、优惠利率、预缴进口保证金。

▶ 1. 证券保证金比率

为了控制证券市场的信用投资规模,防止市场出现过度投机,中央银行实行对证券购买者在买进证券时必须支付现金的比率加以规定并可随时调节的制度。由于全部交易是借助于贷款完成的,购买证券时支付现金的部分,实际上就是交易者为获得贷款支持而必须拥有的保证金,因此这一比率习惯上称为证券保证金比率。保证金比率越高,信用规模越小。在中央银行认为证券投机过度、证券价格过高时,提高保证金比率就可以抑制市场需求,使价格回落。反之,在证券市场低迷时,则降低保证金比率。

▶ 2. 不动产信用控制

不动产信用指中央银行通过规定和调整商业银行等金融机构向客户提供不动产抵押贷款的限制条件,控制不动产贷款的信用量,从而影响不动产市场的政策措施。内容主要包括规定商业银行或其他金融机构房地产贷款的最高限额、最长期限以及首次付款和分期还款的最低金额。不动产信用控制的目的在于防止房地产行业或其他不动产交易因贷款规模的扩大而发生膨胀,防止产生投机性交易。

▶ 3. 消费者信用控制

消费者信用控制就是中央银行对消费者分期购买耐用消费品的信用活动实施管理。内容主要包括:规定以分期付款形式购买耐用消费品时的第一次付现的比率。规定用消费信贷购买商品的最长期限;规定用消费信贷购买耐用消费品的种类。中央银行可以根据消费品市场的供求状况及物价情况,灵活地运用这些管理措施。如在需求过度、物价上升时,就要求提高首次付现的比率,缩短消费信贷的期限;反之,在需求不足、经济萧条时,则降低首付比率和延长期限。适当的消费者信用管制有助于引导社会消费,改进资源配置效率,特别是在消费信用膨胀和通货膨胀时期,中央银行采取消费信用控制能起到直接抑制消费需求和物价上涨的作用。消费者信用管制最早始于美国,以后逐渐为许多国家所采用。

▶ 4. 优惠利率

优惠利率是指中央银行对国家重点发展的经济部门或产业规定较低的贷款利率,目的在于刺激这些部门和行业的生产,调动它们的积极性,以实现产业结构和产品结构的调整和优化。如急需发展的基础产业、能源产业、新技术、新材料的生产,出口创汇企业和产品的生产,农业等。中央银行实行优惠利率有两种方式:其一,中央银行对需要重点发展的部门、行业和产品制定较低的贷款利率,由商业银行具体执行;其二,中央银行对这些行业和企业票据规定较低的再贴现率,以引导商业银行的资金投向和规模。优惠利率不仅被发展中国家采用,也被发达国家普遍采用。

▶ 5. 预缴进口保证金

在进口过度增长、国际收支出现逆差时,为抑制进口,中央银行要求进口商按照进口商品总值的一定比例,预缴进口商品保证金,存入中央银行,以增加进口商的资金占用,增加进口成本。对于预缴保证金占进口商品总值的比例,中央银行可视国际收支状况的变化灵活调整。

## (三) 其他货币政策工具

▶ 1. 直接信用控制

直接信用控制是指中央银行从质和量两个方面以行政命令或其他方式对金融机构尤其是商业银行的信用活动进行直接控制。其手段包括利率最高限额、信用配给、流动性资产比率、信贷规模控制等。

(1) 利率最高限额。利率最高限额又称利率管制,是指以法律的形式规定中央银行和其他金融机构存贷款利率的最高水平。利率最高限额是最常用的直接信用控制工具。利率管制的目的在于防止金融机构用提高利率的办法在吸收存款方面进行过度竞争,以及为牟取高利进行风险存贷活动。美国在 1980 年以前曾长期实行的 Q 条例可以说是这项管理工具的典范。该条例规定,商业银行对活期存款不准支付利息,对定期存款及储蓄存款不得超过规定的最高利率水平。20 世纪 60 年代,一些发展中国家不顾本国国情,盲目效仿西方国家的廉价货币政策,通过设定利率上限来人为地压低利率水平,导致了金融抑制。

(2) 信用配给。信用配给是中央银行根据金融市场的资金供求状况及客观经济形势的需要,权衡轻重缓急,对商业银行系统的信贷资金加以合理的分配和必要的限制。在限制信用方面,主要是对商业银行向中央银行提出的贷款申请,以各种理由拒绝,或者给予贷款但规定不得用于某些领域。信用配给最早始于18世纪的英格兰银行,目前在许多发展中国家,由于资金供给相对不足,这种方法也被广泛采用。

(3)流动资产比率。流动资产比率是指商业银行持有的流动性资金在其全部资产中所占的比重。中央银行对这一比例加以规定,并要求商业银行保持这一规定的比率。一般来说,资产的流动性越高,其收益率越低。因此,商业银行为了保持流动性比率,必须经常注意压缩长期贷款的比重和扩大短期贷款的比重,还必须持有一部分很容易变现的、流动性较高的资产和现金。这样商业银行的风险贷款受到了限制,经营的安全性就会提高。

(4)信贷规模控制。信贷规模控制就是规定贷款量的最高限额。这种管制方法一般较少采用,中央银行只有在战争、严重的经济危机等情况下,才使用这种行政控制手段。其控制对象是商业银行的贷款额。控制方式有两种:一种是控制贷款总量的最高额度;另一种是对贷款进行边际控制,即控制贷款增长的最高比率或幅度。

▶ 2. 间接信用控制

间接信用控制是指中央银行通过道义劝告和窗口指导的方式对信用变动方向和重点实施间接指导。

(1)道义劝告。道义劝告是指中央银行利用其在金融体系中的特殊地位向各家银行说明政策、阐明立场,从道义上说服商业银行执行中央银行所要求的信贷政策和投资方向等。

道义劝告工具较为灵活方便,无须增加行政开支。但作为一项信用控制的手段,道义劝告应具备三个条件:一是中央银行在该国的金融体系中有较高的威望和地位;二是该国的道德水平较高,遵纪守法的意识较强;三是中央银行拥有控制信用的足够的司法权限和法律手段。在上述条件下,运用道义劝告的方式,有助于中央银行与商业银行及其他金融机构保持密切的合作关系,以实现其货币政策目标。

(2)金融宣传。金融宣传既包括中央银行通过定期公布资产负债表,发表年报,公布金融机构状况、金融市场状况和信贷活动状况,以及对财政、贸易、物价、经济发展趋势的统计分析结果等,向社会各界,尤其是向金融界说明货币政策的重要性及其内容,以求得各方面的理解和支持,也包括利用新闻媒体及各种公共场合广泛宣传货币金融政策。

### 知识链接

道义劝告,又译作道德规劝,出自《圣经新约·约翰书》第六章,原意是指传教士对广大信徒进行道德说教,规劝他们笃信上帝,皈依基督教。世界上最古老的中央银行——英格兰银行在18世纪的商业银行管理中就开始使用"道义劝告"一词。当时不仅英格兰银行缺乏独立性,受政治和宗教势力操纵,而且社会民众依据宗教教义,普遍视商业银行为赚取不义之财的"钱商",因此他们认为英格兰银行作为王室机构,应该对商业银行在道义上进行规劝,促使其降低贷款利率,使借贷者免受"高利贷"的盘剥。

20世纪30年代初期,凯恩斯主义成为西方经济学中的主流学派,凯恩斯以及后来的货币学派对中央银行货币政策工具进行了总结,明确将道义劝告同贴现率、公开市场业务和法定准备金率并列为货币政策的四大工具。道义劝告在美联储货币政策执行和银行业管理中占有重要地位。在美国的银行体系中,美联储采取会员制方式。这种会员制的管理方式为道义劝告在中央银行的货币政策执行中发挥指导作用奠定了制度基础。受美联储监管的商业银行原则上都应成为联储系统的成员银行,而且联储系统在全美设立的12家联储银行均被成员银行以控股形式拥有。这种方式不仅将监管者和被监管者的利益集于一身,而且利益纽带增加了联储银行和会员银行之间的日常接触机会。

在20世纪80年代金融市场电子化之前,美联储最常使用的道义劝告形式是茶会。有关联储官员用电话约请商业银行的负责人到联储银行的办公地点共进茶点和咖啡,借以了解情况,同时宣读有关政策,督促商业银行认真执行联储制定的倾向政策。20世纪80年代以后,金融市场掀起电子化浪潮,信息技术在美国银行体系中得到广泛普及,为美联储使用道义劝告手段执行货币政策提供了有力的技术支持。1978年的《充分就业和平衡增长法案》明确要求,美联储主席应在公开市场业务委员会之后接受国会金融委员会的听证。进入20世纪80年代以后,美联储主席的听证会均通过官方的C-SPAX电视直播,此举扩大了道义劝告在广大投资者和公众中的影响力。《里格-尼尔法案》实施后,国会还对美联储主席举行季度听证会。在新的经济形势下,美联储进行道义劝告除使用固有的公开言论方式外,越来越多地借助另一重要渠道——金融行业的中介组织。据不完全统计,截至2000年,美国登记的各级、各类金融中介机构共有300余家,它们在上起国会、下至居民社区的广泛领域内,忠实代表现存企业利益,严格控制新企业的市场准入,同时在金融系统内部发挥自律功能。这些中介机构通过驻首都和州政府的代表机构,同联邦和州政府的监管部门保持良好的沟通和联系。美联储利用各种时机和场合,参加这些中介机构组织的活动,届时发表公开言论,对这些机构的会员银行施加影响。道义劝告通过多条途径,发挥了其他三大倾向政策工具所无法替代的作用,以至于银行业内人士将道义劝告称为与"公开市场"(open market)相提并论的另一项业务"张嘴说话"(open mouth)。

蝉联五个任期的美联储主席格林斯潘将道义劝告与公开市场业务相结合,根据经济增长情况适时调节信贷水平,有效地遏制了通货膨胀。格林斯潘的具体做法是:利用银行业及金融市场电子化和网络化的特点,在公开市场委员会举行会议的前后一段时间内,针对商业银行信贷水平乃至整个金融系统的运行状况发表公开讲话,讲解美联储近阶段的政策目标,对市场内的行为和状态发出警告或呼吁,敦促银行系统的信贷政策向美联储指定的目标靠拢。在网络泡沫泛起的1999年,格林斯潘频繁现身公共媒体(全年多达30余次),对股市泡沫表示担忧。格林斯潘在当年第三季度的国会听证会上,对处于历史高位的股票市场发出了"非理性繁荣"的著名警告,在国际金融市场上引起巨大反响,成为道义劝告的经典案例。

(资料来源:高钧.道义劝告在美国货币政策和银行管理中的应用.中国金融,2003年第6期)

## 三、货币政策的运用

### (一) 紧缩性货币政策的运用

在经济膨胀阶段,宏观经济调控的重点在抑制物价上涨方面,而对物价水平产生直接作用的就是货币政策。

▶ **1. 提高法定存款准备金率**

中央银行对商业银行提高法定存款准备金率,可以降低商业银行可运用的信贷资金总额,缩小派生存款,减少投资,达到控制货币供应量的目的,从而控制社会各界的需求。实施这种手段应该慎之又慎。

▶ **2. 提高再贴现率**

中央银行对商业银行提高再贴现率,可以促使商业银行对企业提高贴现率,导致企业利息负担加重、利润减少,从而抑制企业对信贷资金的需求,减少投资,减少货币供应量。同时,提高储蓄存款利率鼓励居民增加储蓄,把更多的消费资金转化为生产资金,减少直接需求,减轻通货膨胀的压力。提高利率是控制货币供应量比较有效的手段,但也有一定的副作用,主要表现是:会直接降低企业的投资,导致经济衰退;直接增加企业贷款成本,容易使企业提高产品成本,出现成本推动,加剧通货膨胀;会诱使大量境外资金涌入,掌握甚至控制本国经济;等等。

▶ **3. 加强公开市场业务**

中央银行在金融市场上向商业银行、企业及其他社会公众出售手中持有的有价证券,主要是政府公债、国库券、中央银行金融债券等,吸引社会各界资金回笼至中央银行,减少商业银行、企业及其他社会公众手中的现金或存款,减少需求,从而达到减少市场货币供应量的目的。

### (二)扩张性货币政策的运用

▶ **1. 降低法定存款准备金率**

在经济衰退、萧条阶段或通货紧缩时期,政府一般会采取强有力的扩张政策,以增加消费、刺激投资,以期把经济带出困境。

▶ **2. 降低再贴现率**

中央银行对商业银行降低再贴现率,就意味着中央银行鼓励商业银行通过再贴现来扩张信贷规模,可以促使商业银行降低对企业的贴现率,使得企业利息负担减轻、利润增加,从而刺激企业对信贷资金的需求,扩大投资,扩大货币供应量。同时,降低储蓄存款利率,可以刺激居民增加消费和投资,扩大民间投资,以促进全社会投资的增长,从而带动整个社会经济的增长。

▶ **3. 公开市场业务**

中央银行在公开市场上从商业银行或社会公众手中买进有价证券是一种扩张的货币政策。通过买进证券,中央银行不仅可投放一定量的基础货币,从而使经济供给量成倍增加,而且还将使市场利率下降。

在经济萧条时期,宏观经济政策重在增加就业和刺激经济增长,实行扩张性的货币政策虽在一定程度上可促进经济增长,但其作用有限。

👥 **知识链接**

2018年上半年,中国经济保持平稳增长,结构调整深入推进,新旧动能接续转换,新兴产业蓬勃发展,质量效益保持在较好水平。消费对经济增长的贡献率上升,就业形势向好,物价基本稳定。上半年,国内生产总值(GDP)同比增长6.8%,居民消费价格(CPI)同比上涨2.0%。

自2018年以来,按照党中央、国务院部署,中国人民银行继续实施稳健中性的货币政策,根据经济金融形势变化,加强前瞻性预调微调,适度对冲部分领域出现的信用资源配置不足,引导和稳定市场预期,加大金融对实体经济尤其是小微企业的支持力度,为供给侧结构性改革和高质量发展营造适宜的货币金融环境。一是适度增加中长期流动性供应,保持流动性合理充裕。1月、4月、7月三次定向降准,并搭配中期借贷便利、抵押补充贷款等工具投放中长期流动性。二是积极推进市场化法治化债转股工作。通过定向降准,鼓励金融机构按市场化原则实施债转股。三是加大对小微企业等金融支持。会同相关部委出台《关于进一步深化小微企业金融服务的意见》,增加支小支农再贷款和再贴现额度,下调支小再贷款利率0.5个百分点。四是扩大中期借贷便利和再贷款担保品范围,将AA+、AA级公司信用类债券、优质的小微企业贷款和绿色贷款等纳入担保品,引导金融机构加大对小微企业、绿色经济等领域的支持力度。五是适时调整和完善宏观审慎政策。启动金融机构评级工作,加强对金融机构经营情况和风险状态的监测。进一步完善宏观审慎评估(MPA),将同业存单纳入MPA同业负债占比指标,适当调整MPA参数设置,引导金融机构支持小微企业融资和符合条件的表外资产回表。六是增强人民币汇率弹性,发挥好宏观审慎政策的逆周期调节作用,人民币汇率在市场力量推动下有升有贬,市场预期总体稳定。七是及时主动发声,引导市场预期。通过多种方式加强与市场沟通,6月19日和7月3日,在股市、汇市出现较大波动时,主动发声稳定市场预期。

总体看,稳健中性的货币政策取得了较好成效,银行体系流动性合理充裕,市场利率中枢有所下行,货币信贷和社会融资规模适度增长,宏观杠杆率保持稳定。自2018年以来,广义货币供应量M2增速保持在8%以上,6月末M2余额同比增长8.0%;人民币贷款余额同比增长12.7%,比年初增加9.0万亿元,同比多增1.1万亿元;社会融资规模存量同比增长9.8%。6月份非金融企业及其他部门贷款加权平均利率为5.97%。6月末,CFETS人民币汇率指数为95.66,人民币对美元汇率中间价为6.6166元,上半年人民币对美元汇率中间价年化波动率为4.0%。

当前全球经济总体延续复苏态势,但贸易摩擦、地缘政治、主要经济体货币政策正常化等加大了全球经济和金融市场的不确定性,外部环境发生明显变化。中国经济结构调整持续深化,经济增长动力加快转换,经济韧性进一步增强,防范化解金融风险取得初步成效,同时也存在一些深层次结构性问题,面临一些新问题、新挑战。在流动性总量合理充裕的条件下,要强化政策统筹协调,进一步疏通货币信贷传导机制。要继续深化供给侧结构性改革,强化产权保护,健全正向激励机制,加快建设现代化经济体系,推动高质量发展。

下一阶段,中国人民银行将按照党中央、国务院的决策部署,以习近平新时代中国特色社会主义思想为指导,坚持稳中求进工作总基调,贯彻新发展理念,落实高质量发展要求,紧紧围绕服务实体经济、防控金融风险、深化金融改革三项任务,创新和完善金融宏观调控,保持政策的连续性和稳定性,提高政策的前瞻性、灵活性、有效性。稳健的货币政策要保持中性、松紧适度,把好货币供给总闸门,保持流动性合理充裕,根据形势变化预调微调,注重稳定和引导预期,优化融资结构和信贷结构,疏通货币信贷政策传导机制,通过机制创新,提高金融服务实体经济的能力和意愿,为供给侧结构性改革和高质量发展营造适宜的货币金融环境。健全货币政策和宏观审慎政策双支柱调控框架,深化利率和汇率市场化改革,主动有序扩大金融对外开放,增强金融业发展活力和韧性。坚定做好结构性去杠杆工作,把握好力度和节奏,打好防范化解金融风险攻坚战,守住不发生系统性金融风险的底线。

（摘自中国人民银行网站:《2018 年第二季度中国货币政策执行报告》,2018 年 8 月 10 日,http://www.pbc.gov.cn/goutongjiaoliu/113456/113469/3601278/index.html）

## 四、财政政策与货币政策的配合

### (一) 配合的必要性

▶ 1. 功能的差异要求二者协调配合

货币政策对经济总量的调控作用突出,而对调控经济结构有较大的局限性。货币政策是中央银行运用各种政策工具来增加或减少货币供应量,从而达到调节社会总需求的一种宏观经济调节手段,对社会总供求矛盾的缓解作用比较迅速、明显。但在经济结构的调整方面,受信贷资金运动规律的制约,中央银行不可能将大量的贷款直接投入经济发展滞后产业,因此,货币政策在调控经济结构方面的作用相对有限。

财政政策对经济结构调控的作用突出,而调控经济总量有较大的局限性。财政政策对经济结构调控主要表现在:扩大或减少对某部门的财政支出,以鼓励或限制该部门的发展。即使在支出总量不变的条件下,政府也可以通过差别税率和收入直接对某部门进行支持或限制,从而达到优化资源配置和调节经济结构的目的。

财政政策的强项是对经济结构的调节,弱项是对经济总量的调节;货币政策的强项是对经济总量的调节,弱项是对经济结构的调节。因此,二者需要取长补短、协调配合,才能全面完成宏观调控的任务。

▶ 2. 作用领域的差异要求二者协调配合

货币政策与财政政策都是以调节社会总需求为基点来实现社会总供求平衡的,但二者的作用领域却存在差异。具体表现为:货币政策对社会总需求的影响主要是通过影响流通领域中的货币量来实现的,调节行为主要发生在流通领域。财政政策对社会总需求的影响则主要通过税收、国债、调整支出等手段来实现,主要在分配领域实施调节。从这个意义上讲,货币政策侧重于调节货币在社会各领域效率的发挥,注重解决经济的效率问题;财政政策侧重于调整社会各方面的经济利益关系,注重解决社会的公平问题。而公平和效率的协调是社会稳定发展的必要条件,因此,货币政策与财政政策作用领域的差异也提出了配合的必要性。

▶ **3. 两者在膨胀和紧缩需求方面的作用差异要求二者协调配合**

在经济生活中,有时会出现需求不足、供给过剩,有时又会出现需求过旺、供给短缺。这种供给和需求失衡的原因很复杂,但从宏观经济看,主要是由财政与信贷政策引起的,而财政与信贷在膨胀和紧缩需求方面的作用又是有区别的。财政赤字可以扩张需求,财政盈余可以紧缩需求,但财政本身并不具有直接创造需求即创造货币的能力,唯一能创造需求、创造货币的是银行信贷。因此,财政的扩张和紧缩效应一定要通过信贷机制的传导才能发生。

如果货币政策与财政政策各行其是,就必然会产生碰撞与摩擦,从而减弱宏观调控的效应和力度,也难以实现预期的目标,因此要求货币政策与财政政策必须配合运用。

## (二) 配合的模式

▶ **1. 松的货币政策和松的财政政策配合("双松"政策)**

松的货币政策是指通过降低法定存款准备金率和降低利率来扩大信贷支出的规模和增加货币供应量;松的财政政策是指政府通过减税(降低税率)和增加财政支出规模等财政分配活动来增加和刺激社会总需求。在社会总需求严重不足、生产资源大量闲置,刺激经济增长成为宏观调控的首要目标时,宜采用"双松"的政策组合。这样的政策组合在扩大社会总需求、扩大就业的同时,带来的通货膨胀风险很大。因此,政府推行"双松"政策必须注意时机的选择和力度的控制,以防引起经济过热和通货膨胀。

▶ **2. 紧的货币政策和紧的财政政策配合("双紧"政策)**

紧的货币政策是指通过提高法定存款准备金率和提高利率来减少信贷支出的规模和减少货币供应量,抑制投资和消费;紧的财政政策是指通过财政分配活动来减少和抑制总需求,其手段主要是增税和减少财政支出。在社会总需求极度膨胀、社会总供给严重不足、物价大幅度攀升、政府面临强大的通货膨胀压力时,宜采用这种政策组合。但是,这种政策组合虽然可以有效抑制需求膨胀与通货膨胀,却易矫枉过正,带来经济停滞的后果。因此,政府推进"双紧"政策也必须注意时机的选择和力度的控制,以防生产的急剧滑坡和经济萎缩。

▶ **3. 紧的货币政策和松的财政政策配合**

紧的货币政策可以避免较高的通货膨胀。减税和增加政府支出等松的财政政策对于刺激需求、克服经济萧条、调整经济结构比较有效。当社会运行表现为通货膨胀与经济停滞并存以及经济结构失衡,治理"滞胀"、刺激经济增长成为政府调控经济的首要目标时,宜采用这种政策组合。这种政策组合能够在保持经济适度增长的同时尽可能避免通货膨胀,但长期使用会增大财政赤字,积累大量国家债务。

▶ **4. 松的货币政策和紧的财政政策配合**

当经济基本稳定、政府开支庞大、经济结构合理,但是企业投资并不十分旺盛、经济也非过度繁荣、促进经济较快增长成为经济运行的首要目标时,宜采用这种政策组合。松的货币政策可以保持经济的适度增长;紧的财政政策可以减少政府开支、抑制需求过旺。由于行之有效的松的倾向政策不易把握,这种财政、货币政策组合难以防止通货膨胀的出现。

在现实生活中,"双松"政策和"双紧"政策都是同向操作,实施起来对经济的震动很大,通常会导致经济的大起大落,不利于社会经济的稳定运行。而且这种同向操作有一个具体问题,就是力度较难把握。因此,在一般情况下,应采取松紧搭配的方式,同时政府要不断根据具体情况来调整财政政策和货币政策,使其协调配合,最终实现宏观调控目标。

# 任务四　供给管理政策

自 20 世纪 70 年代以后,西方经济学家开始重视总供给对经济的影响,分析供给对通货膨胀的影响(成本推动的通货膨胀理论),以及劳动力市场结构对失业的影响。根据这种分析,他们提出了供给管理政策。

## 一、收入政策

收入政策是通过控制工资与物价来制止通货膨胀的政策,因为控制的重点是工资,故称收入政策。

根据成本推动的通货膨胀理论,通货膨胀是由于成本增加,特别是工资成本的增加而引起的。因此,要制止通货膨胀就必须控制工资增长率,而要有效地控制工资增长率,还要同时控制价格水平。收入政策一般有三种形式:工资—物价冻结、工资与物价指导线、税收制度计划。

### (一) 工资—物价冻结

工资—物价冻结是指政府采用法律手段禁止在一定时期内提高工资与物价。这种措施一般是在特殊时期(如战争时期)采用的。但在某些通货膨胀严重时期,也可以采用这一强制性措施。例如,1971 年美国尼克松政府为了控制当时的通货膨胀,就曾宣布工资与物价冻结 3 个月。这种措施在短期内可以有效地控制通货膨胀,但它破坏了市场机制的正常作用,在长期中不仅不能制止通货膨胀,反而还会引起资源配置失调,给经济带来更多的困难。所以,一般不宜采用这种措施。

### (二) 工资与物价指导线

工资与物价指导线是指政府为了制止通货膨胀,根据劳动生产率的增长率和其他因素,规定出工资与物价上涨的限度,其中主要是规定工资增长率,所以又称"工资指导线"。工会和企业要根据这一指导线来确定工资增长率,企业也要根据这一指导线来确定物价上涨率。如果工会或企业违反规定,使工资增长率和物价上涨率超过了这一指导线,政府就要以税收或法律形式进行惩罚。这种做法比较灵活,在 20 世纪 70 年代以后被西方国家广泛采用。

### (三) 税收制度计划

税收制度计划是指以税收为手段来控制工资的增长。具体做法是:政府规定货币工资增长率,即工资指导线,以税收为手段来付诸实施。如果企业的工资增长率超过这一指导线,就课以重税;如果企业的工资增长率低于这一指导线,就予以减税。但这种计划在实施中会遇到企业与工会的反对。1978年美国卡特政府曾提出过这一政策,但被议会否决,而未付诸实施。

## 二、指数化政策

通货膨胀会引起收入分配的变动,使一些人受害,而使另一些人受益,从而对经济产生不利的影响。指数化就是为了消除这种不利影响,以对付通货膨胀的政策。它的具体做法是:定期地根据通货膨胀率来调整各种收入的名义价值,以使其实际价值保持不变。主要的指数化措施有工资指数化、税收指数化。

### (一)工资指数化

工资指数化是指按通货膨胀率指数来调整名义工资,以保持实际工资水平不变。在经济发生通货膨胀时,如果工人的名义工资没变,实际工资就下降了。这就会引起有利于资本家而不利于工人的收入再分配。为了保持工人的实际工资不变,在工资合同中就要确定有关条款,规定在一定时期内按消费价格指数来调整名义工资,这项规定被称为“自动调整条款”。此外,也可以通过其他措施按通货膨胀率来调整工资增长率。工资指数化可以使实际工资不下降,从而维护社会的安定。但在有些情况下,工资指数化也会引起工资成本推动的通货膨胀。与工资指数化相关的是其他的收入指数化。

### (二)税收指数化

税收指数化是指按通货膨胀率指数来调整起征点与税率等级。当经济中发生了通货膨胀时,实际收入不变而名义收入增加了。这样,纳税的起征点实际降低了。在累计税制之下,纳税者名义收入的提高使原来的实际收入进入了更高的税率等级,从而使其缴纳的实际税金增加,成为政府加剧通货膨胀的动力。只有根据通货膨胀率来调整税收,即提高起征点并调整税收等级,才能避免不利的影响,使政府采取有力的措施来制止通货膨胀。

此外,利息率等级也应该根据通货膨胀率来进行调整。

## 三、人力政策

人力政策,又称就业政策,是一种旨在改善劳动力市场结构以减少失业的政策。其中主要有三种形式:人力资本投资、完善劳动力市场、协助工人进行流动。

### (一)人力资本投资

人力资本投资是指由政府或有关机构向劳动者投资,以提高劳动者的文化技术水平与身体素质,适应劳动力市场的需求。从长期来看,人力资本投资的主要内容是增加教育投资,使教育更普及。从短期来看,是对工人进行在职培训,或者对由于不适应技术的发展变化而失业的工人进行培训,增强他们的就业能力。

### (二)完善劳动力市场

失业产生的一个重要原因是劳动力市场的不完善,如劳动供求的信息不畅通、职业介绍机构的缺乏等。因此,政府应该不断完善和增加各类职业介绍机构,为劳动的供求双方提供迅速、准确而完全的信息,使工人找到满意的工作,企业也能得到所需要的工人。这无疑会有效地减少失业,尤其是降低自然失业率。

### (三)协助工人进行流动

劳动者在地区、行业和部门之间的流动,有利于劳动的合理配置与劳动者人尽其才,也能减少由于劳动力的地区结构和劳动力的流动困难等原因而造成的失业。对工人流动的协助包括提供充分的信息以及必要的物质帮助与鼓励。

## 四、经济增长政策

从长期来看,影响总供给的最重要因素还是经济潜力或生产能力。因此,提高经济潜力或生产能力的经济增长政策就是供给管理的重要内容。促进经济增长的政策是多方面的,其中主要有增加劳动力的数量和质量、资本积累、技术进步、计划化与平衡增长。

### (一)增加劳动力的数量和质量

劳动力的增加对经济增长有重要的作用。劳动力包括数量与质量两方面。增加劳动力数量的方法有提高人口出生率、鼓励移民入境等;提高劳动力质量的方法则是以上所讲的增加人力资本投资。

### (二)资本积累

资本的增加可以提高资本—劳动比率,即提高每个劳动力的资本积累率,发展资本密集型技术,利用更先进的设备,以提高劳动生产率。资本的积累主要来源于储蓄,因此,应该通过减少税收、提高利率等途径来鼓励人们储蓄。从各国的经验看,凡储蓄率高的国家,经济增长率也高。例如德国、日本等经济发展迅速的国家,储蓄率都是比较高的。

### (三)技术进步

技术进步在现代经济增长中起着越来越重要的作用。因此,促进技术进步成为各国经济政策的重点。其中的主要措施有:①国家对全国的科学技术发展进行规划与协调。例如,美国在 1976 年成立的科学技术政策办公室,就是在总统领导下进行这一工作的。②国家直接投资于重点科学技术研究工作。例如,美国航天等的研发都是直接由政府投资的。③政府采取鼓励科学技术发展的政策措施。例如,重点支持工业企业的科学研究,以取得直接的经济效益;支持大学与工业企业进行合作研究,促进科研与生产的结合;实行技术转让,加速科技成果的推广;等等。④加强对科技人才的培养。其中包括加强与改革中小学基础教育、发展各种职业教育、发展与改革高等教育、加强对在职科技人员的继续教育、引进国外科技人才等。

### (四)计划化与平衡增长

现代经济中各个部门之间是相互关联的,各部门之间协调的增长是经济本身所要求的。这种各部门之间的平衡增长,要通过国家的计划或政策指导来实现。国家的计划化与协调要通过间接的方式来实现。因此,各国都要制定本国经济增长的短期、中期与长期计划,并通过各种经济政策来实现。在西方各国的计划中,法国是比较成功的。在我国,有五年规划、长期规划等。

## 导入案例分析

结合我国目前的内外形势,从外部挑战来看,中美经贸摩擦呈现出全面升级并向其他领域蔓延的态势,而在目前贸易谈判局势仍不明朗的情况下,国内经济尽管维持着一种"稳中有变"的态势,但结合近期的一些经济数据来看,依然呈现比较弱的状态,生产和需求双双低迷,就业压力增大,中国有必要增加稳增长力度。面对内外双重压力,连续释放出央行降准、财政减税两大重量级利好,有关方面的意图是非常明确的:最大限度降低"外部风险冲击",稳定市场预期,稳定企业跟个人的信心,进一步加大对实体经济的服务和支持。

从央行此次的操作来看,虽然释放的增量资金颇具规模,形成了适时宽松的操作,但实际上释放的流动性并不多。本次降准仍属于定向调控,"稳健中性"依然是货币政策的主基调,政策基调依然被维持在"不搞大水漫灌"。所以从这个角度来讲,降准的信号意义大于其实质意义。

央行"如约"降准,更多的是针对整个宏观经济的一种温和提振,而财政部紧随其后的减税降费才是真正的"重头戏"。

当前在供给侧改革下,大多数企业都面临着成本上升的问题,又叠加近期的社保创投等增负措施下,降准在一定程度上解决了实体经济对资金的焦渴状态。但减税,不仅仅直接影响上市公司盈利能力的改善,更关键的是,这会让市场看到改革的决心。从这个意义上来说,只有切实的减税降费,才是市场所期望看到的"真正的利好"。

从货币政策到财政政策,两大政策组合拳同时出招将对未来经济稳定起到至关重要的影响。积极的财政政策可以改善居民部门和企业部门的消费、经营环境,从而在信用不畅的情况下促使宏观总需求的提升。信用环境的改善得以实现,再遇到宽松的货币政策,政策组合合力的形成有望对经济稳定起到至关重要的影响。

## 项 目 小 结

宏观经济政策是指国家或政府有意识、有计划地运用一定的政策工具,调节和控制宏观经济的运行,以达到一定的政策目标。在宏观经济政策工具中,常用的有需求管理政策、供给管理政策。其中,最为重要的是需求管理政策,包括财政政策与货币政策。财政政策是为实现宏观经济政策目标而对政府支出、税收和借债水平所进行的选择,或对政府收入和支出水平所作的决策。货币政策是指中央银行通过控制货币供应量来调节利率,进而影响投资和整个经济,以达到一定经济目标的经济政策。供给管理政策包括收入政策、指数化政策、人力政策和经济增长政策。

根据财政政策调节经济周期的作用来划分,将财政政策分为自动稳定的财政政策和相机抉择的财政政策。根据财政政策调节国民经济总量和结构中的不同功能来划分,将财政政策划分为扩张性财政政策、紧缩性财政政策和中性财政政策。很多时候,为了达到某种经济目标,实现最优的政策效应,不能只采用一种财政政策工具,而是把各种财政政策工具配合使用。这种协调与配合包括各种财政政策工具的配合使用,也包括国内外政策的协调。只有政策的协调与配合得当,才能获得最理想的政策效应。

货币政策在宏观经济政策中的作用是不断加强的。和财政政策一样,货币政策也可以调节国民收入以达到稳定物价、充分就业的目标,实现经济稳定增长。二者的不同之处在于,财政政策直接影响总需求的规模,这种直接作用是没有任何中间变量的,而货币政策则还要通过利率的变动来对总需求产生影响,因而是间接地发挥作用。货币政策一般也分为扩张性的和紧缩性的。中央银行的货币政策工具主要有三类:一般性货币政策工具、选择性货币政策工具和其他货币政策工具。

如果货币政策与财政政策各行其是,就必然会产生碰撞与摩擦,从而减弱宏观调控的效应和力度,也难以实现预期的目标,因此要求货币政策与财政政策必须配合运用。在现实生活中,"双松"政策和"双紧"政策都是同向操作,实施起来对经济的震动很大,通常会导致经济的大起大落,不利于社会经济的稳定运行。而且这种同向操作有一个具体问题,就是力度较难把握。因此,在一般情况下,应采取松紧搭配的方式,同时政府要不断根据具体情况来调整财政政策和倾向政策,使其协调配合,最终实现宏观调控目标。

# 知识测试与能力训练

## 一、名词解释

宏观经济政策　财政政策　货币政策　税收　公债　财政内在稳定器　收入政策　人力政策

## 二、单项选择题

1. 在经济中不具有内在稳定器作用的是(　　)。

　　A. 累进税率制

　　B. 政府开支直接随国民收入水平变动

　　C. 社会保障支出和失业保险

　　D. 农产品维持价格

2. 扩张性的财政政策对经济有(　　)的影响。

　　A. 缓和经济萧条、减少政府债务　　B. 缓和经济萧条、增加政府债务

　　C. 缓和通货膨胀、增加政府债务　　D. 缓和通货膨胀、减少政府债务

3. 中央银行在公开市场上买进政府债券将导致商业银行的存款(　　)。

　　A. 不变　　　　　　　　　　　　B. 增加

　　C. 减少　　　　　　　　　　　　D. 以上三种情况都可能

4. 如果商业银行没有保留超额准备金,在中央银行提高法定准备金率的时候,商业银行准备金将(　　)。

　　A. 保持不变　　　　　　　　　　B. 变得过多

　　C. 正好符合中央银行的要求　　　　D. 以上三种情况都可能

5. 在经济衰退时期,一般( )。

    A. 税收减少,政府支出减少    B. 税收减少,政府支出增加

    C. 税收增加,政府支出减少    D. 税收增加,政府支出增加

6. 宏观经济政策的目标是( )。

    A. 充分就业和物价稳定

    B. 物价稳定和经济增长

    C. 充分就业、物价稳定、减少经济波动和实现经济增长

    D. 充分就业、物价稳定、经济增长和分配平等

7. 以下( )不是宏观经济政策的目标。

    A. 物价稳定    B. 充分就业

    C. 完全竞争    D. 经济增长

8. 在以下四种管理政策中,属于需求管理的是( )。

    A. 收入政策    B. 人力政策

    C. 货币政策    D. 指数化政策

9. 不属于内在稳定器的财政政策工具是( )。

    A. 社会福利支出    B. 政府转移支付

    C. 政府失业救济    D. 货币供给

10. 紧缩性货币政策的运用会导致( )。

    A. 货币供给量减少,利率降低    B. 货币供给量增加,利率提高

    C. 货币供给量减少,利率提高    D. 货币供给量增加,利率降低

11. 一般而言,实行扩张性货币政策的主要目的是( )。

    A. 抑制投资需求的不断增长    B. 刺激社会总需求的增长

    C. 控制通货膨胀的进一步加剧    D. 防止物价上涨得太快

**三、多项选择题**

1. 经济萧条时,政府可采用的财政手段有( )。

    A. 减少所得税    B. 增加政府支出

    C. 减少政府支付转移    D. 增加私人投资津贴

    E. 减少高收入者的赋税,增加低收入者的赋税

2. 宏观经济政策寻求( )。

    A. 消除非自愿失业

    B. 使通货膨胀率降到零

    C. 降低利率以使家庭面对一个更公平的利率水平

    D. 为每个公民提供有公平工资的工作

    E. 维持经济的持续增长

3. 属于政府转移支出的有( )。

    A. 机关用品支出    B. 社会福利支出

    C. 对政府雇员支出    D. 对失业支出

    E. 政府对农业的补贴

4. 西方财政制度本身具有自动稳定经济的作用,这种自动稳定器包括( )。

A. 所得税制度　　　　　　　　B. 政府的失业救济

C. 政府福利性支出　　　　　　D. 农产品价格维持制度

E. 公债发行制度

5. 实行紧缩性财政政策一般会（　　　）。

A. 形成财政预算盈余　　　　　B. 形成财政预算赤字

C. 形成财政预算平衡　　　　　D. 抵消以前年度的财政盈余

E. 抵消以前年度的财政赤字

6. 要消除通货紧缩缺口，政府应该（　　　）。

A. 增加公共工程支出　　　　　B. 增加福利支出

C. 增加税收　　　　　　　　　D. 允许预算出现赤字

E. 允许预算出现盈余

7. 要消除严重的通货膨胀，政府可以选择的货币政策有（　　　）。

A. 提高法定准备金率　　　　　B. 降低再贴现率

C. 卖出政府债券　　　　　　　D. 劝说银行减少贷款

E. 提高利率

8. 中央银行降低再贴现率的货币政策作用有限，其原因有（　　　）。

A. 中央银行不能命令商业银行增加贷款

B. 中央银行不能命令商业银行前来借款

C. 商业银行前来借款多少由自己决定

D. 商业银行已有超额准备

E. 贴现与否取决于商业银行

9. 货币政策调节宏观经济活动的手段主要包括（　　　）。

A. 国家预算　　　　　　　　　B. 公开市场业务

C. 利率手段　　　　　　　　　D. 再贴现手段

E. 存款准备金手段

10. 当经济过热、社会总需求过旺、总支出过多时，政府进行宏观调控所应选择的财政政策和货币政策是（　　　）。

A. 扩张性的财政政策　　　　　B. 紧缩性的财政政策

C. 均衡性的财政政策和货币政策　D. 扩张性的货币政策

E. 紧缩性的货币政策

## 四、判断题

1. 总支出水平过高时，政府则可以提高购买支出，以抑制通货膨胀。（　　　）

2. 总支出水平不足时，政府应提高转移支付水平，以增加社会总需求。（　　　）

3. 政府税收不具有自动稳定经济的作用。（　　　）

4. 当要减少货币供给量时，中央银行应降低再贴现率。（　　　）

5. 当经济衰退时，一国货币当局应提高再贴现率，在公开市场上买进政府债券，降低法定准备金率。（　　　）

6. 增加税收和增加政府支出都属于扩张性的财政政策。（　　　）

7. 在总需求量不足时，政府可采取扩张性的财政政策来抑制衰退。（　　　）

8. 在经济繁荣时,政府支出的自动变化具有自动稳定经济的作用。（　　）

9. 再贴现率政策是中央银行控制货币供应量最主要的手段。（　　）

## 五、简答题

1. 简述宏观经济政策的目标。

2. 货币政策工具主要有哪几种？货币政策应如何运用？

3. 财政政策包括哪些内容？财政政策应如何运用？

## 六、案例分析

### 德国政府平复经济波动的财政政策和货币政策

2004年德国政府陆续推出多项"重建财政"的调控措施:在财政方面,增加地方财政收入,强化其支配能力,联邦政府每年向乡镇拨款25亿欧元,减少乡镇上缴的营业税额;在税收方面,减轻民众税负,增加其可支配收入,所得税的起点税率和最高税率分别下降10.9%、11%。2006—2007年,为了强化政府的财政能力,开始采取紧缩型的财政政策,默克尔政府通过以增税来稳定财政预算的"税收改革法",该法将增值税率由原先的16%提高到19%,仅此项改革就为联邦政府增收约500亿欧元;修订所得税税法,提高高薪者的所得税,规定单身年收入超过25万欧元、夫妇年收入超过50万欧元的高收入者,适用税率由42%升至45%;完善财政"内在稳定器"功能,对失业救济的使用做出更加严格的规定,失业保险费由6.5%降至4.5%。从变动幅度看,此次税率变动堪称德国历史上最大的一次税收改革。2007年,德国政府继续实行结构性较强的紧缩性财政政策,大幅削减联邦政府事务性开支,节约办公经费,同时对政府投资的新建项目进行严格审查,淘汰一批收益前景不好的项目,提高财政资金利用效率。德国2007年首度出现自两德统一以来的财政盈余,尽管盈余与GDP占比仅为微弱的0.1%。

货币政策方面。首先,德国政府并没有货币发行权,并不可以控制基础货币的发行量,仅能在欧洲央行允许的范围内进行适当的变动。2004—2006年,美联储先后17次提高联邦基金利率,欧洲央行担心此举可能诱致欧洲外汇资产出现外逃,进而加大欧元趋贬压力,在此期间4次调高利息,将欧元区主导利率由2.0%升至3.0%。由于《马斯特里赫特条约》规定,欧元区成员国的利率水平不能超过欧盟指导利率的1.5个百分点,故欧洲央行的升息行动使德意志联邦银行的货币政策操作空间增加。为了更好地控制通胀风险,防止资本项目出现外流,联邦银行也在不违反欧元区利率标准的情况下,相应提高本国再贴现率及不同档次的信贷利率。显然,这一时期联邦银行执行的是具有紧缩性质的货币政策。从政策效果看,德国2004—2006年的平均通胀率为1.83%,低于欧元区统一消费价格指数2%的中期目标水平,是欧元区中仅次于芬兰的通胀率最低的国家,即便是在国际油价不断飙升进而拉动物价指数上涨的2007年,德国的价格水平也表现得相当稳定,仅出现2.3%的"温和"的通货膨胀。

(摘自:《经济波动下的财政政策和货币政策的理论和实际对比研究》,杨亚琴、高楠著,《纳税》,2017年第22期)

**思考题:**

德国实施的诸多财政和货币政策对平复经济波动分别起到了怎样的作用？

# 参考文献

[1] 萨缪尔森,诺德豪斯. 经济学(第 18 版)[M]. 北京:人民邮电出版社,2013.

[2] 金雪军. 西方经济学案例[M]. 杭州:浙江大学出版社,2004.

[3] 南海波. 你其实不懂经济学[M]. 海口:南方出版社,2011.

[4] 吴伶. 经济学基础[M]. 成都:西南财经大学出版社,2009.

[5] 曼昆(N. Gregory Mankiw). 经济学基础(第 6 版)[M]. 北京:北京大学出版社,2014.

[6] 旷强军. 经济学基础[M]. 成都:西南财经大学出版社,2014.

[7] 梁小民. 西方经济学基础教程[M]. 北京:北京大学出版社,2014.

[8] 阮青松,牛小华. 宏微观经济学[M]. 北京:清华大学出版社,2011.

[9] 魏文珍,牛淑珍. 金融学[M]. 上海:上海财经大学出版社,2011.

[10] 高鸿业. 经济学基础[M]. 北京:中国人民大学出版社,2013.

[11] 李致平. 现代西方经济学[M]. 合肥:中国科技大学出版社,2002.

[12] 魏小文. 西方经济学[M]. 北京:北京理工大学出版社,2009.

[13] 平狄克,鲁宾费尔德. 微观经济学(第 7 版)[M]. 高远,等,译. 北京:中国人民大学出版社,2009.

[14] 陈玉清. 微观经济学[M]. 北京:中国人民大学出版社,2012.

[15] 刘汉成. 西方经济学[M]. 武汉:华中科技大学出版社,2011.

[16] 杨继波. 西方经济学教程[M]. 上海:华东理工大学出版社,2008.

[17] 王秋石. 宏观经济学原理(第 3 版)[M]. 北京:高等教育出版社,2008.

[18] 王志伟,范家骧. 宏观经济学[M]. 大连:东北财经大学出版社,2007.

[19] 尹伯成. 西方经济学简明教程[M]. 上海:上海人民出版社,2006.

[20] 姜国刚,赵东安. 西方经济学[M]. 北京:北京交通大学出版社,2010.

[21] 斯蒂格利茨. 经济学[M]. 梁小民,等,译. 北京:中国人民大学出版社,2002.

[22] 厉以宁. 西方经济学[M]. 北京:高等教育出版社,2003.

[23] 宋承先. 现代西方经济学[M]. 上海:复旦大学出版社,2004.

[24] 黄亚钧. 宏观经济学[M]. 北京:高等教育出版社,2000.

[25] 黎诣远. 西方经济学[M]. 北京:高等教育出版社,2007.

[26] 吴易风,刘凤良,吴汉洪. 西方经济学[M]. 北京:中国人民大学出版社,2004.

[27] 廖代文. 微观经济学与宏观经济学[M]. 北京:高等教育出版社,2005.

[28] 张宗斌,王庆功. 现代西方经济学教程[M]. 北京:北京师范大学出版社,2002.

# 教师服务

　　感谢您选用清华大学出版社的教材！为了更好地服务教学，我们为授课教师提供本书的教学辅助资源，以及本学科重点教材信息。请您扫码获取。

## ≫ 教辅获取

本书教辅资源，授课教师扫码获取

## ≫ 样书赠送

**经济学类**重点教材，教师扫码获取样书

 清华大学出版社

E-mail: tupfuwu@163.com
电话：010-83470332 / 83470142
地址：北京市海淀区双清路学研大厦 B 座 509

网址：http://www.tup.com.cn/
传真：8610-83470107
邮编：100084